高职高专土木与建筑规划教材

工程经济

雷 恒 主编

清华大学出版社
北京

内 容 简 介

本书根据教学大纲的特点和要求，突出以能力培养为目的的高等职业教育特色，采用国家最新颁布的法规、标准和规范，组织各大高校老师编写而成。为了便于教学和学习，本书采用理论与实践相结合的方法，每章都设有适量的案例，同时在每章的开始还设有学习目标、教学要求以及相关章节的项目案例导入和项目问题导入，注重培养和提高学生的应用能力，帮助学生更好地学习工程经济这门课程。

本教材分为 11 章，首先介绍了工程经济学的概论和工程经济的基本要素和基本知识，在此基础上介绍了资金时间价值、多方案的经济比较和选择方法的相关知识，以及建设项目的可行性研究与建设项目不确定性分析和风险分析、建设项目财务分析，然后深入地讲解国民经济评价和设备磨损的补偿及其经济分析的相关知识，最后讲解了价值工程和项目后评价的知识。教材配有相关习题，每章后设置了"实训练习"供学生课后练习使用，帮助学生巩固所学内容。

本书可作为高职高专、成人高校及民办高校的建筑工程技术、工程管理、工程造价、工程监理等土建施工类专业和房地产经营与管理、物业管理等相关专业的教材，同时也可作为从事工程项目投资决策、规划、设计、施工、咨询等工作的工程管理人员、工程技术人员、工程经济专业人员学习培训用书。

本书封面贴有清华大学出版社防伪标签，无标签者不得销售。
版权所有，侵权必究。举报：010-62782989，beiqinquan@tup.tsinghua.edu.cn。

图书在版编目(CIP)数据

工程经济/雷恒主编. —北京：清华大学出版社，2019(2023.4 重印)
(高职高专土木与建筑规划教材)
ISBN 978-7-302-51578-4

Ⅰ.①工… Ⅱ.①雷… Ⅲ.①工程经济学—高等职业教育—教材 Ⅳ.①F062.4

中国版本图书馆 CIP 数据核字(2018)第 257179 号

责任编辑：桑任松
封面设计：刘孝琼
责任校对：周剑云
责任印制：刘海龙

出版发行：清华大学出版社
网　　址：http://www.tup.com.cn, http://www.wqbook.com
地　　址：北京清华大学学研大厦 A 座　　邮　编：100084
社 总 机：010-83470000　　邮　购：010-62786544
投稿与读者服务：010-62776969, c-service@tup.tsinghua.edu.cn
质量反馈：010-62772015, zhiliang@tup.tsinghua.edu.cn
课件下载：http://www.tup.com.cn, 010-62791865

印 装 者：三河市铭诚印务有限公司
经　　销：全国新华书店
开　　本：185mm×260mm　　印　张：16.75　　字　数：404 千字
版　　次：2019 年 3 月第 1 版　　印　次：2023 年 4 月第 4 次印刷
定　　价：49.00 元

产品编号：078039-02

前　言

工程经济学是一门研究如何分析工程经济活动的代价以及目标实现的程度，并在此基础上分析寻求实现目标最有效的途径，设计和选择最佳实施方案的学科。长期以来，工程技术教育与经济管理教育相分离，学工程技术的学生不懂经济，不懂什么是市场，什么是竞争，什么是成本以及如何使产品物美价廉。他们走上工程技术岗位以后，在设计产品和制订方案时不知道考虑如何降低成本，增加利润，导致产品缺乏竞争力。只有把工程技术、经济理论、管理科学、计量方法等相关学科的内容有机融合在一起，形成工程经济系统的分析方法才能满足现代化建设的需求。

高等职业教育的根本就是要从市场的实际出发，坚持以全面素质教育为基础，以就业为导向，培养高素质的应用技能型人才。高等职业教育的快速发展要求加强以市场的实用内容为主的教学。因此，建筑工程类教材的编制应紧跟时代步伐，及时准确地反映国家现行的相关法律法规、规范和标准等。为此，本书在编写时尽量做到内容通俗易懂、理论概述简洁明了、案例清晰实用，特别注重教材的实用性。

本书与同类书相比具有的显著特点有：

(1) 新：内容丰富，生动形象，形式新颖；

(2) 全：知识点分门别类，包含全面，由浅入深，便于学习；

(3) 系统：知识讲解前呼后应，结构清晰，层次分明；

(4) 实用：理论和实际相结合，举一反三，学以致用；

(5) 有赠送：除了必备的电子课件、每章习题答案、模拟测试 AB 试卷外，还相应地配套有大量的音频讲解、视频动画、知识拓展等，通过扫描二维码的形式再次拓展工程经济的相关知识点，力求让初学者在学习时最大化地接受新知识，最快、最高效地达到学习目的。

本书由黄河水利职业技术学院雷恒任主编，由北京建筑大学杨静、河南工程学院杨霖华任副主编，参加编写的还有长江工程职业技术学院郭丽朋、郑州市交通规划勘察设计研究院刘建文、湖南铁道职业技术学院朱诗君、开封黄河河务局兰考黄河河务局朱志航、江苏城乡建设职业学院杨建林，具体的编写分工为雷恒负责编写第 1 章、第 6 章，并对全书进行统筹，刘建文负责编写第 2 章、第 10 章，朱志航负责编写第 3 章、第 4 章，杨霖华负责编写第 5 章，朱诗君负责编写第 7 章、杨静负责编写第 8 章，郭丽朋负责编写第 9 章，杨静和杨建林负责编写第 11 章。

本书在编写过程中,还得到了许多同行的支持与帮助,在此一并表示感谢。由于编者水平有限和时间紧迫,书中难免有错误和不妥之处,望广大读者批评指正。

编者

工程经济试卷 A.pdf

工程经济试卷 A 答案.pdf

工程经济试卷 B.pdf

工程经济试卷 B 答案.pdf

目 录

电子课件获取方法.pdf

第 1 章 工程经济学概论 ... 1
- 1.1 工程经济学概述 ... 2
  - 1.1.1 工程经济学的发展 ... 3
  - 1.1.2 工程经济学研究的内容 ... 3
  - 1.1.3 工程经济学的特点 ... 4
- 1.2 工程经济分析 ... 5
  - 1.2.1 工程经济分析的重要意义 ... 5
  - 1.2.2 工程经济分析的基本原则 ... 5
  - 1.2.3 工程经济分析的核心问题 ... 6
  - 1.2.4 经济分析的可比条件 ... 7
  - 1.2.5 工程经济分析的一般过程 ... 8
  - 1.2.6 工程经济分析的基本方法 ... 9
- 本章小结 ... 10
- 实训练习 ... 10

第 2 章 工程经济的基本要素 ... 13
- 2.1 投资及估算 ... 14
  - 2.1.1 投资收益率 ... 14
  - 2.1.2 投资回收期分析 ... 16
  - 2.1.3 建设工程投资估算 ... 18
- 2.2 成本及费用 ... 21
  - 2.2.1 成本与费用的关系 ... 21
  - 2.2.2 工程成本的核算 ... 23
  - 2.2.3 期间费用的核算 ... 25
- 2.3 收入与利润 ... 26
  - 2.3.1 收入 ... 26
  - 2.3.2 利润 ... 31
- 2.4 税金 ... 32
  - 2.4.1 所得税的概念 ... 32
  - 2.4.2 所得税的计税基础 ... 33
  - 2.4.3 所得税费用的确认 ... 34

2.4.4　税收优惠 34
　本章小结 35
　实训练习 35

第3章　资金时间价值 39
　3.1　资金时间价值概述 40
　　　3.1.1　资金时间价值的概念 40
　　　3.1.2　资金时间价值的意义 43
　　　3.1.3　资金时间价值存在的原因 44
　3.2　资金时间价值的计算及应用 44
　　　3.2.1　资金时间价值的计算 44
　　　3.2.2　资金时间价值的应用 49
　　　3.2.3　资金时间价值在生活中的运用 51
　3.3　名义利率和实际利率 52
　　　3.3.1　名义利率与实际利率的关系 52
　　　3.3.2　名义利率与实际利率的计算 53
　本章小结 56
　实训练习 56

第4章　多方案的经济比较和选择方法 63
　4.1　多方案之间的关系类型 64
　　　4.1.1　经济效果评价内容 64
　　　4.1.2　建设方案的类型 68
　4.2　独立方案的比选 70
　　　4.2.1　经济效果评价指标 70
　　　4.2.2　财务内部收益率及财务净现值 71
　4.3　互斥方案的比选 73
　　　4.3.1　静态比选方法 73
　　　4.3.2　计算期相同的中长期互斥方案的比选 74
　　　4.3.3　计算期不同的中长期互斥方案的比选 76
　　　4.3.4　计算期无限的互斥方案比选 77
　4.4　有资源限制的独立方案的比选 77
　4.5　混合方案的比选 78
　本章小结 78
　实训练习 78

第5章　建设项目的可行性研究 83
　5.1　可行性研究的概述 84
　　　5.1.1　可行性研究的发展过程 84

	5.1.2 可行性研究的含义与作用	85
	5.1.3 可行性研究的主要内容	87
5.2	可行性研究的阶段划分及分析方法	91
	5.2.1 可行性研究的阶段划分	91
	5.2.2 可行性研究的步骤及原则	92
	5.2.3 可行性研究的分析方法	93
5.3	可行性研究报告的编制	94
	5.3.1 可行性研究报告的编制步骤	94
	5.3.2 信息资料采集与应用	95
	5.3.3 可行性研究报告结构和内容	96
	5.3.4 可行性研究报告深度要求	99
	5.3.5 可行性研究报告编制单位及人员资质要求	99
	5.3.6 可行性研究报告文本格式	99
5.4	市场调查与预测	100
	5.4.1 市场调查	100
	5.4.2 市场预测	102
5.5	工程建设项目可行性研究的必要性	105
本章小结		106
实训练习		106

第6章 建设项目的不确定性分析和风险分析 111

6.1	不确定性分析和风险分析概述	112
	6.1.1 不确定性分析和风险分析的概念	112
	6.1.2 不确定性与风险的性质和分类	113
	6.1.3 不确定性分析与风险分析的关系	115
6.2	建设项目的不确定性分析	117
	6.2.1 盈亏平衡分析	117
	6.2.2 敏感性分析	120
	6.2.3 概率分析	124
6.3	建设项目的风险分析	124
	6.3.1 风险分析程序	124
	6.3.2 风险识别方法	125
	6.3.3 主要风险	126
	6.3.4 风险估计主要方法	128
	6.3.5 风险评价	133
本章小结		135
实训练习		135

第7章 建设项目的财务分析 139

7.1 财务分析概述 140
7.1.1 财务分析的基本知识 140
7.1.2 财务分析的目的和内容 142
7.1.3 财务分析的步骤 143

7.2 财务报表的编制 146
7.2.1 财务报表概述 146
7.2.2 财务报表的构成 147
7.2.3 财务报表分析 156

7.3 财务评价指标 157
7.3.1 财务评价指标概述 157
7.3.2 财务评价指标分析及计算 157

本章小结 159
实训练习 160

第8章 建设项目的国民经济评价 165

8.1 国民经济评价概述 166
8.1.1 国民经济评价概念、特点和应用程序 166
8.1.2 国民经济评价的作用、基本原理 167
8.1.3 国民经济评价的适用范围 168
8.1.4 国民经济评价与财务评价 169

8.2 国民经济评价费用和效益的识别 170
8.2.1 项目社会成本(费用)和社会效益分析 170
8.2.2 直接效益和直接费用 172
8.2.3 间接效益和间接费用 172
8.2.4 转移支付 173

8.3 国民经济评价的程序与报表的编制 174
8.3.1 国民经济评价的程序 174
8.3.2 国民经济评价报表的编制 175

8.4 国民经济评价重要参数 177
8.4.1 国民经济的评价参数 177
8.4.2 国民经济评价指标 179

本章小结 180
实训练习 180

第9章 设备磨损的补偿及其经济分析 185

9.1 设备的磨损与更新 186
9.1.1 设备的磨损 186

	9.1.2 设备的补偿	188
	9.1.3 设备的更新	189
9.2	设备的经济寿命	189
	9.2.1 设备的寿命形态	189
	9.2.2 设备寿命周期费用	191
	9.2.3 设备大修理	191
9.3	设备更新及其经济分析	193
	9.3.1 设备更新概述	193
	9.3.2 设备更新特点与原则	194
	9.3.3 出现新设备条件下的更新分析	195
	9.3.4 设备原型更新的分析方法	196
	9.3.5 设备更新方案的比选	198
9.4	设备租赁及其经济分析	199
	9.4.1 设备租赁概述	199
	9.4.2 设备租赁的形式与特点	199
	9.4.3 设备租赁与购买方案比选	201
本章小结		204
实训练习		205

第 10 章 价值工程 209

10.1	价值工程概述	210
	10.1.1 价值工程的概念	210
	10.1.2 价值工程的特点	211
	10.1.3 价值工程提高途径	213
10.2	价值工程工作程序与方法	215
	10.2.1 价值工程的工作程序	215
	10.2.2 价值工程的工作内容	216
10.3	价值工程方案改进与评价	222
	10.3.1 价值工程方案的评价与改进	222
	10.3.2 价值工程在企业技术创新中的应用	224
本章小结		226
实训练习		226

第 11 章 项目后评价 231

11.1	项目后评价概述	232
	11.1.1 项目后评价的发展	232
	11.1.2 项目后评价分类	233
	11.1.3 项目后评价作用	233
	11.1.4 项目后评价原则	234

11.2 项目后评价的方法 235
 11.2.1 项目后评价 235
 11.2.2 项目后评价的方法 235
11.3 项目各阶段的后评价 237
 11.3.1 项目前期阶段后评价 237
 11.3.2 项目实施阶段后评价 239
 11.3.3 项目运营阶段后评价 242
本章小结 243
实训练习 243

附录 247

参考文献 256

第 1 章
工程经济学概论.pdf

第 1 章 工程经济学概论

01

【学习目标】

- 了解工程经济学的基本概念
- 熟悉工程经济学的特点、研究内容和发展史
- 掌握工程经济分析的核心问题、一般原则和程序

第 1 章
工程经济学概论.avi

【教学要求】

本章要点	掌握层次	相关知识点
工程经济学的基本概念	了解工程经济学的基本概念	工程经济学
工程经济学的特点、研究内容和发展史	了解工程经济学的特点、研究内容和发展史	工程经济学
工程经济分析的重要意义、基本原则	了解工程经济分析的重要意义、基本原则	工程经济分析
工程经济分析的核心问题、可比条件	掌握工程经济分析的核心问题、可比条件	工程经济分析
工程经济分析的一般原则和程序	掌握工程经济分析的一般原则和程序	工程经济分析
工程经济分析的基本方法	掌握工程经济分析的基本方法	工程经济分析

【项目案例导入】

东方明珠电视塔项目是上海成功打造的一个地标性建筑，同时，通过东方明珠电视塔所衍生的诸多旅游项目也产生了长期的经济效益。上海长江大桥的启用成功缩短了上海至长兴岛、崇明岛的交通时间，提高了物流运输能力，从而带动诸如长兴岛、崇明岛的开发、

开放速度。

【项目问题导入】

工程经济是工程项目中必不可少的一环,它不仅包括在施工中节省的资金还包括以后产生的经济效益,请结合案例分析工程经济的作用。

1.1 工程经济学概述

经济的概念有四个方面的含义:一是社会生产关系,是指人类社会发展到一定阶段的社会经济制度,它是社会生产关系的总和,是政治和思想等上层建筑赖以存在的基础。二是指国民经济的总称,如一国的社会产业部门的总称(第一产业:农业和采掘业;第二产业:加工制造产业;第三产业:服务业)。三是指人类的经济活动,即对物质资料的生产、交换、分配和消费活动。四是指节约或节省,即人们在日常工作与生活中的节约,既包括了对社会资源的合理利用与节省,也包括了个人家庭生活开支的节约。工程经济学主要应用了经济学中节约的含义。

"工程经济"是一门应用性的经济学科,是工程学和经济学相互交叉融合而形成的边缘性学科。它的研究对象是工程项目技术方案的经济效益。其研究内容和任务是运用工程经济分析原理与方法,对能够完成工程项目预定目标的各种可行技术方案进行技术经济论证、比较、计算和评价,从中优选出技术上先进、经济上有利、生产上适用的方案,从而为实现正确的投资决策提供科学依据。

工程经济学(Engineering Economics)是对工程技术问题进行经济分析的系统理论与方法的学科。工程经济学是在资源有限的条件下,运用工程经济学分析方法,对工程技术(项目)各种可行方案进行分析比较,选择并确定最佳方案的学科。它的核心任务是对工程项目技术方案的经济决策。

工程经济学是工程与经济的交叉学科,是研究工程技术实践活动、经济效果的学科。即以工程项目为主体,以技术—经济系统为核心,是研究如何有效利用资源,提高经济效益的学科。工程经济学研究各种工程技术方案的经济效益,研究各种技术在使用过程中如何以最小的投入获得预期产出或者说如何以等量的投入获得最大产出;如何用最低的寿命周期成本实现产品、作业以及服务的必要功能。

狭义的工程经济学是对为达到某种预定目的,而可能被采用的各项不同的工程技术政策、工程技术方案、工程技术措施的经济效果,进行计算、分析、比较和评价,从而选择工程技术上先进、经济上合理的最优方案的科学。

广义的工程经济学是指在社会再生产过程中,根据特定的政治、经济、工程技术、资源和国防等具体条件,研究工程技术与经济的相互关系及其发展规律,寻求工程技术与经济的最佳结合,以保证所采取的工程技术政策、工程技术方案、工程技术措施获得最大经济效益的一门应用经济学。

1.1.1 工程经济学的发展

近代工程经济学的发展侧重于用概率统计进行风险性、不确定性等新方法研究以及非经济因素的研究。

工程经济的发展.avi

20 世纪 50 年代初，我们学习和借鉴了苏联的工程技术经济分析和论证方法，对"一五"时期的 156 项重点工程建设项目从规划、选址、设计、施工到竣工验收的各个环节都进行了一定程度的工程技术经济分析、计算和比较，并在初步设计中设置了"工程技术经济篇"，论证了项目建设在工程技术上的先进性和可靠性，经济上的合理性和可行性。

1978 年，联合国工业发展组织为了推动发展中国家开展可行性研究，编写和发行了《工业可行性研究手册》和《工业项目评价手册》，我国及时翻译出版并推广应用。

1983 年，国家计委颁发了《关于建设项目可行性研究的试行管理办法》，1986 年国家计委成立了中国国际工程咨询公司，规定今后国家预算内安排的基本建设项目和重大工程技术改造项目，都必须通过该公司进行评估，实行先评估后决策。

中国的工程经济学起步于 20 世纪 70 年代后期，1987 年 10 月，国家计委组织，国家计划出版社出版《建设项目经济评价方法与参数》，填补其中的空白；1993 年 4 月《方法与参数》修改再版。在项目投资决策分析、项目评估和管理中，已经广泛地应用了工程经济学的原理和方法。

国外工程经济学的发展相关知识详见二维码。

扩展资源.pdf

1.1.2 工程经济学研究的内容

1. 宏观经济方面研究的主要内容

宏观经济研究的内容.mp4

(1) 经济发展速度、比例、效益之间关系问题；
(2) 产业结构、产品结构、工程技术结构、规模结构问题；
(3) 生产力合理布局和经济区与经济中心合理配置及发展问题；
(4) 资源合理开发和综合利用问题；
(5) 投资方向、投资结构、投资效果与最优投资规模问题；
(6) 生产专业化、协作化、联合化发展问题；
(7) 能源开发、能源结构与能源综合利用问题；
(8) 新工程技术、新工艺、新设备、新材料开发利用与高新工程技术产业的发展问题；
(9) 工程技术引进、工程技术改造、设备更新问题；
(10) 供、产、运、销综合发展与协调配合问题；
(11) 发展生产与保护环境及生态平衡问题。

2. 微观经济方面,就一个工程项目来说,工程经济研究的主要内容

(1) 进行市场需求调查和预测、确定项目建设的必要性、迫切性、可行性以及工程项目未来的发展前景,为工程项目的立项提供可靠的依据;

(2) 厂址选择和工厂合理布置、确定企业规模和车间组成、选择生产流程和工艺方法、决定设备选型;

(3) 选择和确定原材料、燃料动力的供应和来源、分析交通运输、邮电通信、供水供电以及基础设施、公用设施等条件;

(4) 确定地理位置、勘察工程地质、气象水文、地形地貌等条件;

(5) 分析研究生态平衡、环境保护以及治理污染和"三废"处理等措施方案;

(6) 开展工程项目的可行性研究和评价工作,诸如对投资、成本、利润、投资回收期、投资效果系数、资金收益率、项目建设周期、生产经营活动等方面进行计算、比较、分析和论证。

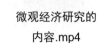

微观经济研究的内容.mp4

1.1.3 工程经济学的特点

1. 综合性

(1) 在学科构成方面,它是自然科学与社会科学、工程技术科学与经济科学相结合的边缘科学(交叉科学)。

(2) 在评价目标和影响因素方面,工程经济学分析和论证的问题,常常是多因素、多目标的评价决策问题。

(3) 对工程技术政策、工程技术措施、工程技术方案进行工程技术经济计算、分析和评价时,要进行全面的、综合的分析论证,既要分析论证工程技术上的先进性和可靠性,又要分析论证经济上的合理性和可行性,要进行综合评价。

工程经济学的特点.mp4

2. 比较性

工程经济学是一门比较性的科学。没有比较,就没有鉴别,比较研究的原理和方法或称可比性原理与方法是工程经济学研究中普遍采用的一项基本原理与方法。

3. 系统性

工程经济学是一门进行系统分析的科学,具有很强的系统性。系统的观点和系统分析的方法是工程技术经济研究中很重要的一种观点和方法,是工程经济学的重要特点。

4. 预测性

工程经济学是一门对未来将要实施的工程技术方案事先进行计算、分析、比较、评价和选优的科学,具有明显的预测性。它所研究和探讨的主要是未来的问题,并着眼于未来的经济效益。

5. 定量性

工程经济学是一门定性分析与定量分析相结合，以定量分析为主的科学。对任何工程技术经济问题的分析、论证，除了定性分析外，还要进行定量分析。

6. 实用性

工程经济学是一门应用科学，具有很强的实用性。

1.2 工程经济分析

1.2.1 工程经济分析的重要意义

要使应用于工程的技术能够有效地为建设服务，就必须对各种技术方案的经济效益进行计算、分析和评价，这就是工程经济分析。其重要意义体现在三个方面。

工程经济.avi

1. 提高社会资源利用效率的有效途径

如何以最低的成本可靠地实现产品的必要功能，是工程经济分析的一个重要内容，也就是说，要做出合理分配和有效利用资源的决策，必须同时考虑技术与经济各方面的因素，进行工程经济分析。

2. 企业生产决策的重要前提依据

工程经济分析的结果是企业生产决策的前提依据，没有可靠的经济分析，就难以保证决策的正确。

3. 降低项目投资风险的可靠保证

决策科学化是工程经济分析的重要体现，在工程项目投资前期进行各种技术方案的论证评价，一方面可以在投资前发现问题，以便及时采取相应措施，另一方面对技术经济不可行的方案，及时否决，以减少决策的盲目性，避免不必要的损失，使投资风险趋于最小化。

1.2.2 工程经济分析的基本原则

1. 资金的时间价值原则

由于资金存在时间价值，未来时期获得的财富价值是否真正体现了其收益价值是关键的问题。因此，如果不考虑资金的时间价值，就无法合理地评价项目的未来收益和成本。

工程经济分析的基本原则.mp4

2. 现金流量原则

衡量投资收益用的是现金流量而不是会计利润。现金流量是项目发生的实际现金的净得，而利润仅仅是会计账面的数字。

3. 增量分析原则

对不同方案进行选择和比较，将两个方案的比较转化为单个方案的评价问题，使问题得到简化，并容易进行。而这则需要从增量角度进行分析，符合人们对不同事物进行选择的逻辑思维。

4. 机会成本原则

企业自有的资产和要素如果出售或出租就能够收取收益，这种收益构成了企业使用自有要素的机会成本。而沉没成本则是决策前已支出的费用或将来必须支付的费用，这类成本与决策无关，所以要进行排除。因此，要排除沉没成本，计入机会成本。

5. 有无对比原则

"有无对比法"是将项目建立和未建立的现金流量进行对比，而"前后对比法"是将项目实现以前和实现以后的各项效益费用进行对比。

6. 可比性原则

进行比较的项目方案之间在时间、金额上必须可比。否则，无法正确地估量工程项目的投资合理性。

7. 风险收益的权衡原则

投资任何项目都存在风险，因此，必须考虑方案的风险性和不确定性。不同项目的风险和收益是不同的，额外的风险需要额外的收益进行补偿。

1.2.3 工程经济分析的核心问题

工程经济分析的核心问题是经济效益问题。

1. 经济效益与成本的概念

经济效益是人们在生产实践中的有效产出与投入之比。人类的一切实践活动，如要达到一定的目的，或取得一定的有效成果，都要耗费一定的劳动，这两者的比称为经济效益。

所得与所耗之间的对比关系，是一种相互比较、衡量的关系，当两者度量不同时，可表示为：

$$经济效益 = 产出 \div 投入$$

当两者度量相同时，可表示为：

$$经济效益 = 产出 - 投入$$

生产产品要消耗物化劳动和活劳动，在产品生产中耗费的物化劳动和活劳动的总和，就构成了产品的社会生产费用，即产品的价值，它由三部分组成：

(1) 已消耗的生产资料的价值(物化劳动)；
(2) 必要劳动所创造的价值，一般以工资、奖金等形式支付给职工，用于个人消费；
(3) 剩余劳动所创造的价值，构成社会的纯收入(利润)。

前两部分构成企业的生产费用即产品成本。产品成本是产品价值的一部分，通常以货币为表现形式。

故成本是以货币为表现形式的,企业在一定时期内为设计、试制、生产和销售某种产品,按一定规则而支付的费用。

2. 经济效益的几种类型

(1) 宏观经济效益和微观经济效益;
(2) 直接经济效益和间接经济效益;
(3) 短期经济效益和长期经济效益。

3. 经济效益指标及其分类

工程经济是通过一定的方法对建设方案进行综合评价,而要评价某一方案,就必须对其有关方面做出定性或定量的分析,这就必须运用一定的形式来反映这些方面。在经济活动中,通常是以指标形式来反映经济现象。

指标,是在计划和统计中反映社会现象及其相互关系的数量表现,是对社会经济的性质及其发展规律进行定量分析的一种测量工具。

正确地选择与确定技术经济效果指标是讲求经济效益的关键,没有指标则无从计算经济效果。而只要找到能反映经济活动中劳动消耗及有效成果的指标,并加以比较,就可看出技术经济效果。因此,指标在工程经济分析中具有非常重要的作用。

由于反映这种经济效果的复杂性和多样性,单一指标很难衡量出经济效果的好坏,一般情况下,均采用指标体系,即用多个指标从不同的侧面或角度对方案进行分析鉴定。但是,这样做也有一定困难,要分析比较、综合评价时,各指标之间很难找出一种适当的折算当量,因此,确定合理的考核经济效果的指标,也是工程经济学应研究的课题之一。

经济效果指标,按照不同的标准,可分为以下几种指标:
(1) 按表现形态,可分为价值指标和实物指标;
(2) 按综合程度,可分为个体指标和综合指标;
(3) 按反映的范围,可分为整体(宏观)指标和局部(微观)指标;
(4) 按经济内容,可分为劳动消耗指标和劳动占用指标;
(5) 按用途,可分为相对指标和绝对指标;
(6) 按考虑时间因素,可分为静态指标和动态指标。

1.2.4 经济分析的可比条件

工程经济学研究的主要任务是对各种工程技术方案进行经济比较,从中选择经济效果最好的方案。在进行方案评价、比较时,必须使各方案具备可比条件,遵循可比性原则。

根据工程经济比较原理,对两个以上的技术方案进行经济效果比较时,必须同时具备以下四个可比条件。

1. 满足需要上的可比

要求相互比较的技术方案具有统一的满足需要。任何技术方案其主要目的是为了满足一定的需要，或者说是以其产品的数量、品种、质量等技术经济指标来满足社会的某种需要，因此，在进行方案比较时，首先要求各方案具有满足需要上的可比，即物化指标上的可比。

值得注意的是，这种满足需要上的可比并非绝对的，在很多情况下，可以通过价格指标，将物化指标(实物指标)转化为价值指标，以实现满足需要上的可比。

2. 消耗费用上的可比

消耗费用的计算应与经济效益的计算原则和方法一致，也就是说，进行比较的方案，其消耗费用所包括的内容、计算原则、方法应保持一致。

3. 价格指标的可比

如果指标是货币单位时，要注意价值计算所采用的哪种价格形式(现价、可比价格、不变价格)。

现行价格(当年价格、现价)：是指报告期的实际价格，即产品和劳务在生产和交换时实际发生的市场价格。使用这种价格计算的数字，是为了使国民经济各项指标互相衔接，便于考察当年社会经济效益，便于对生产与流通、生产与消费、生产与分配进行经济核算和综合平衡。

现行价格.mp4

可比价格：是指在不同时期的价值指标对比时，扣除了价格变动的因素，以确切反映实物量的变化。按可比价格计算有两种方法：一种是直接用产品产量乘某一年的不变价格计算；另一种是用价格指数换算。

可比价格.mp4

不变价格：在一段较长时期内以某一时期(或时点)的价格作为计价标准计算产品的价值量。新中国成立以来，按国务院统一要求，在不同时期规定不变价格的计价标准。新中国规定了五次不变价格，即1952年不变价格、1957年不变价格、1970年不变价格、1980年不变价格、1990年不变价格。

不变价格.mp4

4. 时间因素的可比

时间因素的可比性是指技术方案的经济效果，除了数量的概念以外，还具有时间概念。必须考虑时间因素的影响，计算资金的时间价值。不同的技术方案必须符合以下时间方面的可比条件：不同技术方案的经济比较应该采用相等的计算期作为比较基础，同时应该考虑它们由于在人力、物力和资源的投入以及效益发挥的时间先后不同对国民经济产生的经济影响的大小。

1.2.5 工程经济分析的一般过程

工程经济分析是一个不断深入、不断反馈的动态规划过程。一个工程项目从提出意向到达到预期目标，需要经过多个工作阶段，分段进行，不断深入。从纵向看，前一阶段的工作成果是后一阶段工作的前提和基础，后一阶段是前一阶段工作的深入和细化。从横向看，每一个阶段又可分解成若干相互联系和区别的子过程，子过程的优化离不开整体的优化，整体的优化要靠子过程的优化来实现。

工程经济分析的基本步骤如下。

1. 确定目标

工程经济分析的第一步就是通过调查研究寻找经济环境中显在和潜在的需求，确立工作目标。

2. 寻找关键要素

关键要素也就是实现目标的制约因素，确定关键要素是工程经济分析的重要一环。只有找出了主要矛盾，确定了系统的各种关键要素，才能集中力量，采取最有效的措施，为目标的实现扫清道路。

3. 穷举方案

一个问题可采取多重方法来解决，因而可以制订出不同的方案。工程经济分析过程本身就是多方案选优，如果只有一个方案，那么决策的意义就不大了。所以穷举方案就是要尽可能多地提出各种备选方案。

4. 评价方案

评价方案是工程经济分析中最常用的方法。从工程技术的角度提出的方案往往都是技术上可行的，但当效果一定时，只有费用最低的方案才能成为最佳方案，这就需要对备选方案进行经济效果评价。评价方案，首先必须将参与分析的各种因素定量化，一般将方案的投入和产出转化为用货币表示的收益和费用，即确定各对比方案的现金流量，并估计现金流量发生的时点，然后运用数学手段进行综合运算、分析对比，从中选出最优的方案。

5. 决策

决策即从若干行动方案中选择令人满意的实施方案，它对工程项目建设的效果有决定性的影响。

1.2.6 工程经济分析的基本方法

方案比较法是运用多方案评价的指标及综合评价方法，对方案进行优选的统称。方案比较法可以对项目机会研究和可行性研究中提出的众多方案进行比较分析，从中选出技术先进、经济合理的方案，作为详细论证的基础。方案比较法是通过比较来选择最佳方案的方法，是工程经济分析中最常用的方法。

方案比较法.mp4

方案比较法的基本内容和步骤如下：

（1）确定对比方案，对比方案可按技术目标确定若干个，对比的对象应根据对比的内容具体确定；

（2）确定对比方案的指标体系，包括一般的共性指标，不同方案的目标、要求和特点，确定特点的评价指标和重点指标；

（3）确定方案要达到的目标，提出实现目标的各个待选方案；

（4）运用统计分析方法，对调查、搜集到的大量数据，进行整理、研究，为分析、评价方案提供依据；

(5) 运用系统分析法，用定性和定量的方法，以系统观点分析各方案的技术经济效果。计算、分析和比较指标，对不可计量的指标也要得出定性分析结果；

(6) 综合比较分析。在以上分析的基础上，对不同方案进行综合比较、评价，以选定最优方案；

(7) 将其他方案的优点充实到最佳方案中，使所选方案更趋完善，以取得更好的技术经济效果。

本章小结

通过本章的学习，学生们可以清楚地了解什么是工程经济学。工程经济是一门应用性的经济学科，是工程学和经济学相互交叉融合而形成的边缘性学科。通过对工程经济学历史发展的学习，学生们应知道工程经济学发展的三个阶段，了解国内经济学的发展史。学生们应掌握工程经济分析的基本原则和核心问题，知道工程经济学研究的内容和它的特点，可以熟练地运用经济分析的方法对各种工程技术方案进行经济比较，从中选择经济效果最好的方案。

实训练习

一、单选题

1. 为组织和管理生产所发生的各项费用属于(　　)。
   A. 制造费用　　B. 管理费用　　C. 财务费用　　D. 销售费用
2. 在市场价格失真时，经济分析中所用的价格应是(　　)。
   A. 零售价格　　B. 批发价格　　C. 出厂价格　　D. 影子价格
3. 土地使用权属于(　　)。
   A. 递延资产　　B. 固定资产　　C. 无形资产　　D. 流动资产
4. 企业利润总额与资本金总额的比率称为(　　)。
   A. 销售收入利润率　　　　　B. 资本金利润率
   C. 产值利润率　　　　　　　D. 成本费用利润率
5. 对特定消费品或消费行为的流转额或流转量所征的税称为(　　)。
   A. 营业税　　B. 增值税　　C. 消费税　　D. 所得税
6. 间接以增值额为计税依据的方法是(　　)。
   A. 扣额法　　B. 扣税法　　C. 从价法　　D. 从量法

二、多选题

1. 市场预测的方法很多，下列属于定量预测方法的是(　　)。
   A. 时间序列法　　　　B. 回归分析法　　　　C. 特尔菲法

D. 主观概率法　　　　　E. 专家座谈法
2. 任何一种产品的市场寿命周期都可以分为的阶段包括(　　)。
   A. 投入期　　　　　　B. 成长期　　　　　　C. 成熟期
   D. 衰退期　　　　　　E. 制造期
3. 磨损是设备陈旧落后的主要原因，有磨损就要有补偿，补偿的形式包括(　　)。
   A. 修理　　　　　　　B. 更新　　　　　　　C. 改造
   D. 销毁　　　　　　　E. 购买
4. 按照标准成本的效率水平分类包括(　　)。
   A. 理想标准成本　　　　　　　　　　B. 过去平均业绩标准成本
   C. 能实现良好业绩的标准成本　　　　D. 基准标准成本
   E. 预计平均成本
5. 影响利润总额的因素包括(　　)。
   A. 销售利润　　　　　B. 投资净收益　　　　C. 营业外收入
   D. 营业外支出　　　　E. 总投资额

三、简答题

1. 简述什么是工程经济学。
2. 如何从广义上认识工程经济的研究对象？
3. 工程经济学有哪些特点？
4. 进行工程经济分析的重要意义是什么？
5. 工程经济分析的基本原则有哪些？
6. 简述工程经济分析的一般程序步骤。

第1章　习题答案.pdf

工程经济

实训工作单

班级		姓名		日期	
教学项目	工程经济学的相关概念				
任务	掌握工程经济分析的核心问题、一般原则和程序		学习资源	相关拓展资源	
题目					
过程记录					
评语				指导老师	

第 2 章　工程经济的基本要素.pdf

第 2 章　工程经济的基本要素　02

【学习目标】

- 掌握投资收益率及投资回收期的计算
- 掌握成本及费用的关系及计算方法
- 理解期间费用
- 掌握利润及费用的计算

第 2 章　工程经济的基本要素.avi

【教学要求】

本章要点	掌握层次	相关知识点
投资收益率	1. 理解投资收益率含义 2. 熟悉投资收益率的计算	投资收益率
投资回收期计算	1. 了解投资回收期的概念 2. 掌握投资收益率的计算	项目投资
建筑工程投资估算	理解建筑工程投资估算的意义及划分	项目估算
成本与费用的计算	1. 理解成本与费用的关系 2. 熟悉成本与费用的计算	成本与费用
收入与利润计算	1. 理解收入与利润的含义及彼此的关系 2. 掌握收入与利润的计算	收入与利润
税金	1. 了解税金的含义 2. 掌握税金的简单计算	税金

【项目案例导入】

修建三峡工程需要大量的资金。估算出工程需要投入的资金是工程经济和财务评价的基础，为此，需要在三峡工程论证和设计中对三峡工程的投资组成、投资数额及可靠性进行认真研究和分析。由于对三峡投资估算的内容理解不一，特别是关于物价和施工期贷款利息的计算很不一致，由此引起了诸多争议，因此，三峡工程最终确定了"静态控制、动态管理"和"总量控制、合理调整"的投资控制指标。

【项目问题导入】

作为一个大型的建设工程，工程的投资及估算是前期项目进行前必不可少的工程，对工程进行工程投资估算，分析其收入与利润，可以为施工进度及经济合理性提供指导，试结合本章知识思考工程投资、估算、成本及费用在工程中的作用并掌握其具体的计算方法。

2.1 投资及估算

2.1.1 投资收益率

1. 概念

投资收益率是衡量技术方案获利水平的评价指标，它是技术方案建成投产达到设计生产能力后一个正常生产年份的年净收益额与技术方案投资的比率。它表明技术方案在正常生产年份中，单位投资每年所创造的年净收益额。对生产期内各年的净收益额变化幅度较大的技术方案，可计算生产期年平均净收益额与技术方案投资的比率，其计算公式为：

$$R = \frac{A}{I} \times 100\% \tag{2-1}$$

投资收益率.avi

投资收益率.mp4

式中：R——投资收益率；
A——技术方案年净收益额或年平均净收益额；
I——技术方案投资。

2. 判别准则

将计算出的投资收益率(R)与所确定的基准投资收益率(R_c)进行比较。若$R \geqslant R_c$，则技术方案可以考虑接受，若$R < R_c$，则技术方案是不可行的。

3. 应用式

根据分析的目的不同，投资收益率又具体分为：总投资收益率(ROI)、资本金净利润率(ROE)。

(1) 总投资收益率(ROI)。

总投资收益率(ROI)表示总投资的盈利水平，按下式计算：

$$\text{ROI} = \frac{\text{EBIT}}{\text{TI}} \times 100\% \tag{2-2}$$

式中：EBIT——技术方案正常年份的年息税前利润或运营期内年平均息税前利润；

TI——技术方案总投资(包括建设投资、建设期贷款利息和全部流动资金)。

公式中所需的财务数据，均可从相关的财务报表中获得。总投资收益率高于同行业的收益率参考值，表明用总投资收益率表示的技术方案盈利能力满足要求。

(2) 资本金净利润率(ROE)。

技术方案资本金净利润率(ROE)表示技术方案资本金的盈利水平，按下式计算：

$$\text{ROE} = \frac{\text{NP}}{\text{EC}} \times 100\% \tag{2-3}$$

式中：NP——技术方案正常年份的年净利润或运营期内年平均净利润，净利润=利润总额-所得税；

EC——技术方案资本金。

公式中所需的财务数据，均可从相关的财务报表中获得。技术方案资本金净利润率高于同行业的净利润率参考值，表明用资本金净利润率表示的技术方案盈利能力满足要求。

【案例 2-1】 已知某技术方案拟投入资金和利润如表 2-1 所示。计算该技术方案的总投资利润率和资本金利润率。

表 2-1 某技术方案拟投入资金和利润表

单位：万元

序号	年份 项目	1	2	3	4	5	6	7~10
1	建设投资							
1.1	自有资金部分	1200	340					
1.2	贷款本金		2000					
1.3	贷款利息(年利率为 6%，投产后前 4 年等本偿还，利息照付)		60	123.6	92.7	61.8	30.9	
2	流动资金							
2.1	自有资金部分			300				
2.2	贷款			100	400			
2.3	贷款利息(年利率为 4%)			4	20	20	20	20
3	所得税前利润			-50	550	590	620	650
4	所得税后利润(所得税率为25%)							

解：(1) 计算总投资收益率(ROI)。

① 技术方案总投资 TI=建设投资+建设期贷款利息+全部流动资金

=1200+340+2000+60+300+100+400=4400(万元)

② 年平均息税前利润 EBIT=[(123.6+92.7+61.8+30.9+4+20×7)+(-50+55+590+620+

650×4)]÷8

=(453+4310)÷8

=595.4(万元)

③ 根据公式(2-2)可计算总投资收益率(ROI)

$$ROI = \frac{EBIT}{TI} \times 100\% = \frac{595.4}{4400} \times 100\% = 13.53\%$$

(2) 计算资本金净利润率(ROE)。

① 技术方案资本金 EC=1200+340+300=1840(万元)

② 年平均净利润 NP=(-50+425+442.5+465+487.5×4)÷8
=3232.5÷8=404.06(万元)

③ 根据公式(2-3)可计算资本金净利润率(ROE)

$$ROE = \frac{NP}{EC} \times 100\% = \frac{404.06}{1840} \times 100\% = 21.96\%$$

总投资收益率(ROI)是用来衡量整个技术方案的获利能力，要求技术方案的总投资收益率(ROI)应大于行业的平均投资收益率；总投资收益率越高，从技术方案所获得的收益就越多。而资本金净利润率(ROE)则是用来衡量技术方案资本金的获利能力，资本金净利润率(ROE)越高，资本金所获取的利润就越多，权益投资盈利水平也就越高；反之，则相反。对于技术方案而言，若总投资收益率或资本金净利润率高于同期银行利率，适度举债是有利的；反之，过高的负债比率将损害企业和投资者的利益。由此可以看出，总投资收益率或资本金净利润率指标不仅可以用来衡量技术方案的获利能力，还可以作为技术方案筹资决策参考的依据。

4. 优劣

投资收益率(R)指标经济意义明确、直观，计算简便，在一定程度上反映了投资效果的优劣，适用于各种投资规模。但不足的是没有考虑投资收益的时间因素，忽视了资金具有时间价值的重要性，指标的计算主观随意性太强，正常生产年份的选择比较困难，其确定带有一定的不确定性和人为因素。因此，以投资收益率指标作为主要的决策依据不太可靠，其主要用在技术方案制定的早期阶段或研究过程，且计算期较短、不具备综合分析所需详细资料的技术方案，尤其适用于工艺简单而生产情况变化不大的技术方案的选择和投资经济效果的评价。

2.1.2 投资回收期分析

1. 概念

投资回收期也称返本期，是反映技术方案投资回收能力的重要指标，分为静态投资回收期和动态投资回收期，通常只进行技术方案静态投资回收期计算分析。

技术方案静态投资回收期是在不考虑资金时间价值的条件下，以技术方案的净收益回收其总投资(包括建设投资和流动资金)所需要的时间，一般以年为单位。静态投资回收期宜从技术方案建设开始年算起，若从技术方案投产开始年算起，应予以特别注明。从建设开始年算起，静态投资回收期(P_t)的计算公式如下：

投资回收期.avi

投资回收期.mp4

$$\sum_{t=0}^{P_t}(CI-CO)_t = 0 \tag{2-4}$$

式中：P_t——技术方案静态投资回收期；

CI——技术方案现金流入量；

CO——技术方案现金流出量；

$(CI-CO)_t$——技术方案第 t 年净现金流量。

2. 应用式

静态投资回收期可借助技术方案投资现金流量表，根据净金流量计算，其具体计算又分以下两种情况：

(1) 当技术方案实施后各年的净收益(即净现金流量)均相同时，静态投资回收期的计算公式如下：

$$P_t = \frac{I}{A} \tag{2-5}$$

式中：I——技术方案总投资；

A——技术方案每年的净收益，即 $A = (CI-CO)_t$。

【**案例 2-2**】 某技术方案估计总投资 2800 万元，技术方案实施后各年净收益为 320 万元，如图 2-1 所示，则该技术方案的静态投资回收期为：

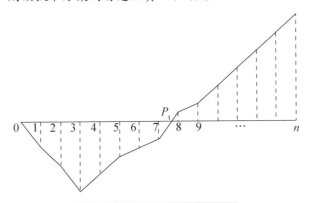

图 2-1 静态投资回收期示意图

$$P_t = \frac{2800}{320} = 8.75(年)$$

在应用式(2-5)时应注意，由于技术方案的年净收益不等于年利润额，所以静态投资回收期不等于投资利润率的倒数。

(2) 当技术方案实施后各年的净收益不相同时，静态投资回收期可根据累计净现金流量求得(如图 2-1 所示)，也就是在技术方案投资现金流量表中累计净现金流量由负值变为零的时点。其计算公式为：

$$P_t = T - 1 + \frac{\left|\sum_{t=0}^{T-1}(CI-CO)_t\right|}{(CI-CO)_T} \tag{2-6}$$

式中：T——技术方案各年累计净现金流量首次为正或零的年数；

$\left|\sum_{t=0}^{T-1}(CI-CO)_t\right|$ ——技术方案第(T-1)年累计净现金流量的绝对值；

$(CI-CO)_T$ ——技术方案第 T 年的净现金流量。

【案例 2-3】 某技术方案投资现金流量表的数据如表 2-2 所示，计算该技术方案的静态投资回收期。

解：根据上述公式，可得：

$$P_t = (6-1) + \frac{|-200|}{500} = 5.4(年)$$

表 2-2　某技术方案投资现金流量表

单位：万元

计算期	0	1	2	3	4	5	6	7	8
1. 现金流入	—	—	—	800	1200	1200	1200	1200	1200
2. 现金流出	—	600	900	500	700	700	700	700	700
3. 净现金流量	—	-600	-900	300	500	500	500	500	500
4. 累计净现金流量	—	-600	-1500	-1200	-700	-200	300	800	1300

3. 判别准则

将计算出的静态投资回收期 P_t 与所确定的基准投资回收期 P_c 进行比较。若 $P_t \leqslant P_c$，表明技术方案投资能在规定的时间内收回，则技术方案可以接受；若 $P_t > P_c$，则技术方案是不可行的。

4. 优劣

静态投资回收期指标容易理解，计算也比较简便，在一定程度上显示了资本的周转速度。显然，资本周转速度愈快，静态投资回收期愈短，风险愈小，技术方案抗风险能力强。因此在技术方案经济效果评价中一般都要求计算静态投资回收期，以反映技术方案原始投资的补偿速度和技术方案投资风险性。对于那些技术上更新迅速的技术方案，或资金相当短缺的技术方案，或未来的情况很难预测而投资者又特别关心资金补偿的技术方案，采用静态投资回收期评价特别有实用意义。但不足的是，静态投资回收期没有全面考虑技术方案整个计算期内现金流量，即只考虑回收之前的效果，不能反映投资回收之后的情况，故无法准确衡量技术方案在整个计算期内的经济效果。所以，静态投资回收期作为技术方案选择和技术方案排队的评价准则是不可靠的，它只能作为辅助评价指标或与其他评价指标结合应用。

2.1.3 建设工程投资估算

编制建设工程投资估算是建设项目的一项重要工作，其依据是设计任务书和设计方案的内容和要求，在此基础上，根据有关的经验数据，测算或估算该项目的主要工程量，使用现行的预算或概算定额及各项有关的费用标准，得出建设工程的估算投资。

1. 投资估算的作用和意义

根据我国建设项目的控制管理办法，可行性研究阶段也就是项目决策阶段，通过对拟建项目的有关调查研究，对各种可能采用的建设方案进行技术经济分析和比较论证，对项目建成后的经济效益进行科学的预测和评价，并由此得出该项目是否应该投资和如何投资等结论性意见，为项目投资决策提供可靠的科学依据，项目投资估算是可行性研究的核心内容之一，是进行建设比选、项目财务分析的评价基础，投资估算的编制，就是用单位造价指标估算各项工程的直接投资，并将其分类汇总计算出建设工程费用。以此为基础估算建设工程其他费用、预备费、建设期贷款利息及铺底流动资金，从而得到建设工程总投资。

2. 工程项目投资估算的编制方法

常用的估算方法有：资金周转率法、生产能力指数法、比例估算法、综合指标投资估算法等。

流动资金估算一般是参照现有同类企业的状况采用分项详细估算法，个别情况或者小型项目可采用扩大指标法。

建设投资分类估算法

1) 建筑工程费的估算

建筑工程投资估算一般采用以下方法：

(1) 单位建筑工程投资估算法；
(2) 单位实物工程量投资估算法；
(3) 概算指标投资估算法。

2) 设备及工器具购置费估算
3) 安装工程费估算

$$安装工程费=设备原价\times 安装费率 \qquad (2-7)$$
$$安装工程费=设备吨位\times 每吨安装费 \qquad (2-8)$$
$$安装工程费=安装工程实物量\times 安装费用指标 \qquad (2-9)$$

4) 工程建设其他费用估算
5) 基本预备费估算
6) 涨价预备费估算

3. 流动资金估算的方法

1) 分项详细估算法

对存货、现金、应收账款这三项流动资产和应付账款这项流动负债进行估算。

2) 扩大指标估算法

(1) 按建设投资的一定比例估算；
(2) 按经营成本的一定比例估算；
(3) 按年销售收入的一定比例估算；
(4) 按单位产量占用流动资金的比例估算。

建设项目投资估算要根据主体专业设计的阶段和深度，结合各自行业的特点，所采用生产工艺流程的成熟性，以及编制者所掌握的国家及地区、行业或部门相关投资估算基础资料和数据的合理、可靠、完整程度(包括造价咨询机构自身统计和积累的可靠的相关造价基础资料)，采用生产能力指数法、系数估算法、比例估算法、混合法(生产能力指数法与比例估算法、系数估算法与比例估算法等综合使用)、指标估算法等进行建设项目投资估算。

建设项目投资估算无论采用何种办法，应充分考虑拟建项目设计的技术参数和投资估算所采用的估算系数、估算指标，在质和量方面所综合的内容，应遵循口径一致的原则。

建设项目投资估算无论采用何种办法，应将所采用的估算系数和估算指标价格、费用水平调整到项目建设所在地及投资估算编制年的实际水平。对于建设项目的边界条件，如建设用地费和外部交通、水、电、通信条件，或市政基础设施配套条件等差异所产生的与主要投资生产内容无必然关联的费用，应结合建设项目的实际情况修正。

4. 项目投资估算的作用

投资估算在项目开发建设过程中的作用有以下五点：

(1) 项目建议书阶段的投资估算是项目主管部门审批项目建议书的依据之一，并对项目的规划、规模起参考作用；

(2) 项目可行性研究阶段的投资估算是项目投资决策的重要依据，也是研究、分析、计算项目投资经济效果的重要条件；

(3) 项目投资估算对工程设计概算起控制作用，设计概算不得突破批准的投资估算额，并应控制在投资估算额以内；

(4) 项目投资估算可作为项目资金筹措及制订建设贷款计划的依据，建设单位可根据批准的项目投资估算额，进行资金筹措和向银行申请贷款；

(5) 项目投资估算是核算建设项目固定资产投资需要额和编制固定资产投资计划的重要依据。

5. 投资估算的阶段划分与精度要求

(1) 国外项目投资估算的阶段划分与精度要求。

在国外，英、美等国把建设项目的投资估算分为以下五个阶段。

① 第一阶段：是项目的投资设想时期。其对投资估算精度的要求为允许误差大于±30%；

② 第二阶段：是项目的投资机会研究时期。其对投资估算精度的要求为误差控制在±30%以内；

③ 第三阶段：是项目的初步可行性研究时期。其对投资估算精度的要求为误差控制在±20%以内；

④ 第四阶段：是项目的详细可行性研究时期。其对投资估算精度的要求为误差控制在±10%以内；

⑤ 第五阶段：是项目的工程设计阶段。其对投资估算精度的要求为误差控制在±5%以内。

(2) 我国项目投资估算的阶段划分与精度要求。

我国建设项目的投资估算分为以下几个阶段：

① 项目规划阶段的投资估算。

建设项目规划阶段是指有关部门根据国民经济发展规划、地区发展规划和行业发展规划的要求，编制一个建设项目的建设规划。其对投资估算精度的要求为允许误差大于±30%。

② 项目建议书阶段的投资估算。

在项目建议书阶段，是按项目建议书中的产品方案、项目建设规模、产品主要生产工艺、企业车间组成、初选建厂地点等，估算建设项目所需要的投资额。其对投资估算精度的要求为误差控制在±30%以内。

③ 初步可行性研究阶段的投资估算。

初步可行性研究阶段，是在掌握了更详细、更深入的资料条件下，估算建设项目所需的投资额，其对投资估算精度的要求为误差控制在±20%以内。

④ 详细可行性研究阶段的投资估算。

详细可行性研究阶段的投资估算至关重要，因为这个阶段的投资估算经审查批准之后，便是工程设计任务书中规定的项目投资限额，并可据此列入项目年度基本建设计划。

2.2 成本及费用

2.2.1 成本与费用的关系

1. 费用和成本的区别和联系

1) 生产费用和期间费用的划分

费用是会计主体各类支出中的收益性支出。费用按不同的分类标准，可以有多种不同的分类方法。如：费用按经济内容和性质进行分类，可分为购置劳动对象的费用、购建劳动资料的费用和支付职工薪酬的费用；费用按经济用途可分为生产费用和期间费用。

生产费用是指为生产产品而发生的、与产品生产直接相关的费用，如生产产品所发生的原材料费用、人工费用等。但在财务会计中，生产费用与生产成本不是完全等同的概念，计入生产产品的生产费用才是生产成本。生产费用计入生产成本要明确两个前提：

一是生产费用的具体承担者(即成本核算对象)，例如：购买生产用原材料10万元，用于A、B两种产品生产，其中A产品消耗4万元，B产品消耗6万元，则生产费用为10万元，计入A产品生产成本4万元，B产品生产成本6万元。

二是生产费用和生产成本的归属期，这里又分两种情况，第一种情况是生产费用已经发生但应由以后多个会计期间承担的生产成本，例如：企业年初支出18万元，用于支付租期为6个月的周转材料的租金，则按照会计分期假设和权责发生制的要求，生产费用18万元(租金)应分摊计入6个月的生产成本，若平均分摊则每月生产成本为3万元；第二种情况是按照权责发生制和收益费用匹配原则，生产费用应当计入生产成本但费用并没有实际支付，例如：企业经营租赁方式租赁的生产用固定资产，租期6个月，每月租金5万元，租赁期结束时一次支付30万元租金，则每月应计入生产成本5万元，而生产费用30万元在租赁期末才实际支出。另外，生产费用的支出(含应付未付的部分)，经过生产过程计入生产成本，在会计期末资产负债表日，还应根据产品的完工情况和销售情况，分别计入产成品成本和销售成本。

期间费用：与一定期间相联系，会计核算中不分摊到某一种产品成本中去，而直接从企业当期销售收入中扣除的费用。从企业的损益确定来看，期间费用与产品销售成本、产品销售税金及附加一起从产品销售收入中扣除后作为企业当期的营业利润。当期的期间费用是全额从当期损益中扣除的，其发生额不影响下一个会计期间。与生产成本相比较，期间费用有以下特点：

(1) 与产品生产的关系不同。

期间费用的发生是为产品生产提供正常的条件和进行管理的需要，而与产品的生产本身并不直接相关，生产成本是指与产品生产直接相关的成本，它们应直接计入或分配计入有关的产品(成本)中去。

(2) 与会计期间的关系不同。

期间费用只与费用发生的当期有关，不影响或不分摊到其他会计期间；生产成本中当期完工部分当期转为产品成本，未完工部分则结转下一期继续加工，与前后会计期间都有联系。

(3) 与会计报表的关系不同。

期间费用直接列入当期损益表，扣除当期损益；生产成本完工部分转为产成品，已销售产成品的生产成本再转入损益表列作产品销售成本，而未售产品和未完工的产品都应作为存货列入资产负债表(注：包括损益表、资产负债表在内，有关会计报表都是在会计假设的基础上，在会计期末按期编制的)。因此也可把生产成本称为可盘存成本，把期间费用称为不可盘存成本。按照配比原则，当会计上确认某项营业收入时，对因产生该项营业收入的相关费用，要在同一会计期间确认。如产品生产过程中发生的直接材料、直接人工和制造费用等生产成本理应将其成本化，待产品销售时与销售收入相配比。期间费用由于它不能提供明确的未来收益，按照谨慎性原则，在这些费用发生时采用立即确认的办法处理。例如企业支付的广告费，究竟在今后哪个会计期间将获得收益，难以确定。即使期间费用与将来的某些会计期间的收益确有联系，但却不可能预期未来收益的多少，并据此作为分摊期间费用的依据。因此为简化会计工作，将期间费用立即确认较为合理。此外，期间费用直接与当期营业收入配比，从长期来看，由于各期的发生额比较均匀，对损益的影响不大。

期间费用一般包括营业费用、管理费用和财务费用三类。

2) 成本和费用的联系

(1) 成本和费用都是企业除偿债性支出和分配性支出以外的支出的构成部分；

(2) 成本和费用都是企业经济资源的耗费；

(3) 生产费用经对象化后进入生产成本，但期末应将当期已销产品的成本结转进入当期的费用(损益核算时)。

3) 成本和费用的区别

(1) 成本是对象化的费用，其所针对的是一定的成本计算对象；

(2) 费用则是针对一定的期间而言的。包括生产费用和期间费用。生产费用是企业在一定时期内发生的通用货币计量的耗费，生产费用经对象化后，才可能转化为产品成本。期间费用不进入产品生产成本，而直接从当期损益中扣除。

费用和成本的关系如图 2-2 所示。

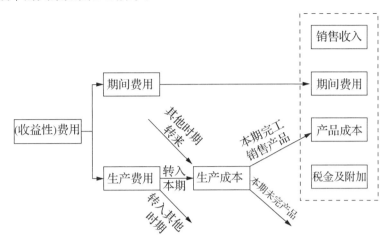

图 2-2　费用和成本的关系图(注：生产成本是针对核算对象而言的)

2．工程成本和费用

(1) 工程成本。

生产成本是指构成产品实体、计入产品成本的那部分费用。施工企业的生产成本即工程成本，是施工企业为生产产品、提供劳务而发生的各种施工生产费用。

(2) 期间费用。

期间费用是指企业当期发生的，与具体产品或工程没有直接联系，必须从当期收入中得到补偿的费用。由于期间费用的发生仅与当期实现的收入相关，因而应当直接计入当期损益。期间费用主要包括管理费用、财务费用和营业费用。施工企业的期间费用则主要包括管理费用和财务费用。

2.2.2　工程成本的核算

1．工程成本核算的重要性

施工项目成本核算在施工项目成本管理中的重要性体现在两个方面：一方面，它是后期或同类施工项目进行成本预测，制订成本计划和实行成本控制所需信息的重要来源；另一方面，它又是本施工项目进行成本分析和成本考核的基本依据。在成本管理的主要环节中，成本预测是成本计划的基础。成本计划是成本预测的结果，也是所确定的成本目标的具体化。成本控制是对成本计划的实施进行监督，以保证成本目标的实现。而成本核算则是对成本目标是否实现的最后检验。

施工成本核算包括两个基本环节：一是按照规定的成本开支范围对施工费用进行归集和分配，计算出施工费用的实际发生额；二是根据成本核算对象，采用适当的方法，计算该施工项目的总成本和单位成本。施工成本管理需要正确及时地核算施工过程中发生的各项费用，计算施工项目的实际成本。

2. 工程成本及其核算的内容

根据《企业会计准则第 15 号——建造合同》，工程成本包括从建造合同签订开始至合同完成为止所发生的，与执行合同有关的直接费用和间接费用。

直接费用是指为完成合同所发生的，可以直接计入合同成本核算对象的各项费用支出。直接费用包括：①耗用的材料费用；②耗用的人工费用；③耗用的机械使用费；④其他直接费用，指其他可以直接计入合同成本的费用。

间接费用是企业下属的施工单位或生产单位为组织和管理施工生产活动所发生的费用。合同成本不包括应当计入当期损益的管理费用、销售费用和财务费用。因订立合同而发生的有关费用，应当直接计入当期损益。

(1) 耗用的人工费用。

人工费用包括企业从事建筑安装工程施工人员的工资、奖金、职工福利费、工资性质的津贴等。

(2) 耗用的材料费用。

材料费用包括施工过程中耗用的构成工程实体的原材料、辅助材料、构配件、零件、半成品的费用和周转材料的摊销及租赁费用。周转材料是指企业在施工过程中能多次使用，并可基本保持原来的实物形态而逐渐转移其价值的材料，如施工中使用的模板、挡板和脚手架等。

(3) 耗用的机械使用费。

机械使用费包括施工过程中使用自有施工机械所发生的机械使用费和租用外单位施工机械的租赁费，以及施工机械安装、拆卸和进出场费等。

(4) 其他直接费用。

其他直接费用包括施工过程中发生的材料二次搬运费、临时设施摊销费、生产工具用具使用费、工程定位复测费、工程点交费、场地清理费等。

(5) 间接费用。

间接费用是指为完成工程所发生的，不易直接归属于工程成本核算对象而应分配计入有关工程成本核算对象的各项费用支出。主要是企业下属施工单位或生产单位为组织和管理工程施工所发生的全部支出，包括临时设施摊销费用和施工单位管理人员工资、奖金、职工福利费，固定资产折旧费及修理费，物料消耗，低值易耗品摊销，取暖费，水电费，办公费，差旅费，财产保险费，检验试验费，工程保修费，劳动保护费，排污费及其他费用。这里所说的"下属施工单位"是指建筑安装企业的工区、施工队、项目经理部、非独立核算为内部工程项目服务的维修、加工单位等。间接费用不包括企业行政管理部门为组织和管理生产经营活动而发生的费用。

3. 工程成本核算的程序

工程成本核算是企业会计核算的重要组成部分，应当根据工程成本核算的要求和作用，按照企业会计核算程序总体要求，确立工程成本核算程序。

会计核算程序包括填制会计凭证、登记会计账簿和编制会计报表，是会计工作的核心任务，为了连续、全面、系统地反映企业的经济活动，为会计信息使用者提供系统的会计信息，合理、科学地组织会计核算工作，企业必须根据自身的具体情况，确定相应的会计核算程序，使会计凭证的填制、会计账簿的登记和会计报表的编制能够有机地结合起来，做到相互配合，相互衔接，从而形成一个严密的核算体系。会计核算程序又称会计核算组织形式或称账务处理程序，它是指账簿组织、记账程序和记账方法有机结合的形式和步骤。账簿组织是指会计凭证、会计账簿和会计报表的种类、格式及会计凭证与会计账簿、会计账簿与会计报表之间的关系。记账程序是指运用一定的记账方法，从填制和审核会计凭证、登记会计账簿到编制会计报表的工作程序，即对发生的经济业务利用会计凭证、会计账簿和会计报表进行核算的步骤与过程。记账方法是指企业反映和监督经济业务活动所必须采用的技术手段或工具。

根据会计核算程序，结合工程成本发生的特点和核算的要求，工程成本的核算主要步骤包括：对所发生的费用进行审核，以确定应计入工程成本的费用和计入各项期间费用的数额；将应计入工程成本的各项费用，区分为哪些应当计入本月的工程成本，哪些应由其他月份的工程成本负担；将每个月应计入工程成本的生产费用，在各个成本对象之间进行分配和归集，计算各工程成本；对未完工程进行盘点，以确定本期已完工程实际成本；将已完工程成本转入工程结算成本；核算竣工工程实际成本。

2.2.3 期间费用的核算

期间费用是指企业本期发生的、不能直接或间接归入营业成本，而是直接计入当期损益的各项费用，包括销售费用、管理费用和财务费用等。施工企业的期间费用主要包括管理费用和财务费用。

1. 管理费用

管理费用是指建筑安装企业行政管理部门为管理和组织经营活动而发生的各项费用，包括：

(1) 管理人员工资：是指管理人员的计时工资、奖金、津贴补贴、加班加点工资及特殊情况下支付的工资等。

(2) 办公费：是指企业管理办公用的文具、纸张、账表、印刷、邮电、书报、办公软件、会议、水电、烧水和集体取暖降温等费用。

(3) 差旅交通费：是指职工因公出差、调动工作的差旅费、住勤补助费，市内交通费和误餐补助费，职工探亲路费，劳动力招募费，职工离退休、退职一次性路费；工伤人员就医路费，工地转移费以及管理部门使用的交通工具的油料、燃料等费用。

(4) 固定资产使用费：是指管理和试验部门及附属生产单位使用的属于固定资产的房屋、设备、仪器等的折旧、大修、维修或租赁费。

(5) 工具用具使用费：是指管理使用的不属于固定资产的生产工具、器具、家具、交通工具和检验、试验、测绘、消防用具等的购置、维修和摊销费。

(6) 劳动保险和职工福利费：是指由企业支付的职工退职金、按规定支付给离休干部的经费，集体福利费、夏季防暑降温、冬季取暖补贴、上下班交通补贴等。

(7) 劳动保护费：是企业按规定发放的劳动保护用品的支出。如工作服、手套、防暑降温饮料以及在有碍身体健康的环境中施工的保健费用等。

(8) 检验试验费：是指施工企业按照有关标准规定，对建筑及材料、构件和建筑安装物进行一般鉴定、检查所发生的费用，包括自设试验室进行试验所耗用的材料等费用。不包括新结构、新材料的试验费，对构件做破坏性试验及其他特殊要求检验试验的费用和建设单位委托检测机构进行检测的费用，对此类检测发生的费用，由建设单位在工程建设其他费用中列支。但对施工企业提供的具有合格证明的材料进行检测不合格的，该检测费用由施工企业支付。

(9) 工会经费：是指企业按《工会法》规定的全部职工工资总额计提的工会经费。

(10) 职工教育经费：是指按职工工资总额的规定比例计提，企业为职工进行专业技术和职业技能培训，专业技术人员继续教育、职工职业技能鉴定、职业资格认定及根据需要对职工进行各类文化教育所发生的费用。

(11) 财产保险费：是指施工管理用财产、车辆等的保险费用。

(12) 税金：是指企业按规定缴纳的房产税、车船使用税、土地使用税、印花税等。

(13) 其他：包括技术转让费、技术开发费、业务招待费、绿化费、广告费、公证费、法律顾问费、审计费、咨询费、保险费等。

2. 财务费用

财务费用是指企业为施工生产筹集资金或提供预付款担保、履约担保、职工工资支付担保等所发生的费用，包括应当作为期间费用的利息支出(减利息收入)、汇兑损失(减汇兑收益)、相关的手续费以及企业发生的现金折扣或收到的现金折扣等内容。

(1) 利息支出：利息支出主要包括企业短期借款利息、长期借款利息、应付票据利息、票据贴现利息、应付债券利息、长期应引进国外设备款利息等利息支出。

(2) 汇兑损失：汇兑损失指的是企业向银行结售或购入外汇而产生的银行买入、卖出价与记账所采用的汇率之间的差额，以及月(季、年)度终了，各种外币账户的外向期末余额，按照期末规定汇率折合的记账人民币金额与原账面人民币金额之间的差额等。

债券.avi

(3) 相关手续费：相关手续费指企业发行债券所需支付的手续费、银行手续费、调剂外汇手续费等，但不包括发行股票所支付的手续费等。

(4) 其他财务费用：其他财务费用包括融资租入固定资产发生的融资租赁费用等。

2.3 收入与利润

2.3.1 收入

收入.mp4

根据住房和城乡建设部办公厅《关于做好建筑业营改增建设工程计价依据调整准备工作的通知》(建办标〔2016〕4号)，营改增后，采用一般计税方法的建设工程按以下公式计算：

$$\text{工程造价} = \text{税前工程造价} \times (1+11\%) \quad (2\text{-}10)$$

其中，11%为建筑业增值税税率，税前工程造价为人工费、材料费、施工机具使用费、企业管理费、利润和规费之和，各费用项目均以不包含增值税可抵扣进项税额的价格计算。企业管理费组成内容中增加附加税：国家税法规定的应计入建筑安装工程造价内的城市建设维护税、教育费附加及地方教育附加。甲供材料和甲供设备费用应在计取现场保管费后，在税前扣除。

正常情况下，"营改增"后要按新的造价规则制定不含增值税的预算合同成本。有了增值税规则下的预计合同总收入和预计合同总成本，就可以按照当前建造合同准则，确认建造合同收入，此时的建造合同收入为不含税收入。

1. 收入的概念及特点

狭义上的收入，即营业收入，是指在销售商品、提供劳务及让渡资产使用权等日常活动中形成的经济利益的总流入，包括主营业务收入和其他业务收入，不包括为第三方或客户代收的款项。

广义上的收入，包括营业收入、投资收益、补贴收入和营业外收入。

营业收入是构成企业利润的主要来源，《企业会计准则——收入》《企业会计准则——建造合同》和《企业会计制度》对营业收入的分类、确认、计量和核算有具体的规定。

投资收益.avi

2. 收入分类

按收入的性质，企业的收入可以分为建造(施工)合同收入、销售商品收入、提供劳务收入和让渡资产使用权收入等。

(1) 建造(施工)合同收入是指企业通过签订建造(施工)合同并按合同要求为客户设计和建造房屋、道路、桥梁、水坝等建筑物以及船舶、飞机、大型机械设备等而取得的收入。其中，建筑业企业为设计和建造房屋、道路等建筑物签订的合同叫作施工合同，按合同要求取得的收入称为施工合同收入。

(2) 销售商品收入是指企业通过销售产品或商品而取得的收入。建筑业企业销售商品主要包括产品销售和材料销售两大类。产品销售主要有自行加工的碎石、商品混凝土、各种门窗制品等；材料销售主要有原材料、低值易耗品、周转材料、包装物等。

(3) 提供劳务收入是指企业通过提供劳务作业而取得的收入。建筑业企业提供劳务一般均为非主营业务，主要包括机械作业、运输服务、设计业务、产品安装、餐饮住宿等。提供劳务的种类不同，完成劳务的时间也不同，有的劳务一次就能完成，且一般均为现金交易，如餐饮住宿、运输服务等；有的劳务需要较长一段时间才能完成，如产品安装、设计业务、机械作业等。提供劳务的种类和完成劳务的时间不同，企业确认劳务收入的方法也不同，一般应分不跨年度和跨年度情况进行确认和计量。

(4) 让渡资产使用权收入是指企业通过让渡资产使用权而取得的收入，如金融企业发放贷款取得的收入，企业让渡无形资产使用权取得的收入等。

按企业营业的主次分类，企业的收入也可以分为主营业务收入和其他业务收入两部分。主营业务收入和其他业务收入内容的划分是相对而言，不是固定不变的。主营业务收入也称基本业务收入，是指企业从事主要营业活动所取得的收入，可以根据企业营业执照上注明的主营业务范围来确定。主营业务收入一般占企业收入的比重较大，对企业的经济效益产生较大的影响。建筑业企业的主营业务收入主要是建造(施工)合同收入。

其他业务收入也称附营业务收入，是指企业非经常性的、兼营的业务所产生的收入，如销售原材料、转让技术、代购代销、出租包装物等取得的收入等。建筑业企业的其他业务收入主要包括产品销售收入、材料销售收入、机械作业收入、无形资产出租收入、固定资产出租收入等。

3. 建造(施工)合同收入的确认

建筑业企业应当及时、准确地进行合同收入和合同费用的确认与计量，以便分析和考核建造(施工)合同损益的实现情况。

要准确地进行合同收入的确认与计量，首先应判断建造合同的结果能否可靠地估计。如果建造合同的结果能够可靠地估计，应在资产负债表日根据完工百分比法确认当期的合同收入。如果建造合同的结果不能可靠地估计，就不能根据完工百分比法确认合同收入。因此，建筑业企业可以根据建造合同的结果能否可靠地估计，将合同收入的确认与计量分为以下两种类型处理。

1) 合同结果能够可靠估计时建造(施工)合同收入的确认

(1) 合同结果能够可靠估计的标准。

建造合同分为固定造价合同和成本加成合同，不同类型的建造合同判断其能否可靠估计的条件也不相同。

① 固定造价合同结果能否可靠估计的标准。

判断固定造价合同的结果能够可靠估计，需同时具备以下条件：

A. 合同总收入能够可靠地计量；

B. 与合同相关的经济利益很可能流入企业；

C. 实际发生的合同成本能够清楚地区分和可靠地计量；

D. 合同完工进度和为完成合同尚需发生的成本能够可靠地确定。

② 成本加成合同的结果能否可靠估计的标准。

判断成本加成合同的结果能够可靠估计，需同时具备以下条件：

A. 与合同相关的经济利益很可能流入企业；

B. 实际发生的合同成本能够清楚地区分和可靠地计量。

对成本加成合同而言，合同成本的组成内容一般已在合同中做了相应的规定。合同成本是确定其合同造价的基础，也是确定其完工进度的重要依据，因此，要求其实际发生的合同成本能够清楚地区分并且能够可靠地计量。

(2) 完工百分比法。

完工百分比法是指根据合同完工进度来确认合同收入的方法。完工百分比法的运用分为两个步骤：第一步，确定建造合同的完工进度，计算出完工百分比；第二步，根据完工百分比确认和计量当期的合同收入。

确定建造(施工)合同完工进度有以下三种方法：

① 根据累计实际发生的合同成本占合同预计总成本的比例确定。

该方法是一种投入衡量法，是确定合同完工进度常用的方法，其计算公式如下：

$$合同完工进度 = \frac{累计实际发生的合同成本}{合同预计总成本} \times 100\% \quad (2-11)$$

需要注意的是，累计实际发生的合同成本不包括施工中尚未安装或使用的材料成本等与合同未来活动相关的合同成本，也不包括在分包工程的工作量完成之前预付给分包单位的款项。

【案例2-4】 某建筑业企业与A业主订了一项合同总造价为3000万元的建造(施工)合同，合同约定建设期为3年。第1年，实际发生合同成本750万元，年末预计为完成合同尚需发生成本1750万元；第2年，实际发生合同成本1050万元，年末预计为完成合同尚需发生成本700万元。则：

第1年合同完工进度=750÷(750+1750)×100%=30%

第2年合同完工进度=(750+1050)÷(750+1050+700)×100%=72%

② 根据已经完成的合同工作量占合同预计总工作量的比例确定。

该方法是一种产出衡量法，适用于合同工作量容易确定的建造(施工)合同，如道路工程、土石方工程等，其计算公式如下：

$$合同完工进度 = \frac{已经完成的合同工程量}{合同预计总工程量} \times 100\% \quad (2-12)$$

【案例2-5】 某建筑业企业与B交通局签订修建一条150km公路的建造(施工)合同，合同约定工程总造价为60000万元，建设期为3年。该建筑公司第1年修建了45km，第2年修建了75km。则：

第1年合同完工进度=45÷150×100%=30%

第2年合同完工进度=(45+75)÷150×100%=80%

③ 根据已完成合同工作的技术测量确定。

该方法是在上述两种方法无法确定合同完工进度时所采用的一种特殊的技术测量方法，适用于一些特殊的建造(施工)合同，如水下施工工程等。

例如，某建筑业企业与水利局签订一项水下施工建造合同。在资产负债表日，经专业技术人员现场测定后认定，已完成工作量占合同总工作量的80%。那么该建筑业企业可以此认定合同的完工进度为80%。

需要注意的是，这种技术测量应由专业人员现场进行科学测定，而不是由建筑业企业自行随意测定。

(3) 当期完成建造(施工)合同收入的确认。

建造(施工)合同收入的确认分两种情况，一种是当期完成建造(施工)合同收入的确认，另一种是在资产负债表日建造(施工)合同收入的确认。

当期完成的建造(施工)合同收入应当按照实际合同总收入扣除以前会计期间累计已确认收入后的金额，确认为当期合同收入，即：

$$当期确认的合同收入=实际合同总收入-以前会计期间累计已确认收入 \quad (2-13)$$

(4) 资产负债表日建造(施工)合同收入的确认。

当期不能完成的建造(施工)合同，在资产负债表日，应当按照合同总收入乘以完工进度扣除以前会计期间累计已确认收入后的金额，确认为当期合同收入。即：

当期确认的合同收入=合同总收入×完工进度-以前会计期间累计已确认收入　　(2-14)

需要注意的是，公式中的完工进度是指累计完工进度。因此，建筑业企业在应用上述公式计算和确认当期合同收入时应区别以下四种情况进行处理：

① 当年开工当年未完工的建造合同。在这种情况下，以前会计年度累计已确认的合同收入为零；

② 以前年度开工本年未完工的建造合同。在这种情况下，企业可直接运用上述计算公式计量和确认当期合同收入；

③ 以前年度开工本年完工的建造合同。在这种情况下，当期计量确认的合同收入等于合同总收入扣除以前会计年度累计已确认的合同收入后的余额；

④ 当年开工当年完工的建造合同。在这种情况下，当期计量和确认的合同收入，等于该项合同的总收入。

【案例2-6】某建筑业企业与某业主就一栋工业厂房的建造，签订了总造价为3500万元的固定造价合同，合同约定的工期为3年。假定经计算后第1年完工进度为30%，第2年完工进度为70%。第3年该厂房全部完工交付使用。则：

第1年确认的合同收入=3500×30%=1050(万元)

第2年确认的合同收入=3500×70%-1050=1400(万元)

第3年确认的合同收入=3500-(1050+1400)=1050(万元)

2) 合同结果不能可靠地估计时建造(施工)合同收入的确认

当建筑业企业不能可靠地估计建造(施工)合同的结果时，就不能采用完工百分比法来确认和计量当期的合同收入，应按以下两种情况进行处理：

(1) 合同成本能够收回的，合同收入根据能够收回的实际合同成本来确认，合同成本在其发生的当期确认为费用。

【案例2-7】某建筑业企业与B公司签订了一项总造价为800万元的建造合同，建设期为2年。第1年实际发生工程成本300万元，双方均能履行合同规定的义务，但在年末，建筑公司对该项工程的完工进度无法可靠估计。

在这种情况下，该建筑业企业不能采用完工百分比法来确认收入，但由于B公司能够履行合同，估计当年发生的成本均能收回，所以该建筑业企业可将当年发生的工程成本金额同时确认为合同收入和合同费用，但当年不能确认合同毛利。其会计处理如下：

借：主营业务成本　　　　　　　　　　　3000000元

　　贷：主营业务收入　　　　　　　　　　3000000元

(2) 合同成本不能收回的，应在发生时立即确认为费用，不确认收入。

假定上例中该建筑业企业与B公司只办理工程价款结算220万元，由于B公司陷入财务危机而面临破产清算，导致其余款项可能难以收回。在这种情况下，该建筑公司只能将220万元确认为当年的收入(300万元应确认为当年的费用)。

建造合同的结果不能可靠估计的不确定因素不复存在的，应当按照资产负债表日建造(施工)合同收入的确认规定确认与建造合同有关的收入。合同预计总成本超过合同总收入的，应当将预计损失确认为当期费用。

2.3.2 利润

利润.mp4

利润是指企业经营所取得的盈利,即一定期间企业的全部收入扣除为取得这些收入而发生的全部成本、费用、税金后的余额,又称净利润或净收益。利润是衡量企业管理水平、经营效益的重要指标。

营业利润是指企业在销售商品、提供劳务等日常活动中所产生的利润。主营业务利润是指企业的主营业务收入减去主营业务成本和主营业务税金及附加后的余额。其他业务利润是指企业主营业务以外的其他业务活动所产生的利润。

投资收益是指企业对外投资所取得的利益,减去发生的投资损失和计提投资减值准备后的余额。补贴收入是指企业实际收到先征后返的增值税以及国家财政扶持的领域而给与的其他形式的补贴。营业外收入是指企业发生的与其他生产经营无直接关系的各项收入,如罚款净收入等。营业外支出是指企业发生的与其他生产经营无直接关系的各项支出,如罚款交出等。

根据《企业会计准则》,可以将利润分为以下三个层次的指标。

1. 营业利润

营业利润是企业利润的主要来源。营业利润可按下列公式计算:

$$\begin{aligned}营业利润=&营业收入-营业成本(或营业费用)-营业税金及附加-销售费用-管理费用\\&-财务费用-资产减值损失+公允价值变动收益(损失为负)\\&+投资收益(损失为负)\end{aligned} \quad (2\text{-}15)$$

式中,营业收入是指企业经营业务所确认的收入总额,包括主营业务收入和其他业务收入。其中,主营业务收入是指企业为完成其经营目标而从事的经常性活动所实现的收入,如建筑业企业工程结算收入、工业企业产品销售收入、商业企业商品销售收入等。其他业务收入是指企业除主营业务收入以外的其他销售或其他业务的收入,如建筑业企业对外出售不需要用的材料的收入、出租投资性房地产的收入、劳务作业收入、多种经营收入和其他收入(技术转让利润、联合承包节省投资分成收入、提前竣工投产利润分成收入等)。

营业成本是指企业经营业务所发生的实际成本总额,包括主营业务成本和其他业务成本。其中,主营业务成本是指企业经营主营业务发生的支出。其他业务成本是指企业除主营业务以外的其他销售或其他业务所发生的支出,包括销售材料、设备出租、出租投资性房地产等发生的相关成本、费用等。

营业成本.mp4

营业税金及附加是指企业经营活动发生的营业税、消费税、城市维护建设税、资源税、教育费附加、地方教育附加投资性房地产相关的房产税和土地使用税等。

资产减值损失是指企业计提各项资产减值准备所形成的损失。

公允价值变动收益(或损失)是指企业交易性金融资产等公允价值变动形成的应计入当期损益的利得(或损失)。

投资收益(或损失)是指企业以各种方式对外投资所取得的投资收益减去投资损失后的

净额。投资收益包括对外投资享有的利润、股利、债券利息、投资到期收回或中途转让取得高于账面价值的差额，以及按照权益法核算的股权投资在被投资单位增加的净资产中所拥有的数额等。投资损失包括对外投资分担的亏损、投资到期收回或者中途转让取得款项低于账面价值的差额，以及按照权益法核算的股权投资在被投资单位减少的资产中分担的数额等。如投资净收益为负值，即为投资损失。

债券历史.avi

2. 利润总额

企业的利润总额是指营业利润加上营业外收入，再减去营业外支出后的金额。即：

$$\text{利润总额}=\text{营业利润}+\text{营业外收入}-\text{营业外支出} \tag{2-16}$$

式中，营业外收入(或支出)是指企业发生的与其生产经营活动没有直接关系的各项收入(或支出)。其中，营业外收入包括固定资产盘盈、处置固定资产净收益、处置无形资产净收益、罚款净收入等。营业外支出包括固定资产盘亏、处置固定资产净损失、处置无形资产净损失、债务重组损失、罚款支出、捐赠支出、非常损失等。

3. 净利润

企业当期利润总额减去所得税费用后的金额，即企业的税后利润或净利润。

$$\text{净利润}=\text{利润总额}-\text{所得税费用} \tag{2-17}$$

式中，所得税费用是指企业应计入当期损益的所得税费用。

2.4 税　　金

2.4.1 所得税的概念

所得税是指企业就其生产、经营所得和其他所得按规定交纳的税金，是根据应纳税所得额计算的，包括企业以应纳税所得额为基础的各种境内和境外税额。应纳税所得额是企业年度的收入总额减去准予扣除项目后的余额。

所得税.mp4

企业所得税是对在我国境内的企业(除外商投资企业和外国企业外)的生产经营所得和其他所得征收的一种税。《中华人民共和国企业所得税法》规定，在中华人民共和国境内，企业和其他取得收入的组织(以下统称企业)为企业所得税的纳税人，依照本法的规定缴纳企业所得税。居民企业应当就其来源于中国境内、境外的所得缴纳企业所得税。非居民企业在中国境内设立机构、场所的，应当就其所设机构、场所取得的来源于中国境内的所得，以及发生在中国境外但与其所设机构、场所有实际联系的所得，缴纳企业所得税。非居民企业在中国境内未设立机构、场所的，或者虽设立机构、场所但取得的所得与其所设机构、场所没有实际联系的，应当就其来源于中国境内的所得缴纳企业所得税。

企业所得税.mp4

企业所得税的税率为 25%，非居民企业取得《企业所得税法》第三条第三款规定的所得，适用税率为20%。

2.4.2 所得税的计税基础

1. 收入总额

企业每一纳税年度的收入总额，减除不征税收入、免税收入、各项扣除以及允许弥补的以前年度亏损后的余额，为应纳税所得额。

企业应纳税所得额的计算，以权责发生制为原则，属于当期的收入和费用，不论款项是否收付，均作为当期的收入和费用；不属于当期的收入和费用，即使款项已经在当期收付，均不作为当期的收入和费用。

收入总额中，下列收入为不征税收入：

(1) 财政拨款。各级人民政府对纳入预算管理的事业单位、社会团体等组织拨付的财政资金，但国务院和国务院财政、税务主管部门另有规定的除外。

(2) 依法收取并纳入财政管理的行政事业性收费、政府性基金。行政事业性收费，是指依照法律法规等有关规定，按照国务院规定程序批准，在实施社会公共管理，以及在向公民、法人或者其他组织提供特定公共服务过程中，向特定对象收取并纳入财政管理的费用。政府性基金，是指企业依照法律、行政法规等有关规定，代政府收取的具有专项用途的财政资金。

(3) 国务院规定的其他不征税收入。主要是指企业取得的，由国务院财政、税务主管部门规定专项用途并经国务院批准的财政性资金。

2. 扣除

(1) 企业实际发生的与取得收入有关的、合理的支出，包括成本、费用、税金、损失和其他支出，准予在计算应纳税所得额时扣除。

① 成本是指企业在生产经营活动中发生的销售成本、销货成本、业务支出以及其他耗费。

② 费用是指企业在生产经营活动中发生的销售费用、管理费用和财务费用，已经计入成本的有关费用除外。

③ 税金是指企业发生的除企业所得税和允许抵扣的增值税以外的各项税金及其附加。

④ 损失是指企业在生产经营活动中发生的固定资产和存货的盘亏、毁损、报废损失，转让财产损失，呆账损失，坏账损失，自然灾害等不可抗力因素造成的损失以及其他损失。

⑤ 其他支出是指除成本、费用、税金、损失外，企业在生产经营活动中发生的与生产经营活动有关的、合理的支出。

(2) 企业发生的公益性捐赠支出，在年度利润总额12%以内的部分，准予在计算应纳税所得额时扣除。

在计算应纳税所得额时，下列支出不得扣除：

① 向投资者支付的股息、红利等权益性投资收益款项；
② 企业所得税税款；
③ 税收滞纳金；
④ 罚金、罚款和被没收财物的损失；
⑤ 《企业所得税法》第九条规定以外的捐赠支出；
⑥ 赞助支出；
⑦ 未经核定的准备金支出；
⑧ 与取得收入无关的其他支出。

2.4.3 所得税费用的确认

所得税费用的确认.mp4

《企业所得税法》第二十二条规定的应纳税额的计算公式为：

$$应纳税额=应纳税所得额×适用税率-减免税额-抵免税额 \quad (2-18)$$

公式中的减免税额和抵免税额是指依照《企业所得税法》和国务院的税收优惠规定减征、免征和抵免的应纳税额。

2.4.4 税收优惠

国家对重点扶持和鼓励发展的产业和项目，给予企业所得税优惠。

1. 企业的下列收入为免税收入

(1) 国债利息收入；
(2) 符合条件的居民企业之间的股息、红利等权益性投资收益；
(3) 在中国境内设立机构、场所的非居民企业从居民企业取得与该机构、场所有实际联系的股息、红利等权益性投资收益；
(4) 符合条件的非营利组织的收入。

2. 企业的下列所得，可以免征、减征企业所得税

(1) 从事农、林、牧、渔业项目的所得；
(2) 从事国家重点扶持的公共基础设施项目投资经营所得；
(3) 从事符合条件的环境保护、节能节水项目的所得；
(4) 符合条件的技术转让所得；
(5) 《企业所得税法》第三条第三款规定的所得。

符合条件的小型微利企业，减按20%的税率征收企业所得税。国家需要重点扶持的高新技术企业，减按15%的税率征收企业所得税。

民族自治地方的自治机关对本民族自治地方的企业应缴纳的企业所得税中属于地方分享的部分，可以决定减征或者免征。自治州、自治县决定减征或者免征的，须报省、自治区、直辖市人民政府批准。

企业的下列支出，可以在计算应纳税所得额时加计扣除：

(1) 开发新技术、新产品、新工艺发生的研究开发费用；
(2) 安置残疾人员及国家鼓励安置的其他就业人员所支付的工资。

创业投资企业从事国家需要重点扶持和鼓励的创业投资，可以按投资额的一定比例抵扣应纳税所得额。

企业的固定资产由于技术进步等原因，确需加速折旧的，可以缩短折旧年限或者采取加速折旧的方法。

企业综合利用资源，生产符合国家产业政策规定的产品所取得的收入，可以在计算应纳税所得额时减计收入。

企业购置用于环境保护、节能节水、安全生产等专用设备的投资额，可以按一定比例实行税额抵免。

本章小结

本章我们主要学习了工程投资的估算、成本、收入、利润、税金等基础知识，深入了解工程项目实施过程中的劳动投入和资产占用以及项目的收支与利润情况。通过本章的学习，我们不仅对工程经济的基本概念有了基本了解，而且为学生们以后的学习和工作都打下了坚实的基础。

实训练习

一、单选题

1. 某企业项目建设投资额 6520 万元(含建设期贷款利息 360 万元)，全部流动资金 500 万元，项目投产后正常年份的息税前利润 300 万元，则该项目的总投资收益率为(　　)。
   A. 4.07%　　　B. 4.27%　　　C. 4.50%　　　D. 4.60%

2. 资产的账面价值小于其计税基础或者负债的账面大于其计税基础，产生(　　)。
   A. 可抵扣永久性差异　　　B. 应纳税永久性差异
   C. 可抵扣暂时性差异　　　D. 应纳税暂时性差异

3. 法定盈余公积金的提取比例一般是(　　)。
   A. 当年总利润 10%　　　B. 当年总利润 50%
   C. 当年净利润 10%　　　D. 当年净利润 5%

4. 在可供分配的利润中，应最先提取的是(　　)。
   A. 法定公积金　　B. 任意公积金　　C. 普通股股利　　D. 弥补以前年度亏损

5. 某工程咨询企业 2009 年的营业利润为 502 万元。该企业本年营业外收入 30 万元，营业外支出 20 万元，该企业利润总额是(　　)。
   A. 532 万元　　　B. 522 万元　　　C. 512 万元　　　D. 492 万元

6. 某建筑公司 2010 年度利润总额为 1200 万元，投资收益为 200 万元，适用所得税率为 25%，则当期所得税为(　　)。
   A. 250 万元　　　B. 300 万元　　　C. 350 万元　　　D. 400 万元

7. 所得税的计税基础可以分为( )。
   A. 收入的计税基础和资产的计税基础　　B. 资产的计税基础和负债的计税基础
   C. 负债的计税基础和利润的计税基础　　D. 利润的计税基础和收入的计税基础
8. 资本公积金可以用于( )。
   A. 弥补公司的亏损　　　　　　　　　　B. 留待以后年度分配
   C. 增加公司注册资本金　　　　　　　　D. 优先股红利分配参考
9. 某施工企业2015年度利润表中营业利润为1000万元，营业外收入200万元，营业外支出100万元，适用所得税率为25%，则当期所得税为( )。
   A. 225万元　　　B. 275万元　　　C. 300万元　　　D. 325万元
10. 企业的下列收入中，( )是应税收入。
    A. 国债利息收入
    B. 符合条件的居民企业之间的股息、红利等权益性投资收益
    C. 符合条件的非营利组织的收入
    D. 银行存款利息收入
11. 按照我国《公司法》规定，发行股份获得的溢价收入，应当列为( )。
    A. 营业外收入　　　　　　　　　　　　B. 净利润
    C. 法定盈余公积金　　　　　　　　　　D. 资本公积金
12. 企业每一纳税年度的收入总额，按顺序减除( )后的余额，为应纳税所得额。
    A. 不征税收入、免税收入、各项扣除以及允许弥补的以前年度亏损
    B. 免税收入、不征税收入、各项扣除以及允许弥补的以前年度亏损
    C. 不征税收入、各项扣除、允许弥补的以前年度亏损以及免税收入
    D. 不征税收入、各项扣除、免税收入以及允许弥补的以前年度亏损
13. 某小型微利企业经主管税务机关核定2011年亏损20万元，2012年度亏损15万元，2013年度盈利50万元。该企业2013年度应缴纳的企业所得税为( )万元。
    A. 1.5　　　　　B. 2.25　　　　　C. 3　　　　　D. 5
14. 下列无形资产，( )可以计算税前扣除。
    A. 自行开发的支出已在计算应纳税所得额时扣除的无形资产
    B. 外购商誉的支出，在企业整体转让或者清算时
    C. 自创商誉
    D. 与经营活动无关的无形资产
15. 某软件企业2006年年初计划投资2000万人民币开发某产品，预计从2007年开始盈利，各年产品销售额如表2-3所示。根据表中的数据，该产品的静态投资回收期是( )年，动态投资回收期是( )年(设贴现率为0.1)。

表2-3　各年产品销售额

年度	2006	2007	2008	2009	2010
投资	2000	—	—	—	—
收益	—	990	1210	1198	1277

静态投资回收期：A. 1.8　　　B. 1.9　　　C. 2　　　D. 2.2
动态投资回收期：A. 2　　　　B. 2.1　　　C. 2.4　　D. 3

二、多选题

1. ( )是构成技术方案现金流量的基本要素,也是进行工程经济分析的最重要的基础数据。
   A. 投资　　　　　B. 营业收入　　　　　C. 经营成本
   D. 税金　　　　　E. 流动资金

2. 根据工程经济学理论,现金流量的要素包括( )。
   A. 基准收益率　　B. 现金流量的大小　　C. 利率大小
   D. 现金流量的方向　E. 现金流量的作用点

3. 在工程经济分析中,影响资金等值的因素有( )。
   A. 资金额度　　　B. 资金发生的时间　　C. 资金支付方式
   D. 货币种类　　　E. 利率的大小

4. 按我国《公司法》规定,资本公积金可以用于( )。
   A. 弥补公司的亏损　B. 扩大公司经营规模　C. 增加公司注册资本金
   D. 公积金留存　　　E. 公司举行活动

5. 可供投资者分配的利润,属于其分配的项目有( )。
   A. 应付优先股股利　B. 提取任意盈余公积金　C. 提取法定公益金
   D. 应付普通股股利　E. 转作资本的普通股股利

三、简答题

1. 简述投资收益率的概念。
2. 请尝试阐述一下成本与费用的关系。
3. 所得税的计税基础有哪些?

第 2 章　习题答案.pdf

实训工作单

班级		姓名		日期	
教学项目	成本费用的计算				
任务	总投资收益率的计算	适用公式	$ROI = \dfrac{EBIT}{TI} \times 100\%$		
题目	项目建设投资额 8250 万元(不含建设期利息),建设期贷款利息为 1200 万元,全部流动资金 700 万元,项目投产后正常年份的息税前利润 500 万元,则总投资收益率是多少				
过程记录					
评语				指导老师	

第 3 章 资金时间价值

第 3 章 资金时间价值.pdf

03

【学习目标】

- 理解资金时间价值的概念与含义
- 学会利率的计算
- 掌握时间价值的计算及其应用

第 3 章 资金时间价值.avi

【教学要求】

本章要点	掌握层次	相关知识点
资金时间价值	1. 了解资金时间价值的概念与意义 2. 理解资金时间价值的存在意义	资金时间价值
名义利率和实际利率	1. 理解名义利率和实际利率的区别 2. 掌握名义利率和实际利率的计算	利率
资金时间价值的计算	1. 掌握资金时间价值的计算 2. 了解资金时间价值的应用	资金的时间价值

【项目案例导入】

6 年前,甲乙合伙投资住房一套,甲借款 20 万元,作为首付款投资了一套房产。这 6 年来,房子由乙居住,并每月支付按揭款 2500 元。6 年后房产转让,转让净价为 142 万元(其中还需要扣除银行按揭贷款余额 15 万元,实际净收入为 127 万元)。

【项目问题导入】

财务管理有句俗语,今天的一块钱与明天的一块钱不等价,其所说的正是货币的时间价值。如何从投资的角度,来分析其中甲与乙在该次房产转让所得的分配问题。

3.1 资金时间价值概述

3.1.1 资金时间价值的概念

资金的时间价值.mp4

资金时间价值是指资金在生产和流通过程中随着时间推移而产生的增值。它也被看成是资金的使用成本。资金不会自动随时间变化而增值,只有在投资过程中才会收益,所以这个时间价值一般用无风险的投资收益率来代替,因为理财个体不会将资金闲置不用。资金时间价值随时间的变化而变化,它是时间的函数,随时间的推移而发生价值的变化,变化的那部分价值就是原有的资金时间价值。资金时间价值只有和劳动结合才有意义,不同于通货膨胀。

1. 概述

资金时间价值是指一定量资金在不同时点上的价值量的差额,也就是资金在投资和再投资过程中随着时间的推移而发生的增值。资金时间价值是资金在周转使用中产生的,是资金所有者让渡资金使用权而参与社会财富分配的一种形式。比如将今天的 100 元钱存入银行,在年利率为 10%的情况下,一年后就会产生 110 元,可见经过一年时间,这 100 元钱发生了 10 元的增值。人们将资金在使用过程中随时间的推移而发生增值的现象,称为资金具有时间价值的属性。资金时间价值是一个客观存在的经济范畴,在企业的财务管理中引入资金时间价值概念,是搞好财务活动,提高财务管理水平的必要保证。资金时间价值可从两个方面加以衡量:理论上,资金时间价值相当于没有风险、没有通货膨胀条件下的社会平均利润率。实际上,当通货膨胀很低的情况下,可以用政府债券利率来表示资金时间价值。

2. 计算方法

资金时间价值的计算方法和有关利息的计算方法相类似,因此资金时间价值的计算涉及利息计算方式的选择。目前有两种利息计算方式:单利计息和复利计息。

对于资金时间价值的换算方法与采用复利计算利息的方法完全相同。因为利息就是资金时间价值的一种重要表现形式。而且通常用利息额的多少作为衡量资金时间价值的绝对尺度,用利率作为衡量资金时间价值的相对尺度。

(1) 利息。

在借贷过程中,债务人支付给债权人超过原借贷金额的部分就是利息。即:

$$I=F-P \tag{3-1}$$

式中:I——利息;

F——目前债务人应付(或债权人应收)总金额,即还本付息总额;

P——原借贷金额,常称为本金。

从本质上看利息是由贷款发生利润的一种再分配。在工程经济分析中,利息常常被看成是资金的一种机会成本。这是因为如果放弃资金的使用权利,就相当于失去收益的机会,也就相当于付出了一定的代价。事实上，投资就是为了在未来获得更大的收益而对目前的资金进行某种安排。很显然，未来的收益应当超过现在的投资，正是这种预期的价值增长才能刺激人们从事投资。因此，在工程经济分析中，利息常常是指占用资金所付的代价或者是放弃使用资金所得的补偿。

(2) 利率。

在经济学中，利率的定义是从利息的定义中衍生出来的。也就是说，在理论上先承认了利息，再以利息来解释利率。在实际计算中，正好相反，常根据利率计算利息。

利率就是在单位时间内所得利息额与原借贷金额之比，通常用百分数表示。即：

$$i = \frac{I_t}{P} \times 100\% \tag{3-2}$$

式中：i——利率；

I_t——单位时间内所得的利息额。

用于表示计算利息的时间单位称为计息周期，计息周期 t 通常为年、半年、季、月、周或天。

【案例 3-1】 某公司现借得本金 1000 万元，一年后付息 80 万元，则年利率为：

$$\frac{80}{1000} \times 100\% = 8\%$$

利率是各国发展国民经济的重要杠杆之一，利率的高低由以下因素决定：

① 利率的高低首先取决于社会平均利润率的高低，并随之变动。在通常情况下，社会平均利润率是利率的最高界限。因为如果利率高于利润率，无利可图就不会去借款。

② 在社会平均利润率不变的情况下，利率高低取决于金融市场上借贷资本的供求情况，借贷资本供过于求，利率便下降；反之，求过于供，利率便上升。

③ 借出资本要承担一定的风险，风险越大，利率也就越高。

④ 通货膨胀对利息的波动有直接影响，资金贬值往往会使利息无形中成为负值。

⑤ 借出资本的期限长短。贷款期限长，不可预见因素多，风险大，利率就高；反之利率就低。

3. 利息的计算

利息计算有单利和复利之分。当计息周期在一个以上时，就需要考虑"单利"与"复利"的问题。

(1) 单利。

所谓单利是指在计算利息时，仅用最初本金来计算，而不计入先前计息周期中所累积增加的利息，即通常所说的"利不生利"的计息方法。其计算式如下：

$$I_t = P \times i_单 \tag{3-3}$$

利息的计算.mp4

式中：I_t——第 t 计息周期的利息额；

P——本金；

$i_单$——计息周期单利利率。

而 n 期末单利本利和 F 等于本金加上总利息，即：

$$F = P + I_n = P(1 + n \times i_单) \tag{3-4}$$

式中：I_n——n 个计息周期所付或所收的单利总利息，即：

$$I_n = \sum_{t=1}^{n} I_t = \sum_{t=1}^{n} P \times i_单 = P \times i_单 \times n \tag{3-5}$$

在以单利计息的情况下，总利息与本金、利率及计息周期数成正比关系。

此外，在计算本利和 F 时，要注意式中 n 和 $i_单$ 反映的时期要一致。如 $i_单$ 为年利率，则 n 应为计息的年数；若 $i_单$ 为月利率，n 即应为计息的月数。

【案例 3-2】 假如某公司以单利方式借入 1000 万元，年利率 8%，第四年年末偿还，则各年利息和本利和如表 3-1 所示。

表 3-1 单利计算分析表

单位：万元

使用期	年初款额	年末利息	年末本利和	年末偿还
1	1000	1000×8%=80	1080	0
2	1080	80	1160	0
3	1160	80	1240	0
4	1240	80	1320	1320

由表 3-1 可见，单利的年利息额都仅由本金所产生，其新生利息不再加入本金产生利息，此即"利不生利"。这不符合客观的经济发展规律，没有反映资金随时都在"增值"的概念，即没有完全反映资金的时间价值。因此，在工程经济分析中单利使用较少，通常只适用于短期投资或短期贷款。

(2) 复利。

复利是指在计算某一计息周期的利息时，其先前周期上所累积的利息要计算利息，即"利生利""利滚利"的计息方式。其表达式如下：

$$I_t = i \times F_{t-1} \tag{3-6}$$

式中：i——计息周期复利利率；

F_{t-1}——第 $(t-1)$ 期末复利本利和。

而第 t 期末复利本利和的表达式如下：

$$F_t = F_{t-1} \times (1 + i) \tag{3-7}$$

下面举例说明两种计息方法的差别。如将 100 元钱存入银行，在年利率为 10% 的情况下，两年后产生的利息(资金时间价值)为多少？按单利计息法计算：第一年末的利息是 100×10%=10(元)，第二年末的利息同样是 100×10%=10(元)，两年后产生的利息总额为 20 元。再按复利计息法计算：第一年末的利息是 100×10%=10(元)，第二年末的利息则是 (100+10)×10%=11(元)，两年后产生的利息总额为 21 元。显然在复利计息法下，第二年计息的基础已由单利计息法的 100 元变成了 110 元，其中 100 元是初始本金，10 元则是第一年产生的利息，体现了"不仅要对初始本金计息还要对上期已经产生的利息再计息"的复利计息法的特点。

现实生活中，如果我们要达到复利计息的目的，让钱"生出"更多的钱，可以将资金存入一年后连本带息取出，然后作为下一年存款本金，存入一年后又连本带息取出，再作为下一年存款本金，以此往复进行，如果计息周期由一年缩短到半年或季度，则差异更明显。虽然复利计息法同单利计息法相比较，计算过程更复杂、计算难度更大，但它不仅考虑了初始资金的时间价值，而且还考虑了由初始资金产生的时间价值，能更好地诠释资金的时间价值，因此财务管理中资金时间价值的计算一般都用复利计息法进行计算。

3.1.2 资金时间价值的意义

1. 如何衡量资金时间价值

资金时间价值的大小取决于多方面。从投资者的角度来看主要有以下几方面。
(1) 投资利润率，即单位投资所能取得的利润。
(2) 通货膨胀因素，即对因货币贬值造成的损失所作出的补偿。
(3) 风险因素，即因风险的存在可能带来的损失所应作的补偿。

具体到一个企业来说，由于对资金这种资源的稀缺程度、投资利润以及资金面临的风险各不相同，因此相同的资金量其资金时间价值也会有所不同。

2. 理解资金时间价值的意义

当前我国资本市场很不健全，企业融资渠道较为单一，对于中、小型民营企业来说融资难的问题是制约其快速发展的重要原因。

我们一直在强调应收账款回款的重要性，其中重要的原因是资金对企业来说具有极大的时间价值，而不仅仅是按照银行利率所计算的资金占用成本所能够弥补的。应收账款从性质上讲，是销货企业向客户提供的第一笔短期无息信贷资金。在现实中我们经常会发现，一方面我们存在大量的资金(应收账款)被外单位无偿占用，另一方面一些收益丰厚的项目无钱可投，我们损失的该项投资的收益及其间通货膨胀率都是该笔应收账款的时间价值。同时，应收账款作为一项被外单位占用的资产，在收取款项上债务人比债权人具有更大的主动权。应收账款的这种不易控制性，决定了应收账款不可避免地存在一定的风险，这种风险同样是其时间价值的构成因素。

另外，企业的盈利是靠资金链一次又一次的形成和解脱积累形成的。在每一次有利可图的情况下，循环的时间越短越好。要实现利润的最大化，企业追求的应是每次资金循环的效益与资金循环的速度之积最大。然而，如果企业存在大量应收账款，必然使企业的资金循环受阻，大量的流动资金沉淀在非生产环节，不仅使企业的营业周期延长，也会影响企业的正常生产经营活动，甚至会威胁企业的生存。特别是对于民营企业来说，由于银行融资相对困难，一旦出现应收账款迟迟不能收回的情况，便很有可能导致资金链断裂，这时即使企业拥有良好的盈利能力，其生存也会受到严重影响。因此对企业来说利润关系着企业的发展，而资金则关系着企业的生存。资金的时间价值更不仅仅是银行贷款利率所能够完全揭示的。

3.1.3 资金时间价值存在的原因

1. 资金增值

将资金投入到生产或流通领域，经过一段时间之后可以获得一定的收益或利润，从而资金会随着时间的推移而产生增值。

2. 机会成本

机会成本(其他投资机会的相对吸引力)是指在互斥的选择中，选择其中一个而非另一个时所放弃的收益。一种放弃的收益就如同一种成本一样，或者说，稀缺的资源被用于某一种用途意味着它不能被用于其他用途。因此，当我们考虑使用某一资源时，应当考虑它的第二种最好的用途。从这第二种最好的用途中可以获得的益处，是机会成本的度量。资金是一种稀缺的资源，根据机会成本的概念，资金被占用之后就失去了获得其他收益的机会。因此，占用资金时要考虑资金获得其他可能的收益，显而易见的一种可能是将资金存入银行获取利息。

3. 承担风险

收到资金的不确定性通常随着收款日期的推迟而增加，即未来得到钱不如现在就立即得到钱保险，俗话说"多得不如现得"就是其反映。

4. 通货膨胀

现代市场经济一般是通货膨胀的。通货膨胀是指商品和服务的货币价格总水平的持续上涨现象，简单地说，就是物价的持续普遍上涨。如果出现通货膨胀，货币的购买力会下降，今天能用 1 元钱买到的商品或服务，以后很可能得花不止 1 元钱才能买到。通货膨胀会降低未来资金相对于现在资金的购买力，即钱不值钱了。

通货膨胀.mp4

3.2　资金时间价值的计算及应用

3.2.1 资金时间价值的计算

资金有时间价值，即使金额相同，因其发生在不同时间，其价值就不相同。反之，不同时点绝对不等的资金在时间价值的作用下却可能具有相等的价值。这些不同时期、不同数额但其"价值等效"的资金称为等值，又叫等效值。资金等值计算公式和复利计算公式的形式是相同的。常用的等值计算公式主要有终值和现值计算公式。

1. 现金流量图的绘制

1) 现金流量的概念

在进行工程经济分析时，可把所考察的技术方案视为一个系统。

现金流量的概念.mp4

投入的资金、花费的成本和获取的收益，均可看成是以资金形式体现的该系统的资金流出或资金流入。这种在考察技术方案整个期间各时点 t 上实际发生的资金流出或资金流入称为现金流量，其中流出系统的资金称为现金流出，用符号 CO_t 表示；流入系统的资金称为现金流入，用符号 CI_t 表示；现金流入与现金流出之差称为净现金流量，用符号 $(CI-CO)_t$ 表示。

现金流量图的绘制.mp4

2) 现金流量图的绘制

对于一个技术方案，其每次现金流量的流向(支出或收入)、数额和发生时间都不尽相同，为了正确地进行工程经济分析计算，我们有必要借助现金流量图来进行分析。现金流量图就是一种反映技术方案资金运动状态的图示，即把技术方案的现金流量绘入一时间坐标图中，表示出各现金流入、流出与相应时间的对应关系，如图 3-1 所示。运用现金流量图，可全面、形象、直观地表达技术方案的资金运动状态。

图 3-1 现金流量图

(1) 以横轴为时间轴，向右延伸表示时间的延续，轴上每一刻度表示一个时间单位，可取年、半年、季或月等；时间轴上的点称为时点，通常表示的是该时间单位末的时点；0 表示时间序列的起点。整个横轴又可看成是我们所考察的"技术方案"。

(2) 相对于时间坐标的垂直箭线代表不同时点的现金流量情况，现金流量的性质(流入或流出)是对特定的人而言的。对投资人而言，在横轴上方的箭线表示现金流入，即表示收益；在横轴下方的箭线表示现金流出，即表示费用。

(3) 在现金流量图中，箭线长短与现金流量数值大小本应成比例。但由于技术方案中各时点现金流量常常差额悬殊而无法成比例绘出，故在现金流量图绘制中，箭线长短只要能适当体现各时点现金流量数值的差异，并在各箭线上方(或下方)注明其现金流量的数值即可。

(4) 箭线与时间轴的交点即为现金流量发生的时点。

总之，要正确绘制现金流量图，必须把握好现金流量的三要素，即：现金流量的大小(现金流量数额)、方向(现金流入或现金流出)和作用点(现金流量发生的时点)。

2. 终值和现值计算

1) 一次支付现金流量的终值和现值计算

(1) 一次支付现金流量。

由式(3-6)和式(3-7)可以看出，如果一周期一周期地计算，周期数很多的话，计算是十分烦琐的，而且在式(3-7)中没有直接反映出本金 P、本利和 F、利率 i、计息周期数 n 等要素的关系。所以有必要对式(3-6)和式(3-7)根据现金流量支付情形进一步简化。其中一次支付是最基本的现金流量情形。

一次支付又称整存整付，是指所分析技术方案的现金流量，无论是流入还是流出，分别在各时点上只发生一次，如图 3-2 所示。一次支付情形的复利计算式是复利计算的基本公式。

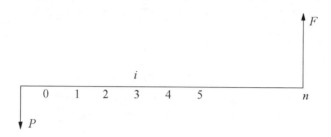

图 3-2　一次支付现金流量图

图中：i——计息期复利率；

n——计息的期数；

P——现值(即现在的资金价值或本金)，资金发生在(或折算为)某一特定时间序列起点时的价值；

F——终值(即 n 期末的资金价值或本利和)，资金发生在(或折算为)某一特定时间序列终点的价值。

(2) 终值计算(已知 P，求 F)。

现有一项资金 P，年利率为 i，按复利计算，n 年以后的本利和为多少？根据复利的定义即可求得 n 年末本利和(即终值)F，如表 3-2 所示。

表 3-2　一次支付终值公式推算表

单位：万元

计息期	期初金额(1)	本期利息额(2)	期末本利和 F_t = (1)+(2)
1	P	$P \times i$	$F_1 = P + P_i = P(1+i)$
2	$P(1+i)$	$P(1+i) \times i$	$F_2 = P(1+i) + P(1+i) \times i = P(1+i)^2$
3	$P(1+i)^2$	$P(1+i)^2 \times i$	$F_3 = P(1+i)^2 + P(1+i)^2 \times i = P(1+i)^3$
⋮	⋮	⋮	⋮
n	$P(1+i)^{n-1}$	$P(1+i)^{n-1} \times i$	$F = F_n = P(1+i)^{n-1} + P(1+i)^{n-1} \times i = P(1+i)^n$

由表 3-2 可知，一次支付 n 年末终值(即本利和)F 的计算公式为：

$$F = P(1+i)^n \tag{3-8}$$

式中 $(1+i)^n$ 称之为一次支付终值系数，用 $(F/P, i, n)$ 表示，故上式又可写成：

$$F = P(F/P, i, n) \tag{3-9}$$

在 $(F/P, i, n)$ 这类符号中，括号内斜线上的符号表示所求的未知数，斜线下的符号表示已知数。$(F/P, i, n)$ 表示在已知 P、i 和 n 的情况下求解 F 的值。

【案例 3-3】某公司借款 1000 万元，年复利率 $i = 10\%$，试问 5 年末连本带利一次需偿还多少？

解：按复利计算式得：
$$F = P(1+i)^n = 1000 \times (1+10\%)^5 = 1000 \times 1.61051 = 1610.51 (万元)$$

(3) 现值计算(已知 F，求 P)。

由式(3-8)的逆运算即可得出现值 P 的计算式为：
$$P = \frac{F}{(1+i)^n} = F(1+i)^{-n} \tag{3-10}$$

式中 $(1+i)^{-n}$ 称为一次支付现值系数，用符号 $(P/F, i, n)$ 表示。上式又可写成：
$$P = F(P/F, i, n) \tag{3-11}$$

一次支付现值系数这个名称描述了它的功能，即未来一笔资金乘上该系数就可求出其现值。计算现值 P 的过程叫"折现"或"贴现"，其所使用的利率常称为折现率或贴现率。故 $(1+i)^{-n}$ 或 $(P/F, i, n)$ 也可叫折现系数或贴现系数。

【**案例 3-4**】 某公司希望所投资项目 5 年末有 1000 万元资金，年复利率 $i=10\%$，试问现在需一次投入多少？

解：由现值计算式得：
$$F = P(1+i)^{-n} = 1000 \times (1+10\%)^{-5} = 1000 \times 0.6209 = 620.9 (万元)$$

从上面计算可知，现值与终值的概念和计算方法正好相反，因为现值系数与终值系数互为倒数，即 $(F/P, i, n) = \dfrac{1}{(P/F, i, n)}$。在 P 一定，n 相同时，i 越高，F 越大；在 i 相同时，n 越长，F 越大，如表 3-3 所示。在 F 一定，n 相同时，i 越高，P 越小；在 i 相同时，n 越长，P 越小，如表 3-4 所示。

表 3-3 一元现值与终值的关系

利率 \ 时间	1 年	5 年	10 年	20 年
1%	1.0100	1.0510	1.1046	1.2202
5%	1.0500	1.2763	1.6289	2.6533
8%	1.0800	1.4693	2.1589	4.6610
10%	1.1000	1.6105	2.5937	6.7275
12%	1.1200	1.7623	3.1058	9.6463
15%	1.1500	2.0114	4.0456	16.3365

表 3-4 一元终值与现值的关系

利率 \ 时间	1 年	5 年	10 年	20 年
1%	0.99010	0.59147	0.90529	0.81954
5%	0.95238	0.78353	0.61391	0.37689
8%	0.92593	0.68058	0.46319	0.21455
10%	0.90909	0.62092	0.38554	0.14864
12%	0.89286	0.56743	0.32197	0.10367
15%	0.86957	0.49718	0.24718	0.06110

从表 3-3 可知，按 12% 的利率，时间 20 年，现值与终值相差 9.6 倍。如用终值进行分析，会使人感到评价结论可信度降低；而用现值概念很容易被决策者接受。因此，在工程

经济分析中，现值比终值应用更为广泛。

在工程经济评价中，由于现值评价常常是选择现在为同一时点，把技术方案预计的不同时期的现金流量折算成现值，并按现值的代数和大小作出决策。因此，在工程经济分析时应注意以下两点。

一是正确选取折现率。折现率是决定现值大小的一个重要因素，必须根据实际情况灵活选用。

二是要注意现金流量的分布情况。从收益方面来看，获得的时间越早、数额越多，其现值也越大。因此，应使技术方案早日完成，早日实现生产能力，早获收益，多获收益，才能达到最佳经济效益。从投资方面看，在投资额一定的情况下，投资支出的时间越晚、数额越少，其现值也越小。因此，应合理分配各年投资额，在不影响技术方案正常实施的前提下，尽量减少建设初期投资额，加大建设后期投资比重。

2) 等额支付系列现金流量的终值、现值计算

(1) 等额支付系列现金流量。

在工程经济活动中，多次支付是最常见的支付情形。多次支付是指现金流量在多个时点发生，而不是集中在某一个时点上。如果用 A_t 表示第 t 期末发生的现金流量大小，可正可负，用逐个折现的方法，可将多次支付现金流量换算成现值，即：

$$P = A_1(1+i)^{-1} + A_2(1+i)^{-2} + \cdots + A_n(1+i)^{-n} = \sum_{t=1}^{n} A_t(1+i)^{-t} \quad (3\text{-}12)$$

或

$$P = \sum_{t=1}^{n} A_t(P/F, i, t) \quad (3\text{-}13)$$

同理，也可将多次支付现金流量换算成终值：

$$F = \sum_{t=1}^{n} A_t(1+i)^{n-t} \quad (3\text{-}14)$$

或

$$F = \sum_{t=1}^{n} A_t(F/P, i, n-t) \quad (3\text{-}15)$$

在上面式子中，虽然那些系数都可以计算得到，但如果 n 较长，A_t 较多时，计算也是比较烦琐的。如果多次支付现金流量 A_t 有如下特征，则可大大简化上述计算公式。

各年的现金流量序列是连续的，且数额相等，即：

$$A_t = A = 常数 \quad t=1, 2, 3, \cdots, n \quad (3\text{-}16)$$

式中，A——年金，发生在(或折算为)某一特定时间序列各计息期末(不包括零期)的等额资金序列的价值。等额支付系列现金流量如图3-3所示。

年金.avi

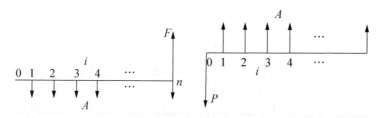

(a) 年金与终值关系　　　　(b) 年金与现值关系

图 3-3　等额支付系列现金流量示意图

(2) 终值计算(已知 A，求 F)。

由式(3-14)可得出等额支付系列现金流量的终值为：

$$F = \sum_{t=1}^{n} A_t(1+i)^{n-1} = A[(1+i)^{n-1} + (1+i)^{n-2} + \cdots + (1+i) + 1] \quad (3-17)$$

$$F = A\frac{(1+i)^n - 1}{i} \quad (3-18)$$

式中 $\dfrac{(1+i)^n - 1}{i}$ 称为等额支付系列终值系数或年金终值系数，用符号 $(F/A, i, n)$ 表示。则式(3-18)又可写成：

$$F = A(F/A, i, n) \quad (3-19)$$

【案例 3-5】某投资人若 10 年内每年末存 10000 元，年利率 8%，问 10 年末本利和为多少？

解：由终值计算公式得：

$$F = A\frac{(1+i)^n - 1}{i} = 10000 \times \frac{(1+8\%)^{10} - 1}{8\%}$$
$$= 10000 \times 14.487 = 144870(元)$$

3. 现值计算(已知 A，求 P)

由式(3-10)和式(3-18)可得：

$$P = F(1+i)^{-n} = A\frac{(1+i)^n - 1}{i(1+i)^n} \quad (3-20)$$

式中 $\dfrac{(1+i)^n - 1}{i(1+i)^n}$ 称为等额支付系列现值系数或年金现值系数，用符号 $(P/A, i, n)$ 表示。则上式又可写成：

$$P = A(P/A, i, n) \quad (3-21)$$

【案例 3-6】某投资项目，计算期 5 年，每年年末等额收回 100 万元，问在利率为 10% 时，开始需一次投资多少？

解：由式(3-20)得：

$$P = A\frac{(1+i)^n - 1}{i(1+i)^n} = 100 \times \frac{(1+10\%)^5 - 1}{10\%(1+10\%)^5} = 100 \times 3.7908 = 379.08(万元)$$

为便于计算，现把现值、终值、年金等的关系汇总成附录 1，并把不同计息期及利率下的现值(P)、终值(F)、年金现值和年金终值(A)列于附录 2～附录 5。具体内容详见对应附录。

3.2.2 资金时间价值的应用

1. 等值计算公式使用注意事项

(1) 计息期数为时点或时标，本期末即等于下期初。0 点就是第一期初，也叫零期；第一期末即等于第二期初；以此类推。

(2) P 是在第一计息期开始时(0 期)发生。

(3) F 发生在考察期期末，即 n 期末。

(4) 各期的等额支付 A，发生在各期期末。

(5) 当问题包括 P 与 A 时，系列的第一个 A 与 P 隔一期。即 P 发生在系列 A 的前一期。

(6) 当问题包括 A 与 F 时，系列的最后一个 A 是与 F 同时发生。不能把 A 定在每期期初，因为公式的建立与它是不相符的。

2. 等值计算的应用

根据上述复利计算公式可知，等值基本公式相互关系如图 3-4 所示。

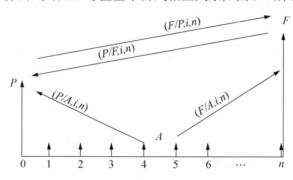

图 3-4　等值基本公式相互关系示意图

【案例 3-7】 设 $i=10\%$，现在的 1000 元等于 5 年末的多少元？

解：画出现金流量图(如图 3-5 所示)。

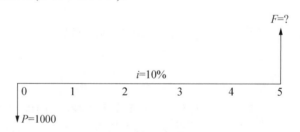

图 3-5　现金流量图

根据式(3-8)可计算出 5 年末的本利和 F 为：

$$F = P(1+i)^n = 1000 \times (1+10\%)^5 = 1000 \times 1.16105 = 1610.5 (元)$$

计算表明，在年利率为 10% 时，现在的 1000 元，等值于 5 年末的 1610.5 元；或 5 年末的 1610.5 元，当 $i=10\%$ 时，等值于现在的 1000 元。

如果两个现金流量等值，则对任何时刻的价值必然相等。现用上例求第 3 年末的价值。

(1) 按 $P=1000$ 元计算 3 年末的价值，根据式(3-8)可计算得：

$$F_3 = P(1+i)^n = 1000 \times (1+10\%)^3 = 1000 \times 1.331 = 1331 (元)$$

用 $F=1610.5$ 元，计算 2 年前的价值，根据式(3-10)计算得：

$$P' = F(1+i)^{-n} = 1610.5 \times (1+10\%)^{-2} = 1610.5 \times 0.8264 = 1331 (元)$$

(2) 若计算第七年末的价值：

按 $P=1000$ 元计算第七年末的价值，根据式(3-8)可计算得：

$$F_7 = P(1+i)^n = 1000 \times (1+10\%)^7 = 1000 \times 1.9487 = 1948.7 \text{ (元)}$$

若按 F=1610.5 元计算时,相对于第 5 年,计算的是 2 年后的价值(注意:这时 n″=7-5=2),即计算 2 年后的终值,此时 P″=F=1610.5 元,根据终值 F 计算公式可得:

$$F_7 = p''(1+i)^{n''} = 1610.5 \times (1+10\%)^2 = 1610.5 \times 1.21 = 1948.7 \text{(元)}$$

影响资金等值的因素有三个:资金数额的多少、资金发生的时间长短、利率(或折现率)的大小。其中利率是一个关键因素,一般等值计算中是以同一利率为依据的。

在工程经济分析中,等值是一个十分重要的概念,它为评价人员提供了一个计算某一经济活动有效性或者进行技术方案比较、优选的可能性。因为在考虑资金时间价值的情况下,其不同时间发生的收入或支出是不能直接相加减的。而利用等值的概念,则可以把在不同时点发生的资金换算成同一时点的等值资金,然后再进行比较。所以,在工程经济分析中,技术方案比较都是采用等值的概念来进行分析、评价和选定。

【案例 3-8】 某项目投资 10000 万元,由甲乙双方共同投资。其中:甲方出资 60%,乙方出资 40%。由于双方未重视各方的出资时间,其出资情况如表 3-5 所示。

表 3-5 甲乙双方出资情况

单位:万元

	第 1 年	第 2 年	第 3 年	合计	所占比例
甲方出资额	3000	2000	1000	6000	60%
乙方出资额	1000	1000	2000	4000	40%
合计	4000	3000	3000	10000	100%

表 3-5 所示的这种资金安排没有考虑资金的时间价值,从绝对额看是符合各方出资比例的。但在考虑资金时间价值后,情况就不同了。设该项目的收益率 $i=10\%$,运用等值的概念计算甲乙双方投资的现值如表 3-6 所示。

表 3-6 甲乙双方出资现值

单位:万元

	第 1 年	第 2 年	第 3 年	合计	所占比例
折现系数	0.9091	0.8264	0.7513		
甲方出资额	2727.3	1652.8	751.3	5131.4	61.31%
乙方出资额	909.1	826.4	1502.6	3238.1	38.69%
合计	3636.4	2479.2	2253.9	8369.5	100%

由表 3-6 可知,这种出资安排有损甲方的利益,必须重新作出安排。一般情况下,应坚持按比例同时出资,特殊情况下,不能按比例同时出资的,应进行资金等值换算。

3.2.3 资金时间价值在生活中的运用

要想了解资金时间价值在生活中的运用首先就要知道什么是资金时间价值。总的来说,资金时间价值就是指一定量的资金在不同时点上的价值量差额。资金的时间价值是现代财务管理的基本观念之一,被称为理财的"第一原则"。它反映的是由于时间因素的作用而使现在的一笔资金高于将来某个时期的同等数量的资金的差额或者资金随时间推延所具有的增值能力。资金的循环和周转以及因此实现的货币增值，需要或多或少的时间，每完成一次循环，资金就增加一定数额，周转的次数越多，增值额也越大。因此，随着时间的延续，资金总量在循环和周转中按几何级数增大，使得资金具有时间价值。

资金之所以能够随时间的推移而增值，必须要满足两个基本条件：一是商品经济的存在和发展；二是货币借贷关系的存在。举个例子讲述一下生活中的资金时间价值，比如：如果某人一年前向你借了 10000 元钱，你是希望他现在归还还是一年或更长时间以后再归还呢？显然，大多数人都愿意选择前者。首先，人们会担心风险问题，欠账的时间越长，违约的风险就越大；其次，由于通货膨胀会导致物价上涨，货币贬值。然而，即使排除违约风险和通货膨胀这两个因素，人们还是希望现在就收回欠款，这样可以立即将其投入使用而得到一定的回报，如果一年或者更长的时间以后收回欠款，则牺牲了这段时间的投资回报。所以，一年后 10000 元的价值要低于其现在的价值。这种资金增值的现象便是资金具有时间价值的属性。资本主义国家传统的观点认为，资金时间价值就是资金所有者由于推迟消费而要求得到的按推迟时间长短计算的报酬。

既然资金具有时间价值，那么在生活中人们可以怎样有效地运用资金的时间价值呢？资金使用者从资金所有者那里取得资金是要付出代价的，那么使用资金所得的收益必须大于所付出的代价，使用者才能得到好处。资金时间价值在生活中的实际运用存在于多方面。

在人们的日常生活中，还有很多地方可以利用资金时间价值来确定个人和家庭的各种投资行为，只要我们在面临多个不同的可选方案时，不仅仅着眼于当前的和表面的利益，把眼光放长远一点，充分考虑资金时间价值和机会成本，那么你的投资就是可行的，也是有效的。

3.3 名义利率和实际利率

3.3.1 名义利率与实际利率的关系

名义利率是没有考虑通货膨胀的利率，一般银行的利率都是名义利率，而实际利率则是考虑了名义利率和通货膨胀在内，考察的是货币的实际购买力。

名义利率与实际利率的关系.mp4

$$实际利率=名义利率-通货膨胀率 \qquad (3-22)$$

我国曾有段时间实行的保值储蓄，就是为了让名义利率不低于通货膨胀率，以防出现储蓄贬值的情况，有效地防止了挤兑情况的出现。

名义利率就是以 1 年为计息基础，按照第一计息周期的利率乘以每年计息期数，是按单利方法计算的。例如存款的月利率为 0.55%，1 年有 12 个月，则名义利率即为 0.55%×12=6.6%，实际利率是按照复利方法计算的年利率，即$(1+0.55\%)^{12}-1=6.8\%$，可见实际利率比名义利率高。在项目评估中应该使用实际利率。

为便于计算，现把现值、终值、年金等的关系汇总成附表 1，并把不同计息期及利率下的现值(P)、终值(F)、年金现值和年金终值(A)列于附表 2～附表 5。具体内容详见对应附表。

3.3.2 名义利率与实际利率的计算

在复利计算中，利率周期通常以年为单位，它可以与计息周期相同，也可以不同。当计息周期小于一年时，就出现了名义利率和有效利率的概念。

1. 名义利率的计算

名义利率 r 是指计息周期利率 i 乘以一年内的计息周期数 m 所得的年利率。即：

$$r = i \times m \tag{3-23}$$

名义利率.mp4

若计息周期月利率为 1%，则年名义利率为 12%。很显然，计算名义利率时忽略了前面各期利息再生的因素，这与单利的计算相同。通常所说的年利率都是名义利率。

2. 有效利率的计算

有效利率是指资金在计息中所发生的实际利率，包括计息周期有效利率和年有效利率两种情况。

有效利率.mp4

(1) 计息周期有效利率的计算。

计息周期有效利率，即计息周期利率 i，其计算由公式(3-23)可得：

$$i = \frac{r}{m} \tag{3-24}$$

(2) 年有效利率的计算。

若用计息周期利率来计算年有效利率，并将年内的利息再生因素考虑进去，这时所得的年利率称为年有效利率(又称年实际利率)。根据利率的概念即可推导出年有效利率的计算式。

已知某年初有资金 P，名义利率为 r，一年内计息 m 次(如图3-6所示)，则计息周期利率为 $i=r/m$。根据一次支付终值公式 $F=P(1+i)^n$ 得该年的本利和 F，即：

$$F = P\left(1 + \frac{r}{m}\right)^m \tag{3-25}$$

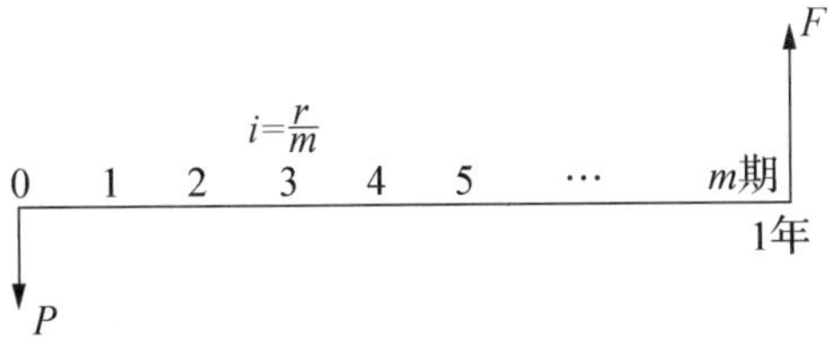

图 3-6 年有效利率计算现金流量图

根据利息的定义 ($I=F-P$) 可得该年的利息 I 为：

$$I = F - P = P\left(1 + \frac{r}{m}\right)^m - P = P\left[\left(1 + \frac{r}{m}\right)^m - 1\right] \tag{3-26}$$

再根据利率的定义可得该年的实际利率，即年有效利率 i_{eff} 为：

$$i_{\text{eff}} = \frac{I}{P} = \left(1 + \frac{r}{m}\right)^m - 1 \tag{3-27}$$

由此可见，年有效利率和名义利率的关系实质上与复利和单利的关系一样。

【案例 3-9】 设年名义利率 $r=10\%$，则年、半年、季、月、日的年有效利率如表 3-7 所示。

表 3-7 名义利率与有效利率比较表

年名义利率(r)	计息期	年计息次数(m)	计息期利率 ($i=r/m$)	年有效利率 (i_{eff})
10%	年	1	10%	10%
	半年	2	5%	10.25%
	季	4	2.5%	10.38%
	月	12	0.833%	10.46%
	日	365	0.0274%	10.51%

从有效利率 i_{eff} 计算式(3-27)和表 3-7 可以看出，每年计息周期 m 越多，i_{eff} 与 r 相差越大；另一方面，名义利率为 10%，按季度计息时，按季度利率 2.5% 计息与按年利率 10.38% 计息，二者是等价的。所以，在工程经济分析中，如果各技术方案的计息期不同，就不能简单地使用名义利率来评价，而必须换算成有效利率进行评价，否则会得出不正确的结论。

3. 计息周期小于(或等于)资金收付周期时的等值计算

当计息周期小于(或等于)资金收付周期时，等值的计算方法有以下两种。

(1) 按收付周期实际利率计算；

(2) 按计息周期利率计算，即：

$$F = P\left(F/P, \frac{r}{m}, mn\right) \tag{3-28}$$

$$P = F\left(P/F, \frac{r}{m}, mn\right) \tag{3-29}$$

$$F = A\left(F/A, \frac{r}{m}, mn\right) \tag{3-30}$$

$$P = A\left(P/A, \frac{r}{m}, mn\right) \tag{3-31}$$

【案例 3-10】 现在存款 1000 元，年利率 10%，半年复利一次。问 5 年末存款金额为多少？

解： 现金流量如图 3-7 所示。

(1) 按年实际利率计算

$$i_{\text{eff}} = (1+10\%/2)^2 - 1 = 10.25\%$$

则

$$F = 1000 \times (1+10.25\%)^5$$
$$= 1000 \times 1.62889 = 1628.89(元)$$

第3章 资金时间价值

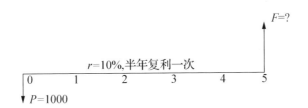

图 3-7 现金流量图

(2) 按计息周期利率计算

$$F = 1000\left(F/P, \frac{10\%}{2}, 2\times 5\right)$$
$$= 1000(F/P, 5\%, 10)$$
$$= 1000\times(1+5\%)^{10}$$
$$= 1000\times 1.62889 = 1628.89(元)$$

有时上述两种方法计算结果有很小差异，这是因为一次支付终值系数略去尾数误差造成的，此差异是允许的。

但应注意，对等额系列流量，只有计息周期与收付周期一致时才能按计息期利率计算。否则，只能用收付周期实际利率来计算。

【案例 3-11】每半年内存款 1000 元，年利率 8%，每季复利一次。问 5 年末存款金额为多少？

解：现金流量如图 3-8 所示。

由于本例计息周期小于收付周期，不能直接采用计息期利率计算，故只能用实际利率来计算。

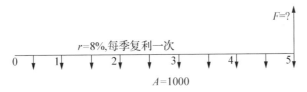

图 3-8 现金流量图

计息期利率 $i = r/m = 8\%/4 = 2\%$
半年期实际利率 $i_{\text{eff}半} = (1+2\%)^2 - 1 = 4.04\%$
则 $F = 1000(F/A, 4.04\%, 2\times 5) = 1000\times 12.029 = 12029(元)$

【案例 3-12】在银行存款 1000 元，存期 5 年，试计算下列两种情况的本利和：

(1) 单利，年利率 7%；
(2) 复利，年利率 5%。

解：(1) 单利计息本利为：

$$F = P(1+i\times n) = 1000(1+5\times 7\%) = 1350(元)$$

(2) 复利计息本利和为：

$$F = P(1+i)^5$$
$$= 1000(1+5\%)^5$$
$$= 1276(元)$$

本章小结

本章主要讲述的是资金时间价值的计算及其应用,应特别注意名义利率和实际利率的具体含义及区别,深刻理解具体的计算方法;要掌握现金流量图的含义,掌握终值与现值的计算,特别是一次支付现金流量的终值和现值计算及等额支付系列现金流量的终值、现值计算;最后还要掌握等值计算的具体应用,重点理解课本上的计算,做到举一反三,学以致用。

实训练习

一、单选题

1. 某公司现借得本金2000万元,一年后付息80万元,则年利率为(　　)。
   A. 8%　　　　B. 6%　　　　C. 5%　　　　D. 4%
2. 任何资金的闲置,都是损失资金的(　　)。
   A. 使用价值　　B. 时间价值　　C. 现有价值　　D. 预期价值
3. 某企业借贷资金8万元,偿还期为4年,年利率10%,按复利计算,下列还款方式中支付总金额最多的是(　　)。
   A. 每年年末偿还2万元本金和所欠利息
   B. 每年年末只偿还所欠利息,第4年年末一次还清本金
   C. 在4年中每年年末等额偿还
   D. 在第4年末一次还清本息
4. 某一时点投资额一定,在一定的时间间隔下,资金时间价值增大,应满足的条件是(　　)。
   A. 资金周转速度增大,资金在每个循环期的增值率减小
   B. 资金周转速度减小,资金在每个循环期的增值率增大
   C. 资金周转速度增大,资金在每个循环期的增值率不变
   D. 资金周转速度不变,资金在每个循环期的增值率不变
5. 下列对资金等值的叙述,不正确的是(　　)。
   A. 不同时点绝对不等的资金在时间价值的作用下可能具有相等的价值
   B. 资金有时间价值,即使金额相同,因其发生在不同时间,其价值就不相同
   C. 不同时期、不同数额但其"价值等效"的资金称为等值,又称等效值
   D. 资金等值计算公式和复利计算公式的定义是相同的
6. 在资金等值计算中,下列表达正确的是(　　)。
   A. P一定,n相同,i越高,F越大　　B. P一定,i相同,n越长,F越小
   C. F一定,i相同,n越长,P越大　　D. F一定,n相同,i越高,P越大
7. 影响资金等值的因素中,(　　)是一个关键因素。

A. 利率 B. 折现率
C. 资金数额的多少 D. 资金发生的时间长短

8. 关于资金时间价值，下列说法错误的是( )。

    A. 在单位时间资金增值率一定的条件下，资金使用时间越长，则资金时间价值就越大
    B. 在一定的时间内等量资金的周转次数越多，资金的时间价值越少
    C. 在总投资一定的情况下，前期投资越多，资金的负效益越大
    D. 在回收资金额一定的情况下，离现时点越远的时点回收资金越多，资金时间价值越小

9. 某施工企业向银行借款100万元，年利率8%，半年复利计息一次，第3年末还本付息，则到期时企业需偿还银行( )万元。

    A. 124.00 B. 125.97 C. 126.53 D. 158.69

10. 下列关于利息的说法，错误的是( )。

    A. 利息是资金时间价值的一种重要表现形式
    B. 利息是由贷款发生利润的一种再分配
    C. 利息通常是指占用资金所付的代价或放弃使用资金所得的补偿
    D. 利息是衡量资金时间价值的相对尺度

11. 每半年末存款1000元，年利率8%，每季复利计息一次，2年末存款本息和为( )万元。

    A. 4160.00 B. 4248.99 C. 4244.45 D. 4462.99

12. 资金等值计算时，i和n为定值，下列等式中错误的是( )。

    A. $(F/P, i, n)=(A/P, i, n)\times(F/A, i, n)$
    B. $(F/A, i, n)=(F/P, i, n)\times(P/A, i, n)$
    C. $(A/P, i, n)\times(F/A, i, n)\times(P/F, i, n)=1$
    D. $(A/P, i, n)=(A/F, i, n)-i$

13. 利息和利率作为国家宏观经济管理的重要杠杆，下列说法错误的是( )。

    A. 对于限制发展的行业，利率规定得高一些
    B. 对不同地区、不同行业规定相同的利率标准
    C. 占用资金时间短的，收取低息；占用时间长的，收取高息
    D. 对产品适销对路、质量好、信誉高的企业，在资金供应上给予低息支持

14. 某企业年初投资3000万元，10年内等额回收本利，若基准收益率为8%，则每年年末应回收的资金是( )。

    A. 300万元 B. 413万元 C. 447万元 D. 482万元

15. 某企业拟实施一项技术方案，第一年投资1000万元，第二年投资2000万元，第三年投资1500万元，投资均发生在年初，其中后两年的投资使用银行贷款，年利率10%。该技术方案从第三年起开始获利并偿还贷款，10年内每年年末获净收益1500万元，贷款分5年等额偿还，每年应偿还( )。

    A. 814万元 B. 976万元 C. 1074万元 D. 1181万元

16. 某企业拟实施一项技术方案,预计 2 年后该技术方案投入运营并获利,技术方案运营期为 10 年,各年净收益为 500 万元,每年净收益的 80%可用于偿还贷款。银行贷款年利率为 6%,复利计息,借款期限为 6 年。如运营期各年年初还款,该企业期初最大贷款额度为( )。

    A. 1589 万元 B. 1685 万元 C. 1855 万元 D. 1976 万元

17. 某人欲将剩余的资金存入银行,存款利率为 6%,按复利计。若 10 年内每年年末存款 2000 元,第 10 年年末本利和为( )。

    A. 20000 元 B. 21200 元 C. 26362 元 D. 27943 元

18. 某人在银行存款,存款利率为 6%,按复利计。若 10 年内每年年初存款 2000 元,第 10 年年末本利和为( )。

    A. 20000 元 B. 21200 元 C. 26362 元 D. 27943 元

19. 某项目建设期 2 年,各年初投资额分别为 300 万元、400 万元,年利率为 10%,则该项目建成后的总投资是( )。

    A. 700 万元 B. 803 万元 C. 800 万元 D. 806 万元

二、多选题

1. 资金时间价值计算的四个因素包括( )。

    A. 资金时间价值额 B. 资金的未来值 C. 资金现值
    D. 单位时间价值率 E. 时间期限

2. 下面观点正确的是( )。

    A. 通常情况下,资金时间价值是在既没有风险也没有通货膨胀条件下的社会平均利润率
    B. 没有经营风险的企业就没有财务风险;反之,没有财务风险的企业也就没有经营风险
    C. 永续年金与其他年金一样,既有现值又有终值
    D. 递延年金终值的大小,与递延期无关,所以计算方法和普通年金终值相同
    E. 在利息率和计息期相同的条件下,复利现值系数和复利终值系数互为倒数

3. 年金按其每期收付款发生的时点不同,可分为( )。

    A. 普通年金 B. 先付年金 C. 递延年金
    D. 永续年金 E. 特殊年金

4. 属于递延年金特点的有( )。

    A. 年金的第一次支付发生在若干期之后 B. 没有终值
    C. 年金的现值与递延期无关 D. 年金的终值与递延期无关
    E. 现值系数是普通年金系数的倒数

5. 下列各项中属于年金形式的有( )。

    A. 直线法计提的折旧额 B. 等额分期付款 C. 优先股股利
    D. 按月发放的养老金 E. 定期支付的保险金

第3章 资金时间价值

三、简答题

1. 为什么说现在的 100 元钱与一年以后的 100 元钱是不相等的？
2. 年金有哪几种？
3. 什么是递延年金？在计算过程中应该注意哪些问题？

四、计算题

1. 某人存款 2500 元，年利率为 8%，按半年复利计息一次，试求 8 年后的本利和。
2. 本金 1000 元，投资 5 年，利率 8%，每年复利一次，其复利利息为多少？
3. 本金 1000 元，投资 5 年，年利率 8%，每季度复利一次，其复利利息是多少？
4. 某施工企业每年年末存入银行 100 万元，用于 3 年后的技术改造，已知银行存款年利率为 5%，按年复利计息，则到第 3 年末可用于技术改造的资金总额为多少？
5. 某企业第 1 年年初和第 1 年年末分别向银行借款 30 万元，年利率均为 10%，复利计息，第 3~5 年年末等额本息偿还全部借款。则每年年末应偿还金额为多少？
6. 某企业年初投资 3000 万元，10 年内等额回收本利，若基准收益率为 8%，则每年年末应回收的资金是多少万元？已知 $(A/F,8\%,10)=0.069$ $(A/P,8\%,10)=0.149$ $(P/F,8\%,10)=2.159$。

第 3 章 习题答案.pdf

实训工作单一

班级		姓名		日期	
教学项目	资金时间价值的计算				
任务	终值的计算		适用公式	$F = \sum_{t=1}^{n} A_t(1+i)^{n-t}$	
题目	某投资人若 8 年内每年末存 15000 元，年利率 7%，问 8 年末本利和为多少				

过程记录

评语				指导老师	

第 3 章　资金时间价值

实训工作单二

班级		姓名		日期	
教学项目	资金时间价值的计算				
任务	现值的计算	适用公式	$P = F(1+i)^{-n} = A\dfrac{(1+i)^n - 1}{i(1+i)^n}$		
题目	某投资项目，计算期 8 年，每年年末等额收回 120 万元，问在利率为 12%时，开始需一次投资多少				

过程记录

评语			指导老师	

第4章 多方案的经济比较和选择方法

第4章 多方案经济比较和选择方法.pdf

【学习目标】

- 了解多方案之间的关系类型
- 掌握独立方案的比选方法
- 掌握互斥方案的比选方法

第4章 多方案经济比较和选择方法.avi

【教学要求】

本章要点	掌握层次	相关知识点
多方案之间的关系	1. 了解经济效果评价内容 2. 掌握建设方案的类型	方案之间的关系
独立方案的比选	1. 了解经济效果评价指标 2. 掌握投资收益率及投资回收期的计算 3. 掌握财务内部收益率及财务净现值的计算	独立方案比选
互斥方案的比选	1. 了解静态比选方法 2. 掌握计算期相同和不相同的长期互斥方案的比选 3. 掌握计算期无限的互斥方案比选	互斥方案比选
有资源限制的独立方案的比选	理解有资源限制的独立方案比选的基本方法	独立方案比选

【项目案例导入】

某市公路管理处拟对该市的一座桥进行改建。老城中桥作为跨越运河的主要结构物，对保障交通畅通和城镇发展起着不可替代的作用，它是路网建设中的关键节点，老城中桥的设计方案选择也就显得尤为重要。根据当地实际地形，参考当地地质条件及施工条件，

chapter 04 工程经济

初步拟定主桥部分 4 种方案：
(1) 三跨预应力混凝土空心板简支梁桥方案
(2) 预应力混凝土简支 T 梁方案
(3) 梁拱组合体系桥方案
(4) 斜腿刚构方案

【项目问题导入】

不同的方案有各自的优缺点，获得的经济效益也不相同，这时方案的选择就特别重要，请结合案例，分析方案选择的几种方法。

4.1 多方案之间的关系类型

4.1.1 经济效果评价内容

经济效果评价内容.mp4

工程经济分析的任务就是要根据所考察工程的预期目标和所拥有的资源条件，分析该工程的现金流量情况，选择合适的技术方案，以获得最佳的经济效果。这里的技术方案是广义的，既可以是工程建设中各种技术措施和方案(如工程设计、施工工艺、生产方案、设备更新、技术改造、新技术开发、工程材料利用、节能降耗、环境技术、工程安全和防护技术等措施和方案)，也可以是相关建设企业的发展战略方案(如企业发展规划、生产经营、投资、技术发展等关乎企业生存发展的战略方案)。可以说技术方案是工程经济最直接的研究对象，而获得最佳的技术方案经济效果则是工程经济研究的目的。

1. 经济效果评价的内容

所谓经济效果评价就是根据国民经济与社会发展以及行业、地区发展规划的要求，在拟定的技术方案、财务效益与费用估算的基础上，采用科学的分析方法，对技术方案的财务可行性和经济合理性进行分析论证，为选择技术方案提供科学的决策依据。

(1) 经济效果评价的基本内容。

经济效果评价的内容应根据技术方案的性质、目标、投资者、财务主体以及方案对经济与社会的影响程度等具体情况确定，一般包括方案盈利能力、偿债能力、财务生存能力等评价内容。

(2) 技术方案的盈利能力。

技术方案的盈利能力是指分析和测算拟定技术方案计算期的盈利能力和盈利水平。其主要分析指标包括方案财务内部收益率和财务净现值、资本金财务内部收益率、静态投资回收期、总投资收益率和资本金净利润率等，可根据拟定技术方案的特点及经济效果分析的目的和要求等选用。

(3) 技术方案的偿债能力。

技术方案的偿债能力是指分析和判断财务主体的偿债能力，其主要指标包括利息备付率、偿债备付率和资产负债率等。

(4) 技术方案的财务生存能力(经营性和非经营性区别)。

财务生存能力分析也称资金平衡分析,是根据拟定技术方案的财务计划现金流量表,通过考察拟定技术方案计算期内各年的投资、融资和经营活动所产生的各项现金流入和流出,计算净现金流量和累计盈余资金,分析技术方案是否有足够的净现金流量维持正常运营,以实现财务可持续性。而财务可持续性应首先体现在有足够的经营净现金流量,这是财务可持续的基本条件;其次在整个运营期间,允许个别年份的净现金流量出现负值,但各年累计盈余资金不应出现负值,这是财务生存的必要条件。若出现负值,应进行短期借款,同时分析该短期借款的时间长短和数额大小,进一步判断拟定技术方案的财务生存能力。短期借款应体现在财务计划现金流量表中,其利息应计入财务费用。为维持技术方案正常运营,还应分析短期借款的可靠性。

在实际应用中,对于经营性方案,经济效果评价是从拟定技术方案的角度出发,根据国家现行财政、税收制度和现行市场价格,计算拟定技术方案的投资费用、成本与收入、税金等财务数据,通过编制财务分析报表,计算财务指标,分析拟定技术方案的盈利能力、偿债能力和财务生存能力,据此考察拟定技术方案的财务可行性和财务可接受性,明确拟定技术方案对财务主体及投资者的价值贡献,并得出经济效果评价的结论。投资者可根据拟定技术方案的经济效果评价结论、投资的财务状况和投资所承担的风险程度,决定拟定技术方案是否应该实施。对于非经营性方案,经济效果评价应主要分析拟定技术方案的财务生存能力。

2. 经济效果评价方法

由于经济效果评价的目的在于确保决策的正确性和科学性,避免或最大限度地降低技术方案的投资风险,明了技术方案投资的经济效果水平,最大限度地提高技术方案投资的综合经济效果。因此,正确选择经济效果评价的方法十分重要。

(1) 经济效果评价的基本方法。

经济效果评价的基本方法包括确定性评价方法与不确定性评价方法两类。对同一个技术方案必须同时进行确定性评价和不确定性评价。

(2) 按评价方法的性质分类。

按评价方法的性质不同,经济效果评价分为定量分析和定性分析。

① 定量分析。

定量分析是指对可度量因素的分析方法。在技术方案经济效果评价中考虑的定量分析因素包括资产价值、资本成本、有关销售额、成本等一系列可以以货币表示的一切费用和收益。

② 定性分析。

定性分析是指对无法精确度量的重要因素实行的估量分析方法。

在技术方案经济效果评价中,应坚持定量分析与定性分析相结合,以定量分析为主的原则。

(3) 按评价方法是否考虑时间因素分类。

对定量分析,按其是否考虑时间因素又可分为静态分析和动态分析。

① 静态分析。

静态分析是不考虑资金的时间因素，即不考虑时间因素对资金价值的影响，而对现金流量分别进行直接汇总来计算分析指标的方法。

② 动态分析。

动态分析是在分析方案的经济效果时，对发生在不同时间的现金流量折现后来计算分析指标。在工程经济分析中，由于时间和利率的影响，对技术方案的每一笔现金流量都应考虑它所发生的时间，以及时间因素对其价值的影响。动态分析能较全面地反映技术方案整个计算期的经济效果。

在技术方案经济效果评价中，应坚持动态分析与静态分析相结合，以动态分析为主的原则。

(4) 按评价是否考虑融资分类。

经济效果分析可分为融资前分析和融资后分析。一般宜先进行融资前分析，在融资前分析结论满足要求的情况下，初步设定融资方案，再进行融资后分析。

① 融资前分析。

融资前分析应考察技术方案整个计算期内现金流入和现金流出，编制技术方案投资现金流量表，计算技术方案投资内部收益率、净现值和静态投资回收期等指标。融资前分析排除了融资方案变化的影响，从技术方案投资总获利能力的角度，考察方案设计的合理性，应作为技术方案初步投资决策与融资方案研究的依据和基础。融资前分析应以动态分析为主，静态分析为辅。

② 融资后分析。

融资后分析应以融资前分析和初步的融资方案为基础，考察技术方案在拟定融资条件下的盈利能力、偿债能力和财务生存能力，判断技术方案在融资条件下的可行性。融资后分析用于比选融资方案，帮助投资者做出融资决策。融资后的盈利能力分析也应包括动态分析和静态分析。

A. 动态分析包括下列两个层次：

一是技术方案资本金现金流量分析。分析应在拟定的融资方案下，从技术方案资本金出资者整体的角度，计算技术方案资本金财务内部收益率指标，考察技术方案资本金可获得的收益水平。

二是投资各方现金流量分析。分析应从投资各方实际收入和支出的角度，计算投资各方的财务内部收益率指标，考察投资各方可能获得的收益水平。

B. 静态分析是指不采取折现方式处理数据，依据利润与利润分配表计算技术方案资本金净利润率(ROE)和总投资收益率(ROI)指标。静态分析可根据技术方案的具体情况选做。

(5) 按技术方案评价的时间分类。

按技术方案评价的时间可分为事前评价、事中评价和事后评价。

① 事前评价。

事前评价是指在技术方案实施前为决策所进行的评价。显然，事前评价都有一定的预测性，因而也就有一定的不确定性和风险性。

② 事中评价。

事中评价也称跟踪评价，是指在技术方案实施过程中所进行的评价。这是由于在技术方案实施前所做的评价结论及评价所依据的外部条件(市场条件、投资环境等)的变化而需要进行修改，或因事前评价时考虑问题不周、失误，甚至根本未做事前评价，在建设中遇到困难，而不得不反过来重新进行评价，以决定原决策有无全部或局部修改的必要性。

③ 事后评价。

事后评价也称后评价，是在技术方案实施完成后，总结评价技术方案决策的正确性，技术方案实施过程中项目管理的有效性等。

3. 经济效果评价的程序

(1) 熟悉技术方案的基本情况。

熟悉技术方案的基本情况，包括投资目的、意义、要求、建设条件和投资环境，做好市场调查研究和预测、技术水平研究和设计方案。

(2) 收集、整理和计算有关技术经济基础数据资料与参数。

技术经济数据资料与参数是进行技术方案经济效果评价的基本依据，所以在进行经济效果评价之前，必须先收集、估计、测算和选定一系列有关的技术经济数据与参数。主要包括以下几点：

① 技术方案投入物和产出物的价格、费率、税率、汇率、计算期、生产负荷及基准收益率等。它们是重要的技术经济数据与参数，在对技术方案进行经济效果评价时，必须科学、合理地选用。

② 技术方案建设期间分年度投资支出额和技术方案投资总额。技术方案投资包括建设投资和流动资金需要量。

③ 技术方案资金来源方式、数额、利率、偿还时间，以及分年还本付息数额。

④ 技术方案生产期间的分年产品成本。分别计算出总成本、经营成本、单位产品成本、固定成本和变动成本。

⑤ 技术方案生产期间的分年产品销售数量、营业收入、营业税金及附加、营业利润及其分配数额。

根据以上技术经济数据与参数分别估测出技术方案整个计算期(包括建设期和生产期)的财务数据。

(3) 根据基础财务数据资料编制各基本财务报表。

(4) 经济效果评价。

运用财务报表的数据与相关参数，计算技术方案的各经济效果分析指标值，并进行经济可行性分析，得出结论。具体步骤如下：

① 首先进行融资前的盈利能力分析，其结果体现技术方案本身设计的合理性，用于初步投资决策以及方案的比选。也就是说用于考察技术方案是否可行，是否值得去融资。这对技术方案投资者、债权人和政府管理部门都是有用的。

② 如果第一步分析的结论是"可行"的，那么进一步去寻求适宜的资金来源和融资方案，就需要借助于对技术方案的融资后分析，即资本金盈利能力分析和偿债能力分析，投资者和债权人可据此作出最终的投融资决策。

4. 技术方案的计算期

技术方案的计算期是指在经济效果评价中为进行动态分析所设定的期限，包括建设期和运营期。

(1) 建设期。

建设期是指技术方案从资金正式投入开始到技术方案建成投产为止所需要的时间。建设期应参照技术方案建设的合理工期或技术方案的建设进度计划合理确定。

(2) 运营期。

运营期分为投产期和达产期两个阶段。

① 投产期是指技术方案投入生产，但生产能力尚未完全达到设计能力时的过渡阶段。

② 达产期是指生产运营达到设计预期水平后的时间。

运营期一般应根据技术方案主要设施和设备的经济寿命期(或折旧年限)、产品寿命期、主要技术的寿命期等多种因素综合确定。行业有规定时，应从其规定。

综上可知，技术方案计算期的长短主要取决于技术方案本身的特性，因此无法对技术方案计算期作出统一规定。计算期不宜定得太长：一方面是因为按照现金流量折现的方法，把后期的净收益折为现值的数值相对较小，很难对经济效果分析结论产生有决定性的影响；另一方面由于时间越长，预测的数据会越不准确。

计算期较长的技术方案多以年为时间单位。对于计算期较短的技术方案，在较短的时间间隔内(如月、季、半年或其他非日历时间间隔)现金流水平有较大变化，可根据技术方案的具体情况选择合适的计算现金流量的时间单位。

由于折现评价指标受计算时间的影响，对需要比较的技术方案应取相同的计算期。

4.1.2 建设方案的类型

建设方案的类型.mp4

由于技术经济条件的不同，实现同一目的的技术方案也不同。因此，经济效果评价的基本对象就是实现预定目的的各种技术方案。评价方案的类型较多，但常见的主要有以下几类。

1. 独立型方案

独立型方案是指技术方案间互不干扰、在经济上互不相关的技术方案，即这些技术方案是彼此独立无关的，选择或放弃其中一个技术方案，并不影响其他技术方案的选择。显然，单一方案是独立型方案的特例。对独立型方案的评价选择，其实质就是在"做"与"不做"之间进行选择。因此，独立型方案在经济上是否能接受，取决于技术方案自身的经济性，即技术方案的经济指标是否达到或超过了预定的评价标准或水平。为此，只需通过计算技术方案的经济指标，并按照指标的判别准则加以检验就可做到。这种对技术方案自身的经济性的检验叫作"绝对经济效果检验"，若技术方案通过了绝对经济效果检验，就认为技术方案在经济上是可行的，可以接受的，值得投资的，否则，应予拒绝。

2. 互斥型方案

互斥型方案又称排他型方案，在若干备选技术方案中，各个技术方案彼此可以相互代替，因此技术方案具有排他性，选择其中任何一个技术方案，则其他技术方案必然被排斥。互斥方案比选是工程经济评价工作的重要组成部分，也是寻求合理决策的必要手段。

方案的互斥性，使我们在若干技术方案中只能选择一个技术方案实施，由于每一个技术方案都具有同等可供选择的机会，为使资金发挥最大的效益，我们当然希望所选出的这一个技术方案是若干备选方案中经济性最优的。因此，互斥方案经济评价包含两部分内容：一是考察各个技术方案自身的经济效果，即进行"绝对经济效果检验"；二是考察哪个技术方案相对经济效果最优，即"相对经济效果检验"。两种检验的目的和作用不同，通常缺一不可，从而确保所选技术方案不但最优而且可行。只有在众多互斥方案中必须选择其中之一时才可单独进行相对经济效果检验。但需要注意的是在进行相对经济效果检验时，不论使用哪种指标，都必须满足方案可比条件。

3. 互补型方案

互补型方案是指在方案之间存在技术经济互补关系的一组方案。某一方案的接受有助于其他方案的接受。根据互补方案之间的互补关系，互补方案可能是对称的，也可能是非对称的。如建设一个大型非港口电站，必须同时建设铁路、电厂，这两个项目无论在建设时间、建设规模上都必须适应，缺少其中任何一个项目，其他项目就不能正常运行，他们之间就是对称的互补型方案。如建造一座建筑物A和增加一个空调系统B，建筑物A本身是有用的，增加空调系统B后使建筑物A更有用，但采用方案A并不一定要采用方案B，他们之间就是非对称的互补型方案。

4. 相关型方案

相关型方案是指各个方案之间在经济、现金流量、资金使用等方面相互影响，不完全互斥也不完全依存，但任何一方案的取舍会导致其他方案的变化。如：要在某跨江项目考虑两个建设方案，一个是建桥方案A，另一个是轮渡方案B，两个方案都是收费的，此时一个方案的实施或放弃都会影响到另一个方案的现金流量，这两种方案即为相关型方案。

5. 组合互斥型方案

组合互斥型方案是指在若干可采用的独立方案中，如果有资源约束条件(如受资金、劳动力、材料设备及其他资源拥有量限制)，只能从中选择一部分方案实施时，可以将他们组合为互斥方案，这些组合方案之间是互斥或排他的。

6. 混合型相关方案

混合型相关方案是指在方案众多的情况下，方案之间的相互关系可能包括上述类型中的多种，这些方案成为混合型相关方案。

4.2 独立方案的比选

4.2.1 经济效果评价指标

投资方案经济评价指标结合图 4-1.mp4

技术方案的经济效果评价，一方面取决于基础数据的完整性和可靠性；另一方面取决于选取的评价指标体系的合理性，只有选取正确的评价指标体系，经济效果评价的结果才能与客观实际情况相吻合，才具有实际意义。一般来讲，技术方案的经济效果评价指标不是唯一的，在工程经济分析中，常用的经济效果评价指标体系如图 4-1 所示。

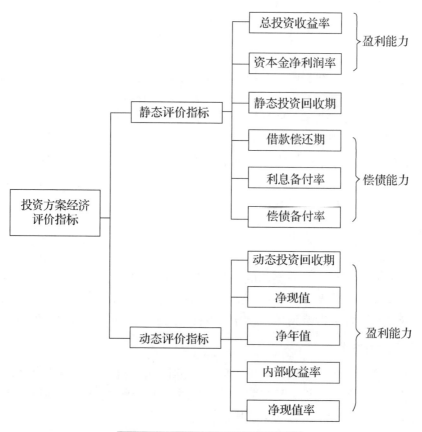

图 4-1 建设方案经济评价指标体系

静态分析指标的最大特点是不考虑时间因素，计算简便。所以在对技术方案进行粗略评价或对短期投资方案进行评价，或对逐年收益大致相等的技术方案进行评价时，静态分析指标还是可采用的。

动态分析指标强调利用复利方法计算资金时间价值，它将不同时间内资金的流入和流出换算成同一时点的价值，从而为不同技术方案的经济比较提供了可比基础，并能反映技术方案在未来时期的发展变化情况。

总之，在进行技术方案经济效果评价时，应根据评价深度要求、可获得资料的多少以及评价方案本身所处的条件，选用多个不同的评价指标，这些指标有主有次，从不同侧面反映评价方案的经济效果。

4.2.2 财务内部收益率及财务净现值

1. 财务净现值分析

(1) 概念。

财务净现值(FNPV)是反映技术方案在计算期内盈利能力的动态评价指标。技术方案的财务净现值是指用一个预定的基准收益率(或设定的折现率)i_c，分别把整个计算期间内各年所发生的净现金流量都折现到技术方案开始实施时的现值之和。财务净现值计算公式为：

$$\text{FNPV} = \sum_{t=0}^{n}(\text{CI} - \text{CO})_t\ (1+i_c)^{-t} \tag{4-1}$$

式中：FNPV——财务净现值；

(CI-CO)$_t$——技术方案第 t 年的净现金流量(应注意"+""-"号)；

i_c——基准收益率；

n——技术方案计算期。

可根据需要选择计算所得税前财务净现值或所得税后财务净现值。

(2) 判别准则。

财务净现值是评价技术方案盈利能力的绝对指标。当 FNPV>0 时，说明该技术方案除了满足基准收益率要求的盈利之外，还能得到超额收益，换句话说，技术方案现金流入的现值和大于现金流出的现值和，该技术方案有收益，故该技术方案财务上可行；当 FNPV=0 时，说明该技术方案基本能满足基准收益率要求的盈利水平，即技术方案现金流入的现值正好抵偿技术方案现金流出的现值，该技术方案财务上还是可行的；当 FNPV<0 时，说明该技术方案不能满足基准收益率要求的盈利水平，即技术方案收益的现值不能抵偿支出的现值，该技术方案财务上不可行。

【案例 4-1】 已知某技术方案有如下现金流量(如表 4-1 所示)，设 i_c=8%，试计算财务净现值(FNPV)。

表 4-1 某技术方案净现金流量

单位：万元

年份	1	2	3	4	5	6	7
净现金流量(万元)	-4200	-4700	2000	2500	2500	2500	2500

解：根据式(4-1)，可得：

$$\text{FNPV} = -4200 \times \frac{1}{1+8\%} - 4700 \times \frac{1}{(1+8\%)^2} + 2000 \times \frac{1}{(1+8\%)^3} + 2500 \times \frac{1}{(1+8\%)^4}$$

$$+2500 \times \frac{1}{(1+8\%)^5} + 2500 \times \frac{1}{(1+8\%)^6} + 2500 \times \frac{1}{(1+8\%)^7}$$

$$=-4200 \times 0.9259 - 4700 \times 0.8573 + 2000 \times 0.7938 + 2500 \times 0.7350$$

$$+2500 \times 0.6806 + 2500 \times 0.6302 + 2500 \times 0.5835$$

$$=242.76(万元)$$

由于 FNPV=242.76 万元＞0，所以该技术方案在经济上可行。

(3) 优劣。

财务净现值指标的优点是：考虑了资金的时间价值，并全面考虑了技术方案在整个计算期内现金流量的时间分布的状况；经济意义明确直观，能够直接以货币额表示技术方案的盈利水平；判断直观。不足之处是：必须首先确定一个符合经济现实的基准收益率，而基准收益率的确定往往是比较困难的；在互斥方案评价时，财务净现值必须慎重考虑互斥方案的寿命，如果互斥方案寿命不等，必须构造一个相同的分析期限，才能进行各个方案之间的比选；财务净现值也不能真正反映技术方案投资中单位投资的使用效率；不能直接说明在技术方案运营期间各年的经营成果；没有给出该投资过程确切的收益大小，不能反映投资的回收速度。

2. 财务内部收益率分析

(1) 财务内部收益率的概念。

对具有常规现金流量(即在计算期内，开始时有支出而后才有收益，且方案的净现金流量序列的符号只改变一次的现金流量)的技术方案，其财务净现值的大小与折现率的高低有直接关系。若已知某技术方案各年的净现金流量，则该技术方案的财务净现值就完全取决于所选用的折现率，即财务净现值是折现率的函数。其表达式如下：

$$FNPV(i) = \sum_{t=0}^{n}(CI-CO)_t(1+i)^{-t} \tag{4-2}$$

工程经济中常规技术方案的财务净现值函数曲线在其定义域($-1 < i < +\infty$)内(对大多数工程经济实际问题来说是 $0 \leqslant i < \infty$)，随着折现率的逐渐增大，财务净现值由大变小，由正变负，FNPV 与 i 之间的关系一般如图 4-2 所示。

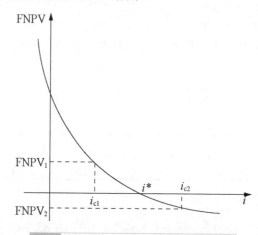

图 4-2　常规技术方案的净现值函数曲线

从图 4-2 可以看出，按照财务净现值的评价准则，只要 FNPV(i)≥0，技术方案就可接受。但由于 FNPV(i)是 i 的递减函数，故折现率 i 定得越高，技术方案被接受的可能性越小。那么，若 FNPV(0)>0，则 i 最大可以大到多少，仍使技术方案可以接受呢？很明显，i 可以大到使 FNPV(i)=0，这时 FNPV(i)曲线与横轴相交，i 达到了其临界值 i^*，可以说 i^* 是财务净现值评价准则的一个分水岭。i^*就是财务内部收益率(FIRR)。

对常规技术方案，财务内部收益率其实质就是使技术方案在计算期内各年净现金流量的现值累计等于零时的折现率。其数学表达式为：

$$\text{FNPV(FIRR)} = \sum_{t=0}^{n} (\text{CI} - \text{CO})_t \ (1 + \text{FIRR})^{-t} = 0 \qquad (4-3)$$

式中：FIRR——财务内部收益率。

财务内部收益率是一个未知的折现率，由式(4-3)可知，求方程式中的折现率需解高次方程，不易求解。在实际工作中，一般通过计算机直接计算，手算时可采用试算法确定财务内部收益率 FIRR。

(2) 判断。

财务内部收益率计算出来后，与基准收益率进行比较。若 FIRR≥i_c，则技术方案在经济上可以接受；若 FIRR<i_c，则技术方案在经济上应予拒绝。技术方案投资财务内部收益率、技术方案资本金财务内部收益率和投资各方财务内部收益率可有不同判别基准。

(3) 优劣。

财务内部收益率(FIRR)指标考虑了资金的时间价值以及技术方案在整个计算期内的经济状况，不仅能反映投资过程的收益程度，而且 FIRR 的大小不受外部参数影响，完全取决于技术方案投资过程净现金流量系列的情况。这种技术方案内部决定性，使它在应用中具有一个显著的优点，即避免了像财务净现值之类的指标那样须事先确定基准收益率这个难题，而只需要知道基准收益率的大致范围即可。但不足的是财务内部收益率计算比较麻烦，对于具有非常规现金流量的技术方案来讲，其财务内部收益率在某些情况下甚至不存在或存在多个内部收益率。

(4) FIRR 与 FNPV 比较。

对独立常规技术方案的评价，当 FIRR≥i_{c1} 时，根据 FIRR 评价的判断准则，技术方案可以接受；而 i_{c1} 对应的 FNPV$_1$>0，根据 FNPV 评价的判断准则，技术方案也可接受。当 FIRR<i_{c2} 时，根据 FIRR 评价的判断准则，技术方案不能接受；i_{c2} 对应的 FNPV$_2$<0，根据 FNPV 评价的判断准则，技术方案也不能接受。由此可见，对独立常规技术方案应用 FIRR 评价与应用 FNPV 评价均可，其结论是一致的。

FNPV 指标计算简便，显示出了技术方案现金流量的时间分配，但得不出投资过程收益程度大小，且受外部参数 i_c 的影响；FIRR 指标计算较为麻烦，但能反映投资过程的收益程度，且 FIRR 的大小不受外部参数影响，完全取决于投资过程现金流量。

4.3 互斥方案的比选

4.3.1 静态比选方法

静态比选方法常用于短期方案(一年或一年以内)的比选，以及中长期方案的初选阶段。

1. 差额投资收益率 ΔR

差额投资收益率是指增额投资所带来的经营成本上的节约与增额投资之比。

$$\Delta R = \frac{C_2 - C_1}{I_1 - I_2} = \frac{\Delta C(年成本差额)}{\Delta I(投资差额)} \quad (4\text{-}4)$$

式中：C_1、C_2——方案一与方案二的年经营成本(或单位产品经营成本)，且 $C_1 > C_2$；

I_1、I_2——方案一与方案二的投资额，且 $I_1 < I_2$。

若 $\Delta R \geq i_c$，则投资大的方案的经济效果较好，应选择投资大的方案(方案一)，反之则应选择投资小的方案(方案二)。

2. 差额投资回收期 ΔP_t

差额投资回收期表示用投资额大的方案比投资小的方案所节约的经营成本，来回收其差额投资所需的期限。

$$\Delta P_t = \frac{I_1 - I_2}{C_1 - C_2} = \frac{\Delta I}{\Delta C} = \frac{1}{\Delta R} \quad (4\text{-}5)$$

若 $\Delta P_t \leq n$(计算期)，表明投资大的方案(方案一)的经济效果要好，反之则应选择投资小的方案(方案二)。

3. 年折算费用 $Z_年$

年折算费用是将投资额用计算期分摊到各年，再与各年的年经营成本相加，比较所得到的最低年折算费用方案为最优方案。

$$Z_年 = C_i + \frac{I_i}{n} \quad (4\text{-}6)$$

4. 综合总费用 $Z_总$

综合总费用法是将方案的投资与计算期内年经营成本的累计额相加总，然后选择最低的综合总费用方案为最优方案。

$$Z_总 = I_i + C_i n \quad (4\text{-}7)$$

4.3.2 计算期相同的中长期互斥方案的比选

计算期一年以上的互斥方案的比选一般用动态评价指标。对于产出相同的互斥方案，可用费用最小的费用现值和费用年值进行比选；对于产出不同的互斥方案，可采用最低价格法进行比选。计算期相同的中长期互斥方案的比选方法有两种：一种作增量分析，即用差额净现值和差额内部收益率法进行比选；另一种是直接采用净现值或净年值进行比选。

1. 增量分析法

增量分析的基本步骤如下：

第4章 多方案的经济比较和选择方法

(1) 将互斥方案组按投资由小到大排序：A、B、C…，人为将0方案排在第一，即：0、A、B、C…。

(2) 两两方案生成差额方案并评价。若差额方案可行，投资较大的方案为优；若差额方案不可行，投资较小的方案为优。

(3) 留下的方案与后一方案生成差额方案并评价，如此循环做差额方案评价，直至投资最大的方案为止。

(4) 最后留下的方案即为最优方案。其中，差额方案评价所采用的动态指标为差额净现值ΔNPV及差额内部收益率ΔIRR。

① 差额净现值ΔNPV。

差额净现值是指两个互斥方案构成的差额部分的现金流量的净现值。计算公式为：

$$\Delta NPV = \sum_{i=0}^{n} \frac{(CI-CO)_{大} - (CI-CO)_{小}}{(1+i_c)^t} \tag{4-8}$$

显然，两个互斥方案的净现值之差即为其差额净现值。评价准则：ΔNPV≥0，投资较大的方案为优；ΔNPV<0，投资小的方案为优。

② 差额内部收益率ΔIRR。

差额内部收益率是指使得两个互斥方案形成的差额净现值为零时的折现率。计算公式：

$$\sum_{i=0}^{n} \frac{(CI-CO)_{大} - (CI-CO)_{小}}{(1+\Delta IRR)^t} = 0 \tag{4-9}$$

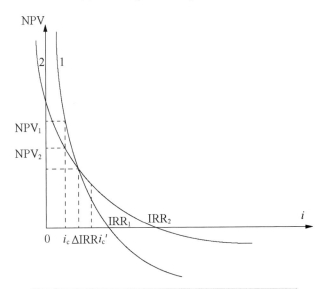

图 4-3　差额内部收益率与差额净现值的函数曲线图

ΔIRR解的情况有三种——唯一解、多解、无解。唯一解时比选有效。

评价准则：ΔIRR≥i_c，投资较大的方案为优；ΔIRR<i_c，投资小的方案为优。

说明：对于仅有费用现金流量的互斥方案比选也可用差额内部收益率法，这时无非是把增额投资所导致的其他费用的节约看成是增额收益。

注意：当两个互斥方案的投资额相同时，ΔIRR失效，此时应采用ΔNPV。差额内部收益率与差额净现值之间的关系如图4-3所示。

2. 净现值法和净年值法

基本步骤：

(1) 计算互斥方案组中每一个方案的 NPV(NAV)；

(2) 淘汰 NPV＜0(NAV＜0)的方案，留下 NPV≥0(NAV≥0)的方案；

(3) NPV(NAV)最大的方案即为最优方案。

3. 费用现值法和费用年值法

适用于产出相同的互斥方案比选，只需计算各方案所耗的费用，并以费用最小作为方案比选的标准。

基本步骤如下：

(1) 计算互斥方案组中每一个方案的费用现值 PC(费用年值 AC)；

(2) PC(AC)最小的方案即为最优方案。

【案例 4-2】 如表 4-2 所示，设折现率为 10%，应选哪种设备？

表 4-2 设备数据表

设备型号	初始投资(万元)	年运营费(万元)	残值(万元)	寿命(年)
A	20	2	3	5
B	30	1	5	5

解：$PC_A = 20 + 2(P/A, 10\%, 5) - 3(P/F, 10\%, 5) = 25.72(万元)$

$PC_B = 30 + 1(P/A, 10\%, 5) - 5(P/F, 10\%, 5) = 30.69(万元)$

$PC_A < PC_B$，应选 A 设备。

注意：计算 PC(AC)时，现金流出为"+"，现金流入为"-"。

4. 最低价格法 P_{min}

当项目各方案的产品为单一产品(或能视作单一产品)时，对于产品相同但产量(或服务量)不同，而价格(或服务收费标准)又难以确定的方案比选，通常采用最低价格法，分别计算各方案净现值为零时的产品价格(或最低收费标准)P_{min}并进行比较，以 P_{min} 较低的方案为优。计算公式：

$$P_{min} = \frac{\sum_{t=1}^{n}(C' + I - S_V - W)_t (P/F, i_c, t)}{\sum_{t=1}^{n} Q_t (P/F, i_c, t)} \tag{4-10}$$

4.3.3 计算期不同的中长期互斥方案的比选

1. 净年值法或费用年值法

由于寿命不等的互斥方案在时间上不具备可比性，因此为使方案有可比性，通常宜采用年值法(净年值或费用年值)。

比选准则为：$\begin{cases} \text{NAV}_i \geq 0 \text{ 且 } \max(\text{NAV}_i) \text{所对应的方案为最优方案} \\ \min(\text{AC}_i) \text{所对应的方案为最优方案} \end{cases}$

净现值法比选处理方法.mp4

2. 净现值法或费用现值法

若采用现值法(或费用现值法)，则需对各备选方案的寿命期做统一处理(即设定一个共同的分析期)，使方案满足可比性的要求。处理的方法通常有两种：

(1) 最小公倍数法。

最小公倍数法是取各方案计算期的最小公倍数作为多方案共同的计算期，并假定每一方案在这一期间内反复实施。

注意：最小公倍数法是假设方案能够重复进行直至达到可比要求为前提，且有夸大方案之间区别的倾向。

(2) 研究期法。

研究期法是选取一个适当的分析期作为各个方案共同的计算期，可选择各方案里期限最长或最短的计算期作为共同的研究期，还可取所期望的计算期作为共同研究期。一般用净现值作为比选指标，选择净现值大的方案为最优方案。

以上两种处理方法的比选准则均为：

$\begin{cases} \text{NPV}_i \geq 0 \text{ 且 } \max(\text{NPV}_i) \text{所对应的方案为最优方案} \\ \min(\text{PC}_i) \text{所对应的方案为最优方案} \end{cases}$

4.3.4 计算期无限的互斥方案比选

对于铁路、桥梁、河流大坝等公共事业工程项目进行比选时，可视为是计算期无限的方案，即 $n \to +\infty$。

1. 净年值法或费用年值法

$$P = \frac{A}{I} \tag{4-11}$$

2. 净现值法或费用现值法

(1) 互斥方案比选实质上就是选择最优方案；

(2) 比选时，视具体情况灵活选用 NPV、NAV、PC、AC 等指标，或增量分析(ΔNPV、ΔIRR)；

(3) NAV(AC)适宜计算期不同的互斥方案择优，NPV(PC)适宜计算期相同的互斥方案择优。

4.4 有资源限制的独立方案的比选

1. 组合互斥化法

组合互斥化法是先穷举出所有可能的独立方案组合群，将其看作是互斥方案组，采用适当的评价指标进行比选，哪一种组合的 NPV(NAV)最大或 PC(AC)最小即为独立方案的最优组合。

适用于方案数目不多时的独立方案，否则组合方案太多，计算烦琐。

2. 排序、组合法

此方法首先根据效率指标由高到低将独立方案排序，再组合至有限资源充分利用为止。可借助独立方案组合图直观判断。

4.5 混合方案的比选

1. 独立——互斥型混合方案

此类型混合方案是指在一组独立多方案中，每个独立方案下又有若干个互斥方案。比选思路类似独立方案的组合互斥化法，但要注意组合群的产生，每次组合时，一个独立方案下只能选取一个互斥方案。

互斥型混合方案.mp4

2. 互斥——独立型混合方案

此类型混合方案是指在一组互斥多方案中，每个互斥方案下又有若干个独立方案的情形。比选思路是：先对每一个独立方案作比选得出最优组合，再将所有最优组合视为互斥方案组，最后作互斥方案择优。

本 章 小 结

通过本章的学习，同学们主要学会了估算项目投资、比选融资方案，进行项目经济、环境和社会评价，判别项目的可行性和合理性；了解经济效果评价的内容；掌握经济评价指标中的投资收益率、投资回收期、财务内部收益率及财务净现值的含义及计算方法；掌握计算期相同的中长期互斥方案的比选和计算期不同的中长期互斥方案的比选，学会举一反三，融会贯通，为以后的学习和工作打下坚实的基础。

实 训 练 习

一、选择题

1. 在有资金限制条件下进行独立方案比选时，常用独立方案组合互斥化法或净现值率排序法，实际评价时(   )。

    A. 两种方法均能保证获得最佳组合方案
    B. 净现值率排序法不一定能保证获得最佳组合方案
    C. 独立方案组合互斥化法不一定能保证获得最佳组合方案
    D. 两种方法均不能保证获得最佳组合方案

第4章 多方案的经济比较和选择方法

2. 关于互斥型方案经济比选的说法，正确的是（ ）。
   A. 效益与费用都不同的方案比选可以采用费用现值法
   B. 互斥型方案比选不要求效益和费用的计算方法一致
   C. 互斥型方案比选需要考察各个方案自身的经济效果
   D. 采用价值性指标，必须分析方案间的差额净现金流量

3. 在进行方案经济比选时，不能直接用于互斥方案比选的指标是（ ）。
   A. 净现值　　B. 净年值　　C. 内部收益率　　D. 差额投资内部收益率

4. 以行业财务基准收益率作为折现率时，关于净现值(NPV)和净年值(NAV)的说法，正确的是（ ）
   A. 若 NPV＜0，说明项目利润为负
   B. 若 NPV＝0，说明项目盈亏平衡
   C. 若 NPV＞0，说明项目在财务上可以接受
   D. NAV 为 NPV 与计算期之比

5. 建设方案比选时，一般项目可由（ ）进行多方案比选。
   A. 专家评议组　　　　　　　　B. 咨询人员自行
   C. 专业工程师独自　　　　　　D. 咨询人员和专业工程师共同

二、多选题

1. 下列关于方案经济比选的说法，正确的有（ ）。
   A. 互斥型方案的特点是方案间具有互不相容性
   B. 内部收益率指标不可直接用于互斥方案间的比选
   C. 项目群整体最优，表明其中的每个项目都是最优的
   D. 用差额内部收益率法比选计算期相同的互斥方案时，若 FIRR＜i_c 时，则保留投资多的方案
   E. 独立项目比选时，在满足资金约束条件下，所选择项目组合应使得总体效益最大

2. 下列属于多方案比选的方法有（ ）。
   A. 专家评分法　　　B. 民主评议法　　　C. 头脑风暴法
   D. 目标排序法　　　E. 最大费用法

3. 建设方案经济比选的原则有（ ）。
   A. 优选方案　　　　B. 方法科学　　　　C. 方案可比
   D. 资金充足　　　　E. 口径一致

4. 建设方案经济比选应保持口径一致，即（ ）。
   A. 研究深度相同　　　　　　　B. 计算基础资料相同
   C. 选用的方法和指标要一致　　D. 比较的范围和时间要一致
   E. 效益和费用计算口径要一致

5. 在建设方案经济比选方法中，效益比选法包括（ ）。
   A. 年费用比较法　　　B. 净现值比较法　　　C. 净年值比较法
   D. 费用现值比较法　　E. 差额投资内部收益率法

三、简答题

1. 请简述经济效果评价的内容。
2. 经济效果评价指标有哪些？
3. 有资源限制的独立方案的比选方法。

四、计算题

1. 某个大型投资项目有 6 个可供选择的方案，假设每个方案均无残值，计算期为 10 年。各方案的数据如表 4-3 所示。

表 4-3　各方案数据表

方案	A	B	C	D	E	F
初始投资资本(元)	80000	40000	10000	30000	15000	90000
年净现金流量(元)	11000	8000	2000	7150	2500	14000

(1) 若投资人有足够的资本，且各方案是独立的，i_c=10%，应选择哪个方案？

(2) 若投资人仅有 90000 元的投资资本，i_c=10%，又应如何选择？

(3) 若投资人仅有 90000 元的投资资本，在这些独立方案中选择投资收益率最高的方案，并将其没用完的资本用于其他机会且获得 15%的收益率，则这样的组合方案与(2)中确定的方案相比，孰优孰劣？

(4) 若各方案是互斥的，i_c=10%，应如何选择？

2. 某冶炼厂欲投资建一储水设施，有两个方案：A 方案是在厂内建一个水塔，造价 102 万元，年运营费 2 万元，每隔 10 年大修 1 次，费用 10 万元；B 方案是在厂外不远处的小山上建一储水池，造价 83 万元，年运营费 2 万元，每隔 8 年大修 1 次，费用 10 万元。另外，方案 B 还需购置一套附加设备，购置费 9.5 万元，寿命 20 年，20 年末的残值为 0.5 万元，年运行费 1 万元。该厂的基准收益率为 7%。

问：(1) 储水设施计划使用 40 年，任何一个方案在寿命期末均无残值，哪个方案最优？

(2) 若永久性的使用储水设施，哪个方案最优？

第 4 章　习题答案.pdf

第4章　多方案的经济比较和选择方法

实训工作单一

班级		姓名		日期	
教学项目	独立方案的比选				
任务	财务内部收益率的计算	适用公式	$\text{FNPV}(i) = \sum_{t=0}^{n}(\text{CI}-\text{CO})_t(1+i_c)^{-t}$		
题目	某项目拟生产产品 A，现在有甲、乙两种投资方案可供选择，其资料如下： 　　　　　　　　甲方案　　　　　　　　乙方案 期初投资支出　　4000 万元　　　　　6000 万元 使用寿命　　　　10 年　　　　　　　10 年 年产量　　　　　90 万件　　　　　　120 万件 单位售价　　　　15 元/件　　　　　　15 元/件 单位变动成本　　5 元/件　　　　　　 5 元/件 年固定成本　　　20 万元　　　　　　30 万元 期终残值　　　　10 万元　　　　　　15 万元 假定行业基准收益率为 10%，试计算分析： 哪个方案的财务内部收益率大				
过程记录					
评语				指导老师	

实训工作单二

班级		姓名		日期	
教学项目	独立方案的比选				
任务	财务净现值的计算	适用公式	$\text{FNPV} = \sum\limits_{t=0}^{n}(\text{CI}-\text{CO})_t(1+i_c)^{-t}$		
题目	某项目总投资 1000 万，建设期 1 年，经营期 5 年，其税后净现金流量分别为 150 万、300 万、400 万、400 万、200 万，求财务净现值(基准收益率按 8%计算)				
过程记录					
评语				指导老师	

第 5 章 建设项目的可行性研究.pdf

第 5 章　建设项目的可行性研究　05

【学习目标】

第 5 章 建设项目的可行性研究.avi

- 了解建设项目可行性研究的作用及主要内容
- 理解可行性研究的阶段划分及分析方法
- 了解可行性研究报告的编制
- 掌握建设项目市场调查与预测
- 理解可行性研究的必要性

【教学要求】

本章要点	掌握层次	相关知识点
可行性研究的概述	1. 理解可行性研究的含义与作用 2. 了解可行性研究的发展过程 3. 掌握可行性研究的主要内容	可行性研究基本概述
可行性研究的阶段划分及分析方法	1. 了解可行性研究的阶段划分 2. 熟悉可行性研究的步骤及原则 3. 掌握可行性研究的分析方法	可行性研究的阶段、方法
可行性研究报告的编制	1. 掌握可行性研究报告的编制步骤 2. 了解可行性研究报告的结构和内容 3. 了解可行性研究报告的深度要求 4. 了解可行性研究报告编制单位及人员资质要求	可行性研究报告编制
市场调查与预测	1. 知道市场调查与预测的方法 2. 掌握预测方法中的简单计算	市场调查与预测
工程建设项目可行性研究的必要性	了解工程建设项目可行性研究的必要性	项目可行性研究的必要性

chapter 05 工程经济

【项目案例导入】

某地准备建设一个综合图书馆，项目基本信息如下：

1. 项目名称：XX 市综合图书馆工程项目；
2. 建设地点：XX 市 XX 区 XX 路 43 号；
3. 项目建设规模及建设内容：项目用地面积 232m^2，新建图书馆大楼 1 栋，6 层框架结构，总建筑面积 1392m^2，馆藏图书数量达到 5.4 万本。配套建设道路工程、给排水工程、配电及动力照明、消防安全、通信和计算机、避雷系统、通风系统等工程；
4. 项目投资估算及资金筹措：项目总投资为 336 万元。其中：建筑工程投资 197 万元，占总投资的 58.63%；安装工程投资为 59 万元，占总投资的 17.56%；设备购置及安装费用为 25 万元，占总投资的 7.44%；工程建设其他费用为 36 万元，占总投资的 10.72%；预备费为 19 万元，占总投资的 5.65%。建设项目资金拟全部申请中央预算内专项资金办法解决，占总投资的 100%。

【项目问题导入】

一个工程项目的成功建设，可行小毛研究必不可少。请根据给出的工程项目情况，结合自己所在地区的情况，尝试对该项目进行可行性研究。

5.1 可行性研究的概述

5.1.1 可行性研究的发展过程

可行性研究起源于美国。在 20 世纪 30 年代，美国为开发田纳西河流域，在新建工程项目投资前景分析时，第一次使用了"可行性研究"一词，并推行这一方法，结果在投资项目决策中起到了很大的作用。

20 世纪 50 年代，当新的科学技术不断涌现时，企业生产的发展很大程度上取决于新技术的采用，但新技术能否成为工业生产现实可用的生产手段，则要作出分析。因此，当时的可行性研究集中于收集基础数据，同时平行地进行理论探索。

20 世纪 60 年代后，西方工业发达国家普遍采用可行性研究方法，在实践中不断充实和完善，加上现代科学技术、经济管理科学等学科的发展，可行性研究逐步形成了一套较为系统的科学研究方法，可行性研究发展为投资决策前的一个普遍工作阶段。同时，可行性研究的作用范围也逐渐得到扩展，渗透到了世界各国的各个领域：不仅被用于研究工程项目建设问题，而且在自然、社会、城市规划、公共设施、新产品开发等方面，以及重大的技术经济政策的论证中都得到广泛应用；不仅经济发达国家将可行性研究作为工程项目投资决策的手段，而且中东地区、亚洲等一些发展中国家也在开展。世界银行等国际金融组织则把可行性研究作为申请贷款的依据。

从 20 世纪 50 年代开始，我国主要沿用苏联的技术经济论证方法，对"一五"期间的重点项目建设采用了较为简单的静态技术经济分析方法,用以选择项目和编制项目设计任务书,这对当时的项目投资决策和前期管理工作起到了积极有益的作用,保证了项目建设质量,获得了良好的投资效果。

20 世纪 70 年代末,我国开始实行改革开放政策,从国外引进了可行性研究和项目的评价方法,加强了工程项目建设前期的项目评价与投资决策工作。

1980 年我国恢复了在世界银行的席位后,开始向世界银行借贷资金,1981 年我国设立了中国投资银行,作为专门办理世界银行中小型项目借贷的中间金融机构。在世界银行的帮助下,中国投资银行于 1982 年制定了《工业贷款项目评估手册》(以下简称《手册》),作为评估贷款项目的依据,这在我国是首次将费用效益分析方法系统地应用于项目评估工作中,该《手册》于 1985 年和 1989 年又进行了两次全面修订,通过近十年的项目评估实践证明,这套项目评估方法是行之有效的,适用于我国金融机构对贷款项目的评估。

为了制定一套适合我国国情的项目评价方法体系,1981 年国家科委下达了"工业建设项目可行性研究经济评价方法"的研究课题,1982 年国务院技术经济中心成立了可行性研究专题组,对经济评价的理论、方法论、指标体系进行了研究,并测算了一批国家参数。1983 年 5 月制定了《工业建设项目企业经济效益的评价方法》(1985 年公布出版)。1986 年国家计委决定组织"经济评价方法与国家参数"专题研究专家组,在充分吸收国内项目经济评价理论研究和实践成果的基础上,借鉴国外项目评价理论、方法论与实践成就,制定了《关于建设项目评价工作的暂行规定》《建设项目经济评价方法》《建设项目经济评价参数》和《中外合资经营项目经济评价方法》等四个文件,经过全国专家论证会审定后,于 1987 年 10 月正式颁布了《建设项目经济评价方法与参数》(简称《方法与参数》)等四个规定性文件,对经济评价的程序、方法、指标等做出了明确规定和具体说明,并第一次发布了各类经济评价的国家参数,在全国大中型基本建设项目和限额以上的技术改造项目中试行。

为及时指导投资项目的可行性研究工作,国家计委委托中国国际工程咨询公司组织编写了《投资项目可行性研究指南(试用版)》,并于 2002 年 1 月以计办投资[2002]15 号文下发并在全国推广应用。近年来,随着我国建筑市场不断完善,建设工程行业管理逐步与国际惯例接轨,建设项目投资体制改革也不断深化。为了加强固定资产投资宏观调控,引导和促进各类资源合理配置,优化投资结构,减少和规避投资风险,充分发挥投资效益,国家发改委和建设部对《关于建设项目经济评价工作的若干规定》《建设项目经济评价方法》和《建设项目经济评价参数》做了修改,并于 2006 年 7 月 3 日以发改投资[2006]1325 号文印发了第三版《建设项目经济评价方法与参数》,要求在投资项目的经济评价工作中使用。

5.1.2 可行性研究的含义与作用

1. 可行性研究的概念

可行性研究是一种包括机会研究、初步可行性研究和可行性研究三个阶段的系统投资决策分析研究方法,其目的是在项目投资决策前,对拟建项目的所有方面(包括工程技术、经济、财务、生产、销售、环境、法律等)进行全面的、

可行性研究
报告.avi

综合的调查研究，对备选方案从技术的先进性、生产的可行性、建设的可能性、经济的合理性等方面进行比较评价，从中选出最佳的方案。可行性研究是项目投资前期最重要的一项基础工作，它从市场需求预测开始，通过拟订多个方案进行比较论证，研究项目的建设规模、工艺技术方案、原材料及动力供应、设备选型、厂址选择、投资估算、资金筹措与偿还、生产成本等，对工程项目的建设方案进行详细规划，最后评价项目的盈利能力和经济上的合理性，给出项目可行或不可行的结论，从而回答项目是否要投资建设和如何投资建设的问题，为投资者的最终决策提供准确的科学依据。

建设工程寿命周期图 5-1.mp4

一个建设项目要经历建设前期、建设期及生产经营期三个时期，其寿命周期如图 5-1 所示。

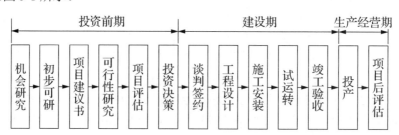

图 5-1　建设工程寿命周期

建设前期是确定工程项目经济效果的关键时期，是研究和控制的重点。如果在项目实施中才发现工程费用过高，投资不足或原材料不能保证等问题，将会给投资者造成巨大损失。因此，不论是发达国家还是发展中国家，都把可行性研究视为工程建设的首要环节。投资者为了排除盲目性，减少风险，在竞争中取得最大利润，宁肯在投资前花费一定的代价，也要进行投资项目的可行性研究，以提高投资获利的可靠程度。

2. 可行性研究的意义

可行性研究是项目决策的基础和依据，是科学地进行工程建设、提高经济效益的重要手段。其重要意义主要体现在：

（1）减少决策的盲目性。

现代工程项目的建设涉及面广，相关因素多，如市场问题突出，建设新项目的条件苛刻，技术因素复杂，资金筹措困难以及国家政策等方面的因素。如果投资主体不能就投资项目所涉及的各个主要方面进行深入调研、预测和定量估算而盲目投资，就有可能使项目出现一些遗留问题，造成新项目的畸形发展，甚至会出现达不到设计要求的情况。

（2）提高项目建设的速度和确保项目建设的质量。

可行性研究工作虽然要占用项目建设前期的时间，而且还要支付研究费用，但由于它所研究的工作内容是项目设计、施工时所需要的基础数据和资料，因而可以相应减少后期的工作，即缩短建设期的周期。可行性研究是投资前期所必需的阶段，是投资决策的依据。可行性研究之所以受到如此重视，是因为它是行之有效、合乎建设规律的一种科学分析论证方法，也是提高建设项目经济效益的首要环节。我国有关部门明确规定，凡是未经可行性研究或可行性研究深度不够的项目，设计任务书将不予批准，不得列入基建计划。

第5章 建设项目的可行性研究

3. 可行性研究的作用

可行性研究是投资前期工作的重要内容，它一方面充分研究建设条件，提出建设的可能性；另一方面进行经济分析评估，提出建设的合理性。它既是项目工作的起点，也是以后一系列工作的基础，其作用概括起来有以下几方面：

(1) 作为投资项目决策的依据。投资主体是否决定兴建该项目，主要依据可行性研究提出的研究结论；

(2) 作为投资项目设计的依据。项目设计要严格按照批准的可行性研究报告的内容进行，不得任意修改；

(3) 作为向银行贷款的依据。银行通过审查可行性研究报告，判断项目的盈利能力和偿还能力，决定是否贷款；

(4) 作为向当地土地、环保、消防等主管部门申请开工建设手续的依据；

(5) 作为项目实施的依据。项目被列入年度投资计划之后，项目实施计划、施工材料及设备采购计划都要参照可行性研究报告提出的方案进行；

(6) 作为项目评估的依据；

(7) 作为科学实验和设备制造的依据；

(8) 作为项目建成后，企业组织管理、机构设置、职工培训等工作的依据。

5.1.3 可行性研究的主要内容

1. 可行性研究的阶段

建设项目由于投资额度大、建设周期长、内外协作配套关系多，其可行性研究涉及的内容繁多、关系复杂，因此，需要一个较长时期的、由浅入深的、不断深化的工作过程，才能得出正确的研究结论。联合国工业发展组织(UNIDO)出版的《工业项目可行性研究手册》将可行性研究工作分为投资机会研究、初步可行性研究、详细可行性研究三个阶段。

1) 投资机会研究

投资机会研究，又称投资机会确定，其任务是提出建设项目投资方向的建议，即在一个确定的地区和部门内，根据自然资源、市场需求、国家产业政策和国际贸易情况，通过调查、预测和分析研究，选择建设项目，寻找投资的有利机会。

投资机会研究一般比较粗略，它主要是从投资的收益和赢利角度来研究投资的可能性，进行投资机会鉴别，提出备选项目，以引起投资者的投资兴趣和愿望。对于大中型项目，投资机会研究所用的时间一般为1～2个月，而小型项目或不太复杂的项目一般在两个星期内完成。投资机会研究所需费用约占投资的0.1%～1%。对投资额与初步效益分析的精确度要求为±30%左右。这一阶段的研究结论如为可行，则进入下一阶段的研究，否则，研究终止。

2) 初步可行性研究

初步可行性研究,也称预可行性研究,是正式的详细可行性研究前的预备性研究阶段。经过投资机会研究认为可行的建设项目,表明该项目值得继续研究,但又不能肯定是否值得进行详细可行性研究时,就要先进行初步可行性研究,以进一步判断这个项目是否具有较高的经济效益。经过初步可行性研究,认为该项目具有一定的可行性,便可转入详细可行性研究阶段,否则,应终止该项目的前期研究工作。

初步可行性研究.mp4

初步可行性研究作为项目投资机会研究与详细可行性研究的中间或过渡研究阶段,其目的体现在以下三个方面:

(1) 确定项目是否值得进行详细可行性研究。

分析投资机会研究的结论,并在较详细的基础上做出初步投资评价,进一步确定项目的市场需求、投资规模、原材料来源、工艺技术、厂址、组织机构和建设进度等情况,进行经济效益评价,判断项目的可行性。如果经过初步可行性研究,表明该项目具有较好的可行性,但某些资料还不充足,某些数据还不够精确,则可以确定该项目需要进行详细可行性研究,否则,经过初步可行性研究发现项目不可行,就不再需要进行详细可行性研究。

(2) 确定哪些是关键性问题,并需要进行辅助性专题研究。

经过初步可行性研究,分析出哪些资料和数据还不够充分,哪些关键性问题还需要进行辅助性专题研究。例如,市场需求预测和竞争能力研究,原材料、辅助材料和燃料动力等供应和价格预测研究、中间工厂试验、厂址选择、合理经济规模以及主要设备选型等研究。在广泛的方案分析比较论证后,对各类技术方案进行筛选,选择最佳效益方案,排除一些不利方案,缩小下一阶段的工作范围和工作量,避免不必要的时间、精力和费用耗费。

(3) 判断项目设想是否有生命力,能否获得较大的利润。

初步可行性研究是介于投资机会研究和详细可行性研究之间的中间阶段,其研究内容和结构与详细可行性研究基本相同,主要区别是所获资料的详尽程度不同、研究的深度不同。对项目投资和生产成本的估算精度一般要求控制在±20%左右,研究所需时间大致为 4~6 个月,所需费用约占投资总额的 0.25%~1.25%。

3) 详细可行性研究

详细可行性研究又称为最终可行性研究,通常简称为可行性研究,它是项目前期研究的关键环节,是项目投资决策的基础。可行性研究为项目决策提供技术、经济、商业方面的评价依据,为项目的具体实施(建设和生产)提供科学依据。因此,该阶段是进行详细深入的技术经济分析论证阶段。 这一阶段的主要目标是:

详细可行性研究.mp4

(1) 提出项目建设方案;
(2) 效益分析和最佳方案的选择;
(3) 依据标准,对拟建项目提出结论性意见。可行性研究的结论,可以是推荐一个最佳的建设方案,也可以提出一个以上可供选择的方案,说明各自利弊和可能采取的措施,也可以提出项目"不可行"的结论。

可行性研究的内容比较详尽,所花费的时间和精力都比较大。这一阶段中投资额和成本都要根据该项目的实际情况进行认真调查、预测和详细计算,其计算精度应控制在±10%

以内，大型项目可行性研究工作所花费的时间为 8~12 个月，所需费用占总投资额的 0.2%~1%，中小型项目可行性研究工作所花费的时间为 4~6 个月，所需费用占总投资额的 1%~3%。

2. 可行性研究的内容

工程项目的重要特点之一是它的单件性，因而，每个工程项目应根据自身的技术经济特点确定可行性研究的工作要点以及相应可行性研究的内容。根据《投资项目可行性研究指南》编写组编写的《投资项目可行性研究指南》(试用版)有关规定，可行性研究的内容主要有：

1) 项目兴建理由与目标

项目兴建理由与目标的研究是根据已确定的初步可行性研究报告(或者项目建议书)，从总体上进一步论证项目提出的依据、背景、理由和预期目标，即进行项目建设必要性分析；与此同时，分析论证项目建设和生产运营必备的基本条件及其获得的可能性，即进行项目建设可能性分析。对于确实必要又有可能建设的项目，继续进行可行性研究，开展技术、工程、经济、环境等方案的论证、比选和优化工作。主要研究项目兴建理由、项目预期目标、项目建设基本条件。

2) 市场预测

市场预测是对项目的产出品和所需的主要投入品的市场容量、价格、竞争力以及市场风险进行分析预测。市场预测的结果为确定项目建设规模与产品方案提供依据。

3) 资源条件评价

矿产资源、水利水能资源和森林资源等资源开发项目的物质基础，直接关系到项目开发方案和建设规模的确定。资源开发项目包括：金属矿、煤矿、石油天然气矿、建材矿、化学矿、水利水电和森林采伐等项目。在可行性研究阶段，应对资源开发利用的可能性、合理性和资源的可靠性进行研究和评价，为确定项目的开发方案和建设规模提供依据。

4) 建设规模与产品方案

建设规模与产品方案研究是在市场预测和资源评价(指资源开发项目)的基础上，论证比选拟建项目规模和产品方案(包括主要产品和辅助产品及其组合)，作为确定项目技术方案、设备方案、工程方案、原材料燃料供应方案及投资估算的依据。

5) 场址选择

可行性研究阶段的场址选择是在初步可行性研究(或者项目建议书)规划选址已确定的建设地区和地点范围内，进行具体坐落位置选择，习惯上称为工程选址。

6) 技术、设备与工程方案

项目的建设规模与产品方案确定后，应进行技术方案、设备方案和工程方案的具体研究论证工作。技术、设备与工程方案构成项目的主体，体现项目的技术和工艺水平，也是决定项目是否经济合理的重要基础。

7) 原材料、燃料供应

在研究确定项目建设规模、产品方案、技术方案和设备方案的同时，还应对项目所需的原材料、辅助材料和燃料的品种、规格、成分、数量、价格、来源及供应方式，进行研究论证，以确保项目建成后正常生产运营，并为计算生产运营成本提供依据。

8) 总图运输与公用、辅助工程

总图运输与公用、辅助工程是在已选定的场址范围内，研究生产系统、公用工程、辅助工程及运输设施的平面和竖向布置以及工程方案。

9) 环境影响评价

建设项目一般会引起项目所在地自然环境、社会环境和生态环境的变化，对环境状况、环境质量产生不同程度的影响。环境影响评价是在研究确定场址方案和技术方案中，调查研究环境条件，识别和分析拟建项目影响环境的因素，研究提出治理和保护环境的措施，比选和优化环境保护方案。

10) 劳动安全卫生与消防

拟建项目劳动安全卫生与消防的研究是在已确定的技术方案和工程方案的基础上，分析论证在建设和生产过程中存在的对劳动者和财产可能产生的不安全因素(如工伤和职业病、火灾隐患)，并提出相应的防范措施。

11) 组织机构与人力资源配置

合理、科学地确定项目组织机构和配置人力资源是保证项目建设和生产运营顺利进行、提高劳动效率的重要条件。在可行性研究阶段，应对项目的组织机构设置、人力资源配置、员工培训等内容进行研究，比选和优化方案。

12) 项目实施进度

项目工程建设方案确定后，应研究提出项目的建设工期和实施进度方案，科学组织建设过程中各阶段的工作，按工程进度安排建设资金，保证项目按期建成投产，发挥投资效益。

13) 投资估算

投资估算是在对项目的建设规模、技术方案、设备方案、工程方案及项目实施进度等进行研究并基本确定的基础上，估算项目投入总资金(包括建设投资和流动资金)并测算建设期内分年资金需求量。投资估算作为制定融资方案、进行经济评价以及编制初步设计概算的依据。

14) 融资方案

融资方案是在投资估算的基础上，研究拟建项目的资金渠道、融资形式、融资结构、融资成本、融资风险，比选推荐项目的融资方案，并以此研究资金筹措方案和进行财务评价。

15) 财务评价

财务评价是在国家现行财税制度和市场价格体系下，分析预测项目的财务效益与费用，计算财务评价指标，考察拟建项目的盈利能力、偿债能力，据以判断项目的财务可行性。

16) 国民经济评价

国民经济评价是按合理配置资源的原则，采用影子价格等国民经济评价参数，从国民经济的角度考察投资项目所耗费的社会资源和对社会的贡献，评价投资项目的经济合理性。

17) 社会评价

社会评价是分析拟建项目对当地社会的影响和当地社会条件对项目的适应性和可接受程度，评价项目的社会可行性。

18) 风险分析

投资项目风险分析是在市场预测、技术方案、工程方案、融资方案和社会评价中已进行的初步风险分析的基础上，进一步综合分析识别拟建项目在建设和运营中潜在的主要风险因素，揭示风险来源，判别风险程度，提出规避风险对策，降低风险损失。

19) 研究结论与建议

在前述各项研究论证的基础上，归纳总结，择优提出推荐方案，并对推荐方案进行总体论证。在肯定拟推荐方案优点的同时，还应指出可能存在的问题和可能遇到的主要风险，并作出项目和方案是否可行的明确结论，为决策者提供明确的建议。

5.2 可行性研究的阶段划分及分析方法

5.2.1 可行性研究的阶段划分

可行性研究可分为三个阶段：机会研究阶段、初步可行性研究阶段、详细可行性研究阶段。

可行性研究的阶段划分 .mp4

1. 机会研究阶段

1) 机会研究的概念

机会研究是可行性研究的初始阶段，是项目投资方或承办方通过研究大量信息，并经过分析确定出发展机会，最终形成明确的项目意向(或项目机会)的过程。

2) 机会研究的内容

(1) 地区研究；

(2) 行业研究；

(3) 资源研究。

2. 初步可行性研究阶段

1) 初步可行性研究的概念

初步可行性研究是介于机会研究和详细可行性研究之间的一个中间阶段，是在项目意向确定之后，对项目的初步估计和分析。研究的目的主要在于判断机会研究提出的投资方向是否正确。

2) 初步可行性研究的内容

(1) 机会研究得出的结论是否有发展前景；

(2) 项目发展在经济上是否合理；

(3) 项目发展有无必要；

(4) 项目需要多少人、财、物资源；

(5) 项目完成需要多长时间；

(6) 项目进度与时间应如何安排；

(7) 投资成本与收益估算等。

3. 详细可行性研究阶段

1) 详细可行性研究的概念

详细可行性研究是在项目决策前对项目有关的工程、技术、经济、社会影响等各方面条件和情况进行全面调查和统计分析，为项目建设提供技术、生产、经济、商业等各方面的依据并进行详细的比较论证，最后对项目成功后的经济效益和社会效益进行预测和评价的过程。

2) 详细可行性研究的内容

详细可行性研究的目的主要是解决四个问题：一是项目建设的必要性；二是项目建设的可行性；三是项目实施所需要的条件；四是进行财务和经济评价，解决项目建设的合理性。为解决上述问题，详细可行性研究主要研究的内容为：

(1) 市场研究与需求分析；
(2) 新产品方案与规模要求；
(3) 生产条件和原料需求；
(4) 工艺技术方案与安全分析；
(5) 经济合理性分析；
(6) 项目可操作性分析；
(7) 项目实施风险分析；
(8) 资源需求状况分析；
(9) 经济效益和社会效益分析。

5.2.2 可行性研究的步骤及原则

1. 可行性研究的步骤

国际上典型的可行性研究工作程序分为 6 个步骤：

(1) 开始阶段；
(2) 调查研究阶段；
(3) 优化与选择阶段；
(4) 详细研究阶段；
(5) 编制可行性研究报告；
(6) 编制资金筹措计划。

2. 可行性研究的原则

承担可行性研究的单位或部门在可行性研究中应遵循如下的原则：

(1) 科学性原则。

要求按客观规律办事，这是可行性研究工作必须遵循的基本原则。因此，可行性研究必须做到：用科学的方法和认真负责的态度来收集、分析和鉴别原始的数据资料，以确保数据、资料的真实性和可靠性。要求每一项技术与经济指标都有科学依据，是经过认真分析计算出的。可行性研究报告的结论不能掺杂任何主观成分。

(2) 客观性原则。
(3) 公正性原则。

5.2.3 可行性研究的分析方法

1. 价值分析方法

价值分析主要从资金的角度来分析项目的可行性，主要解决"项目能不能盈利"的问题。一个项目合理与否的标准就在于：是否能以较少的投入取得较大的经济回报。价值分析就是从企业角度分析项目是否可行。价值分析的具体方法有以下几种：

1) 静态分析法

主要用于投资额小、规模小、计算期短的项目或方案，也用于技术经济数据不完备和不精确的项目初选阶段。此外，在大型项目的初步分析或方案筛选时也常使用。其主要优点是计算简单，使用方便，直观明了；缺点是没有考虑资金的时间价值，分析比较粗糙，与实际情况相比会产生一定的误差。

(1) 投资回收期。

投资回收期是指以项目的净收益来抵偿总投资所需要的时间，一般情况下越短越好。投资回收期因项目的类型、投资规模及建设周期的不同而不同。在同类项目中，投资回收期越短，该项目资金周转越快，资金利用率越高，相应的风险也就越小。在项目周期不同的情况下，使用投资回收期不一定是好的选择。

投资回收期.mp4

(2) 投资收益率。

投资收益率是指项目达到设计生产能力后的一个正常生产年份内的年净收益额与项目投资总额的比值。一般仅用于技术经济数据不完整的初步研究阶段。

(3) 借款偿还期。

借款偿还期是指按照国家的财政规定及项目的具体财务条件，在项目投产后可以用作还款的利润、折旧及其他收益额偿还固定资产投资本金和利息所需要的时间。它反映了项目本身的清偿能力，借款清偿期越短，说明项目偿还借款的能力越强。

借款偿还期.mp4

2) 动态分析法

动态分析法不仅考虑了资金的时间价值，还考虑了项目发展的可能变化，比静态分析法更全面、科学。常用的动态分析法有：

(1) 动态投资回收期法。

动态投资回收期是在考虑资金时间价值的条件下，按设定的基准收益率收回投资所需要的时间。它克服了静态投资回收期未考虑时间因素的缺点，但是没有考虑回收期后的经济效果，因此不能全面反映项目在寿命周期内的真实效益，通常只用于辅助性分析与评价。

(2) 净现值法。

净现值是反映项目在建设期和生产服务年限内获利能力的综合性动态评价指标。净现值指标有财务净现值、经济净现值和外汇净现值，分别适用于项目的财务评价、国民经济评价及涉外经济评价。三类指标的计算方法是相同的。

(3) 内部收益率法。

内部收益率法是利用净现值理论，寻求项目在整个计算分析期内的实际收益率的一种技术经济方法。它是反映项目获利能力的一种最常用的综合性的动态评价指标。内部收益率是指项目在计算期内各年净现值流量的现值累计(净现值)等于零时的折现率。

内部收益率法.mp4

(4) 获利能力指数法。

获利能力指数是经营净现金流现值与初始投资之比，表明项目单位投资的获利能力，便于投资额不等的多个项目之间的比较和排序。

2. 决策分析方法

决策就是作决定，是人们为了实现特定的目标，运用科学的理论与方法，通过对各种主客观条件的系统分析，提出各种预选方案，并从中选择最佳方案的过程。

3. 风险分析方法

风险是由不确定性引起的可能带来损失的可能性。项目风险分析主要解决"项目如果要做，可能的分析是什么"的问题。风险分析的方法主要有：盈亏平衡分析法、敏感性分析法、概率分析法、蒙特卡罗分析法和模拟分析法等。

5.3　可行性研究报告的编制

可行性研究报告(以下简称报告)是投资项目可行性研究工作成果的体现，是投资者进行项目最终决策的重要依据。为保证报告的质量，应切实做好编制前的准备工作，充分研究信息资料，进行科学分析比选论证，做到编制依据可靠、结构内容完整、报告文本格式规范、附图附表附件齐全，报告表述形式尽可能数字化、图表化，报告深度能满足投资决策和编制项目初步设计的需要。

5.3.1　可行性研究报告的编制步骤

可行性研究报告编制单位与委托单位，应就项目可行性研究工作的范围、重点、深度要求、完成时间、经费预算和质量要求交换意见，并签订委托协议，据此开展可行性研究各阶段的工作。

可行性研究报告的编制步骤.mp4

1. 组建工作小组

根据委托项目可行性研究的范围、内容、技术难度、工作量、时间要求等组建项目可行性研究工作小组。一般工业项目和交通运输项目可分为市场组、工艺技术组、设备组、工程组、总图运输及公用工程组、环保组、技术经济组等专业组。为使各专业组协调工作，保证报告总体质量，一般应由总工程师、总经济师负责统筹协调。

2. 制订工作计划

内容包括研究工作的范围、重点、深度、进度安排、人员配置、费用预算及报告编制大纲，并与委托单位交换意见。

3. 调查研究收集资料

各专业组根据报告编制大纲进行实地调查、收集整理有关资料，包括向市场和社会调查，向行业主管部门调查，向项目所在地区调查，向项目涉及的有关企业、单位调查，收集项目建设、生产运营等方面所必需的信息资料和数据。

4. 方案编制与优化

在调查研究、搜集资料的基础上，对项目的建设规模与产品方案、场址方案、技术方案、设备方案、工程方案、原材料供应方案、总图布置与运输方案、公用工程和辅助工程方案、组织机构设置方案、实施进度方案以及项目投资与资金筹措方案等，研究编制备选方案。进行方案论证比选优化后，提出推荐方案。

5. 项目评价

对推荐方案进行环境评价、财务评价、国民经济评价、社会评价及风险分析，以判别项目的环境可行性、经济可行性、社会可行性和抗风险能力。当有关评价指标结论不足以支持项目方案成立时，应对原设计方案进行调整或重新设计。

6. 编写报告

项目可行性研究各专业方案，经过技术经济论证和优化之后，由各专业组分工编写。经项目负责人衔接协调综合汇总，提出报告初稿。

7. 与委托单位交换意见

报告初稿形成后，与委托单位交换意见，修改完善，形成正式报告。

5.3.2 信息资料采集与应用

编制可行性研究报告应有大量的、准确的、可用的信息资料作为支持。一般工业项目在可行性研究工作中，应逐步收集积累整理分析：市场分析资料、自然资源条件资料、原材料燃料供应资料、工艺技术资料、场(厂)址条件资料、环境条件资料、财政税收资料、金融贸易资料等方面的信息资料，并用科学方法对现有资料进行整理加工。信息资料收集与应用一般应达到如下要求：

(1) 充足性要求。

现有信息资料的广度和数量，应能满足各方案设计比选论证的需要。

(2) 可靠性要求。

对现有的信息资料的来源和真伪进行辨识，以保证可行性研究报告准确可靠。

(3) 时效性要求。

应对现有的信息资料发布的时间、时段进行辨识，以保证可行性研究报告特别是有关预测结论的时效性。

5.3.3 可行性研究报告结构和内容

项目可行性研究报告,一般应按以下结构和内容编写:
1) 总论
主要包括:
(1) 项目提出的背景;
(2) 项目概况;
(3) 问题与建议。
2) 市场预测
主要包括:
(1) 市场预测内容;
(2) 市场现状调查;
(3) 产品供需预测;
(4) 价格预测;
(5) 竞争力分析;
(6) 市场风险分析;
(7) 市场调查与预测方法。
3) 资源条件评价
主要包括:
(1) 资源可利用量;
(2) 资源品质情况;
(3) 资源赋存条件;
(4) 资源开发价值。
4) 建设规模与产品方案
主要包括:
(1) 建设规模与产品方案构成;
(2) 建设规模与产品方案比选;
(3) 推荐的建设规模与产品方案;
(4) 技术改造项目与原有设施利用情况。
5) 场址选择
主要包括:
(1) 场址现状;
(2) 场址方案比选;
(3) 推荐的场址方案;
(4) 技术改造项目现有场址的利用情况。
6) 技术方案、设备方案和工程方案

主要包括：

(1) 技术方案选择；

(2) 主要设备方案选择；

(3) 工程方案选择；

(4) 技术改造项目改造前后的比较。

7) 原材料、燃料供应

主要包括：

(1) 主要原材料供应方案；

(2) 燃料供应方案。

8) 总图运输与公用辅助工程

主要包括：

(1) 总图布置方案；

(2) 场内外运输方案；

(3) 公用工程与辅助工程方案；

(4) 技术改造项目现有公用辅助设施利用情况。

9) 节能措施

主要包括：

(1) 节能措施；

(2) 能耗指标分析。

10) 节水措施

主要包括：

(1) 节水措施；

(2) 水耗指标分析。

11) 环境影响评价

主要包括：

(1) 环境条件调查；

(2) 影响环境因素分析；

(3) 环境保护措施。

12) 劳动安全、卫生与消防

主要包括：

(1) 危险因素和危害程度分析；

(2) 安全防范措施；

(3) 卫生保健措施；

(4) 消防设施。

13) 组织机构与人力资源配置

主要包括：

(1) 组织机构设置及其适应性分析；

(2) 人力资源配置；

(3) 员工培训。

14) 项目实施进度

主要包括：

(1) 建设工期；

(2) 实施进度安排；

(3) 技术改造项目建设与生产的衔接。

15) 投资估算

主要包括：

(1) 建设投资估算；

(2) 流动资金估算；

(3) 投资估算表。

16) 融资方案

主要包括：

(1) 融资组织形式；

(2) 资本金筹措；

(3) 债务资金筹措；

(4) 融资方案分析。

17) 财务评价

主要包括：

(1) 财务评价基础数据与参数选取；

(2) 销售收入与成本费用估算；

(3) 财务评价报表；

(4) 盈利能力分析；

(5) 偿债能力分析；

(6) 不确定性分析；

(7) 财务评价结论。

18) 国民经济评价

主要包括：

(1) 影子价格及评价参数选取；

(2) 效益费用范围与数值调整；

(3) 国民经济评价报表；

(4) 国民经济评价指标；

(5) 国民经济评价结论。

19) 社会评价

(1) 项目对社会影响分析；

(2) 项目与所在地互适性分析；

(3) 社会风险分析；

(4) 社会评价结论。

20) 风险分析

(1) 项目主要风险识别；

第 5 章 建设项目的可行性研究

(2) 风险评估方法
(3) 风险程度分析；
(4) 风险防范对策。
21) 研究结论与建议
(1) 推荐方案总体描述；
(2) 推荐方案优缺点描述；
(3) 主要对比方案；
(4) 结论与建议。

5.3.4 可行性研究报告深度要求

可行性研究报告深度要求如下：
(1) 报告能充分反映项目可行性研究工作的成果，内容齐全，结论明确，数据准确，论据充分，满足决策者对方案和项目的要求；
(2) 报告选用主要设备的规格、参数应能满足预订货的要求。引进技术设备的资料应能满足合同谈判的要求；
(3) 报告中的重大技术、经济方案，应有两个以上方案的比选；
(4) 报告中确定的主要工程技术数据，应能满足项目初步设计的要求；
(5) 报告提供的融资方案，应能满足银行等金融部门信贷决策的需要；
(6) 报告中应反映在可行性研究过程中出现的某些方案的重大分歧及未被采纳的理由，供委托单位与投资者权衡利弊进行决策；
(7) 报告应附有评估、决策(审批)所必需的合同、协议、意向书、政府批件等。

5.3.5 可行性研究报告编制单位及人员资质要求

可行性研究报告的质量取决于编制单位的资质和编写人员的素质。承担可行性研究报告的编写单位和人员，应符合下列要求：
(1) 报告编制单位应具有经国家有关部门审批登记的资质等级证明；
(2) 编制单位应具有承担编制可行性研究报告的能力和经验；
(3) 可行性研究报告编写人员应具有所从事专业的中级以上专业职称，并具有相关的知识、技能和工作经历；
(4) 报告编制单位及人员，应坚持独立、公正、科学、可靠的原则，实事求是，对提供的可行性研究报告质量负完全责任。

5.3.6 可行性研究报告文本格式

1. 报告文本排序

(1) 封面。项目名称、研究阶段、编制单位、出版年月，并加盖编制单位印章；

(2) 封一。编制单位资格证书，如工程咨询资质证书、工程设计证书；
(3) 封二。编制单位的项目负责人、技术管理负责人、法人代表名单；
(4) 封三。编制人、校核人、审核人、审定人名单；
(5) 目录；
(6) 正文；
(7) 附图、附表、附件。

2. 报告文本

报告文本的外形尺寸统一为A4。

5.4 市场调查与预测

5.4.1 市场调查

建设项目的规划、兴建、竣工投产和发展，是一系列重要的生产经营活动，它与人们乃至整个社会的需求密切相关。在评价一个项目是否建设时，首先要把握其产品和市场的需求环节，并据此来判断项目建设的必要程度。

1. 项目市场需求分析的含义

市场的概念有狭义和广义之分。狭义的市场是指有形市场，即商品交换的场所。广义的市场是指商品和劳务在从生产领域到消费领域的转换过程中，发生的一切交换行为和职能的总和。

2. 市场调查内容

(1) 市场需求调查；
(2) 市场供应调查；
(3) 消费者调查；
(4) 竞争者调查。

3. 市场调查的程序

1) 准备阶段

准备阶段是调查工作的开端，要研究确定调查的目的和要求、调查的范围和规模、调查力量的组织等问题，并制订调查工作计划。

2) 调查阶段

实施调查计划、落实调查方案是市场调查的最重要环节。

(1) 收集文案资料。文案资料是市场调查的基础资料，也是市场调查工作的基础；
(2) 收集一手资料。收集方法可以用实地调查法、问卷调查法以及实验调查法等。

3) 分析总结阶段

(1) 分析整理；
(2) 综合分析。资料的综合分析是市场调查的核心；

(3) 编写调查报告。调查报告是市场调查成果的最终体现。

4. 市场调查的方法

1) 间接搜集信息法

间接搜集信息法是指调研人员通过各种媒体，对现成信息资料进行搜集、分析、研究和利用的活动。间接搜集信息法一般包括查找、索讨、购买、交换、接收等具体的手段。间接搜集信息法的优点是获取资料速度快、费用少，并能举一反三；缺点是针对性差；深度不够，准确性不高，需要采用适当的方法进行二次处理和验证。

(1) 间接搜集信息法应遵循的原则。

① 先易后难；

② 由远及近；

③ 先内部后外部。

(2) 间接搜集信息法的作用。

① 为直接搜集信息提供指导；

② 对直接调查法起弥补修正作用；

③ 鉴定、证明直接调查法所获资料的可信度。

2) 直接访问法

直接访问法就是将拟调查的事项，以面谈、电话或书面形式向被调查者提问，以获得所需资料信息的调查方法。直接访问法按具体访问方式的不同分为：

(1) 面谈调查。

含义：面谈调查包括将专家请进来的座谈会调查和调查人员走出去的个人访谈。

优点：当面听取被调查者的意见，可以全方位观察其本身的状况和对问题的反应；信息回访率高；谈话可逐步深入，获得意想不到的信息。

缺点：调查成本高，调查结果受专家水平及调查人员本身素质影响较大。

(2) 电话调查。

含义：由调查人员根据抽样规定范围，通过电话询问对方意见。

优点：可在短时间内调查较多样本，成本较低。

缺点：不易获得对方的合作，不能询问较为复杂的问题。

(3) 问卷调查。

含义：通过设计调查问卷将调查意图清晰展现给被调查者的调查方式，是一种应用较广泛的直接调查方式。

优点：调查成本低；能在短时间内使调查者了解调查意图；节省被调查者思考的时间；加强了调查工作的计划性和条理性。

缺点：有时回收率低；有时被调查人员不配合，影响调查人员的工作情绪。

3) 直接观察法

直接观察法的特点是，被调查者并未察觉时，调查工作已完成。因为这种调查方法是调查人员在调查现场从旁观察其行动的一种调查方法。

5.4.2 市场预测

1. 市场预测

市场预测是概念对未来事物的推测，是通过科学分析根据已知事件去推测未知事件，是项目投资决策的基础。市场预测中最为关键的是产品需求预测。

市场预测.mp4

市场预测要解决的主要问题：
(1) 投资项目的方向；
(2) 投资项目的产品方案；
(3) 投资项目的生产规模。

2. 市场预测内容

市场预测是市场调查内容在时间上的延伸。内容有：
1) 市场需求预测
(1) 国内市场的需求预测主要是预测需求量和销售量；
(2) 需求量：未来市场上有支付能力的需求总量；
(3) 销售量：拟建项目的产品在未来市场上的销售量。
2) 产品出口和进口替代分析

对比的内容包括：生产效率、成本、产品价格、产品设计、质量、花色、包装以及服务等。

3) 价格预测

市场经济下产品价格一般以均衡价格为基础，供求关系是价格形成的主要影响因素。

3. 市场预测方法

市场预测方法如图 5-2 所示。

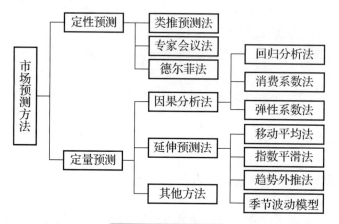

图 5-2 市场预测方法

1) 德尔菲法

德尔菲法是在专家个人判断法和专家会议法基础上发展起来的一种专家调查方法，它

第 5 章　建设项目的可行性研究

以不记名方式多轮征询专家意见，最终得出预测结果的一种集体经验判断法。德尔菲法主要特点是匿名性、反馈性和收敛性。德尔菲法简便易行，用途广泛。对某些长期的、复杂的社会、经济、技术问题以及某些无先例事件和突发事件的预测等，数学模型往往无能为力，此时只能使用德尔菲法这类专家预测方法。

2) 移动平均法

移动平均法是用分段逐点推移的平均方法对时间序列数据进行处理，找出预测对象的历史变动规律，据此建立预测模型的一种时间序列预测方法。

(1) 一次移动平均值的计算。

设实际的预测对象时间序列数据为：$y_t(t=1, 2, \cdots, m)$

一次移动平均值的计算公式为：

$$M_{t-1}^{[1]} = \frac{1}{n}(y_{t-1} + y_{t-2} + \cdots + y_{t-n}) \tag{5-1}$$

$$\begin{aligned} M_t^{[1]} &= \frac{1}{n}(y_t + y_{t-1} + \cdots + y_{t-n+1}) \\ &= M_{t-1}^{[1]} + \frac{1}{n}(y_t - y_{t-n}) \end{aligned} \tag{5-2}$$

式中：$M_t^{[1]}$ 为第 t 周期的一次移动平均值；

n——计算移动平均值所取的数据个数。

采取移动平均法作预测，关键在于选取用来平均数的时期数 n。

n 小：表明对近期观测值在预测中的作用越为重视，预测值对数据变化的反应速度也越快，但预测的修匀程度较低。

n 大(通常 $3<n<20$)：预测值的修匀程度越高，但对数据变化的反应程度较慢。

移动平均法优点：简单易行，容易掌握；缺点：值的选取没有统一的规则。

【案例 5-1】 某纺织品公司近年棉布销售量如表 5-1 所示，请用一次移动平均法预测 1999 年的棉布销售量。

表 5-1　棉布近年销售量　　　　　　　　　　　　　　(单位：万米)

年份	销售量 X_i	一次移动平均数 $M_t^{[1]}$
1992	984	
1993	1022	
1994	1040	
1995	1020	1015
1996	1032	1027
1997	1015	1031
1998	1010	1022
1999		1019

从表 5-1 中可以看出，这是一个水平型变动的时间序列，除了 1992 年不足 1000 万米外，其余年份均在 1020 万米左右变动。我们用一次移动平均法预测，选择移动期数为 3 进行预测。

$$\hat{x}_{i+1} = M_t^{[1]} = \frac{x_i + x_{i-1} + \cdots + x_{i-n}}{n}$$

$$\hat{x}_{1999} = M_{1998}^{[1]} = \frac{x_{1998} + x_{1997} + x_{1996}}{3} = \frac{1010 + 1015 + 1032}{3} = 1019(万米) \tag{5-3}$$

该纺织品公司 1999 年棉布销售量预测值为 1019 万米。

(2) 二次移动平均值的计算。

二次移动平均值要在一次移动平均值序列的基础上进行，计算公式为：

$$M_t^{[2]} = \frac{1}{n}(M_t^{[1]} + M_{t-1}^{[1]} + \cdots + M_{t-n+1}^{[1]})$$

$$= M_{t-1}^{[2]} + \frac{1}{n}(M_t^{[1]} - M_{t-n}^{[1]}) \tag{5-4}$$

式中：$M_t^{[2]}$——第 t 周期的二次移动平均值。

(3) 利用移动平均法序列预测。

$$\hat{y}_{t+T} = a_t + b_t \cdot t \tag{5-5}$$

$$a_t = 2M_t^{[1]} - M_t^{[2]} \tag{5-6}$$

$$b_t = \frac{2}{n-1}(M_t^{[1]} - M_t^{[2]}) \tag{5-7}$$

3) 回归分析法

回归分析法是根据预测变量(因变量)与相关因素(自变量)之间存在的因果关系，借助数理统计中的回归分析原理，确定因果关系，建立回归模型并进行预测的一种定量预测方法。

回归分析分为一元回归模型和多元回归模型，下面简单介绍一元线性回归模型预测的过程。

(1) 建立一元线性回归方程。

一元线性回归方程如下：

$$y = a + bx$$

式中：y——因变量，即拟进行预测的变量；

x——自变量，即引起因变量 y 变化的变量；

a、b——回归系数，即表示 x 与 y 之间关系的系数。

(2) 用最小二乘法拟合回归曲线。

利用普通最小二乘法对回归系数 a、b 进行估计，即：

$$b = \frac{n\sum xy - \sum x \sum y}{n\sum x^2 - (\sum x)^2} \tag{5-8}$$

$$a = \frac{1}{n}(\sum y - b\sum x) \tag{5-9}$$

式中：n——样本数目，一般最好大于 20。

(3) 计算相关系数 r，进行相关检验。

$$r = \frac{n\sum xy - \sum x \sum y}{\sqrt{\left[n\sum x^2 - (\sum x)^2\right] \cdot \left[n\sum y^2 - (\sum y)^2\right]}} \tag{5-10}$$

(4) 由于回归方程中自变量 x 与因变量 y 之间的关系并不是确定的，对于任意的 x_0，我们无法确切地知道相应的 y_0，只能通过求置信区间判定在给定概率下 y_0 的实际取值范围。当置信度为 95%时，y_0 的置信区间近似为 $\hat{y}_0 \pm 2\hat{\sigma}$，这意味着 y_0 的实际值发生在($\hat{y}_0 - 2\hat{\sigma}$，$\hat{y}_0 + 2\hat{\sigma}$)区间的概率为 95%。当置信度为 99%时，$\hat{y}_0$ 的置信区间近似为 $\hat{y}_0 \pm 3\hat{\sigma}$。$\hat{y}_0$ 是与 x_0 相对应的根据回归方程计算的 y_0 的估算值，$\hat{\sigma}$ 为标准差的估计值，$\hat{\sigma}$ 的计算式为：

$$\hat{\sigma} = \sqrt{\frac{\sum(y_i - \hat{y}_i)^2}{n-2}} \tag{5-11}$$

5.5 工程建设项目可行性研究的必要性

随着我国工程建设的快速发展，工程建设行业的从业人员日益认识到一个工程建设项目的管理不仅是施工阶段的工程管理，还是全过程的管理。项目前期的可行性研究即项目决策正确与否，直接关系到项目建设的成败、工程造价的高低、投资效果的好坏，关系到项目的使用功能能否最大程度发挥。因此，工程建设项目可行性研究就显得尤为重要。

工程建设项目
可行性研究的
必要性.mp4

1. 可行性研究是投资决策的依据

工程项目的可行性研究是确定项目是否进行投资决策的依据。投资体制的改革打破了由一个业主建设单位无偿使用的局面，把由政府财政统一分配投资变成由国家、地方、企业和个人的多元投资。由此，可行性研究也就成为投资业主和国家审批机关提供评价结果的主要依据以及确定对此项目是否进行投资和如何进行投资的决策性文件。目前很多国家和地区已开始依据可行性研究结论预测和判断一个项目技术可行性、产品销路、竞争能力、获益能力再做出是否投资的决策。

2. 可行性研究是建设项目融资的重要依据

批准的可行性研究是项目建设单位筹措资金特别是向银行申请贷款或向国家申请补助资金的重要依据，也是其他投资者的投资理由根据。一方面，凡是应向银行贷款或申请国家补助资金的项目，必须向有关部门报送项目的可行性研究。银行或国家有关部门经审查认定后，才可进行贷款或资金补助。另一方面，可行性研究是向银行申请贷款的先决条件。凡贷款投资某项目，必须向贷款行提送项目的可行性研究报告。银行通过审查项目可行性研究报告，确认项目的效益水平、偿还能力、风险水平后才能同意贷款。

3. 可行性研究是建设项目审批和设计的重要依据

可行性研究报告经审查，符合政府部门的规定或经济立法，对污染处理得当，不造成环境污染时，方能取得有关部门的许可。在可行性研究中，环境保护已成为一项重要内容，可行性研究中为达到标准所提出的措施和办法，是环保部门签发执照进行审批的依据。此外，在设计过程中，可行性研究报告对厂址、生产工艺流程、设备选型、详细的经济技术方案等已确定的原则一经批准则成为详图设计的主要依据。

工程经济

4. 可行性研究是项目建设生产和考核评估的依据

可行性研究报告中所附的工程地质、水文气象、勘探、地形、矿物资源、水质等所有的分析论证资料，是检验工程质量和整个工程寿命期内追查事故责任的依据。当项目完成正式投产后的生产考核，也应以可行性研究所制订的生产纲领、技术标准以及经济效果指标作为考核标准。设置相应的组织机构、进行职工培训以及合理的组织生产等工作安排也要根据批准的可行性研究报告，进行与项目有关的生产组织工作。

5. 做好可行性研究的措施

为适应社会主义现代化建设和市场经济体制改革的需要，我国勘察设计及工程咨询单位必须实现两大转变：一是改企转制，由过去的附属于部门的事业单位转变为独立的市场竞争主体，并建立现代企业制度。二是转变经营机制，由过去局限于特定行业开展单一业务的职能型机构，转变为面向投资建设全过程服务、并按照市场机制进行的社会中介机构。在当前，加强工程咨询勘察设计企业内部改革，努力提高队伍素质，具有十分重要的现实意义。

可行性研究要以质量控制为核心，对项目的规模、建设标准、工艺布局、产业规划、技术进步等方面应实事求是地科学分析。从事可行性研究的人员要真正树立为国家、为业主建设服务的精神，熟悉国家和地方对项目建设有关法律、政策、规定，准确掌握有关专业知识，不断学习新技术，真正做到科学地、独立地、不受任何干扰地把握好产业的发展方向，提高可行性研究的深度和质量，为社会提供质量精良的产品。

据专家测算，在设计阶段可以控制70%～85%的工程投资，后面的施工、材料、劳务只能控制15%～30%。设计咨询和设计审查都是国际上通行的做法和惯例，如果没有这些制度就难以与国际接轨。因此，要树立工程咨询和设计项目管理的权威，推进设计技术进步，确保投资效益的成效，必须坚持内行咨询内行的原则，不能搞外行咨询内行。这对节省投资，提高勘察设计质量，维护社会公众利益和国家利益不受损失有着重要的意义。

本 章 小 结

本章学生们主要学习了建设工程项目可行性研究的含义与作用，项目可行性研究的发展过程与研究的主要内容，可行性研究阶段划分及分析方法。通过本章的学习，我们基本了解了项目可行性研究的必要性和重要性；基本掌握了项目可行性研究的基础知识；可以编制简单的可行性研究报告，为将来的项目研究分析打下坚实的基础。

实 训 练 习

一、选择题

1. 关于项目调查工作内容的说法，正确的是(　　)。
   A. 市场调查内容应从项目运营的角度进行界定

B. 市场供应调查需要确定市场潜在需求
　　C. 需求增长速度是市场需求调查的内容
　　D. 消费演变历史不是消费者调查的内容
2. 项目市场预测要解决的基本问题不包括项目的( )。
　　A. 投资方向　　B. 产品方案　　C. 生产规模　　D. 工程方案
3. 下列市场预测方法中，属于因果分析法的是( )。
　　A. 移动平均法　B. 趋势外推法　C. 专家会议法　D. 弹性系数法
4. 关于市场预测中德尔菲法优点的说法，正确的是( )。
　　A. 便于思想沟通交流　　　　　B. 照顾少数人的意见
　　C. 能消除组织者的主观影响　　D. 能解决历史资料不足的问题
5. 当追加投资回收期小于国家规定的基准投资回收期时，投资额( )工艺方案较优。
　　A. 较大的　　B. 较小的　　C. 适中的　　D. 可比的

二、多选题

1. 建设项目可行性研究可分为( )阶段。
　　A. 机会研究　　　　　　B. 初步可行性研究　　　　C. 项目建议书
　　D. 最终可行性研究　　　E. 项目的评估和决策
2. 关于建设项目可行性研究报告的内容，下列说法中正确的是( )。
　　A. 市场研究是可行性研究的前提和基础
　　B. 市场研究是为了解决项目的可行性问题
　　C. 技术研究是可行性研究的核心部分
　　D. 效益研究解决项目经济上的合理性问题
　　E. 技术研究解决项目的必要性问题
3. 项目前评估的主要内容包括( )。
　　A. 建设必要性评估　　B. 生产建设条件评估　　C. 财务效益评估
　　D. 国民经济评估　　　E. 不确定性分析
4. 非随机抽样调查包括( )。
　　A. 类型抽样法　　　　B. 多阶段抽样法　　　　C. 偶遇抽样法
　　D. 判断抽样法　　　　E. 配额抽样法
5. 动态赢利能力评价指标有( )。
　　A. 投资利润率　　　　B. 销售利税率　　　　　C. 内部收益率
　　D. 财务净现值　　　　E. 财务净现值率
6. 下列属于"转移支付"的有( )。
　　A. 各种税金　　　　　B. 国外贷款利息　　　　C. 政府补贴
　　D. 职工工资　　　　　E. 土地及自然资源费用
7. 下列各项中，不属于场址选择方法的是( )。
　　A. 最小运输费用法　　B. 方案比较法　　　　　C. 评分优选法
　　D. 资源法　　　　　　E. 价值工程分析法

三、简答题

1. 可行性研究的概念和作用是什么？
2. 项目可行性研究的主要内容有哪些？
3. 可行性研究报告的结构和内容是什么？

第 5 章　习题答案.pdf

第 5 章　建设项目的可行性研究

实训工作单

班级		姓名		日期	
教学项目	市场预测				
任务	二次移动平均法的计算	适用公式	$M_t^{[2]} = \dfrac{1}{n}(M_t^{[1]} + M_{t-1}^{[1]} + \cdots + M_{t-n+1}^{[1]})$ $= M_{t-1}^{[2]} + \dfrac{1}{n}(M_t^{[1]} - M_{t-n}^{[1]})$		
题目	某公司连续 9 年销售资料如下,用二次移动平均法预测第十年的销售额,跨越期为 $N=3$,保留小数点后两位				

观察期 t	1	2	3	4	5	6	7	8	9
销售额 X_t	5	6	8	7	9	12	13	14	16

过程记录

评语		指导老师	

第 6 章 建设项目的不确定性分析和风险分析

建设项目的不确定性分析和风险分析.pdf

第 6 章 建设项目的不确定性分析和风险分析.avi

 【学习目标】

- 了解不确定分析和风险分析的概念、性质与分类
- 掌握不确定分析与风险分析的关系
- 掌握盈亏平衡分析、敏感性分析及概率分析
- 了解风险分析程序、识别方法及主要风险
- 掌握风险估计主要方法及风险评价

 【教学要求】

本章要点	掌握层次	相关知识点
不确定分析和风险分析的概念、性质与分类	了解不确定分析和风险分析的概念、性质与分类	不确定分析和风险分析
不确定分析与风险分析的关系	掌握不确定分析与风险分析的关系	不确定性分析
盈亏平衡分析、敏感性分析及概率分析	掌握盈亏平衡分析、敏感性分析及概率分析	不确定性分析
风险分析程序、识别方法及主要风险	了解风险分析程序、识别方法及主要风险	风险分析
风险估计主要方法及风险评价	掌握风险估计主要方法及风险评价	风险估计、评价

 【项目案例导入】

某地拟建甲城至乙城的高速公路,这条高速公路的建设是我国公路建设史上前所未有的重大建设项目。该项工程涉及工程地质、水文地质、气象学、土木工程、机械、电力、

通信信号、安全监控及救援、环境保护、工程经济、运营管理、财务管理等多个领域，是一项复杂的系统工程。国内公路行业没有现成的经验可借鉴，尚无完善的规范可循，因此项目建设与运营中面临着较复杂的风险。

【项目问题导入】

请根据本章内容，简述风险分析的方法有哪些，同时为本工程规避和控制风险提出对策及建议。

6.1 不确定性分析和风险分析概述

6.1.1 不确定性分析和风险分析的概念

1. 风险概述

风险的概述.mp4

风险代表一种不确定性，同时也是一种概率事件，它是对潜在的、未来可能发生损害的一种估计和预测。项目风险是一种不确定的事件或条件，一旦发生会对项目的目标产生正面的或负面的影响，如对项目的成本、进度计划、质量等造成严重后果。项目风险具有随机性、相对性和可变性，而信息系统项目生命周期短，项目目标不明确，需求变更频繁，设计开发人员高度专业化，新技术的使用，智力高密集等的特点，又使得对项目风险愈加难以管理。

英国项目管理学会(APM)将"风险"定义为"对项目目标产生影响的一个或若干不确定事件"，英国土木工程师学会(ICE)更明确定文"风险是一种将影响目标实现的不利威胁或有利机会"。国际标准化组织(ISO)则定义风险为"某一事件发生的概率和其后果的组合"。概括起来，广义的风险可以定义为：风险是未来变化偏离预期的可能性以及其对目标产生影响的大小。其特征是：

(1) 风险是中性的，既可能产生不利影响，也可能带来有利影响；

(2) 风险的大小与变动发生的可能性有关，也与变动发生后对项目影响的大小有关。变动出现的可能性越大，变动出现后对目标的影响越大，风险就越高。

一般投资项目决策分析与评价主要侧重于分析、评价风险带来的不利影响，因此本章涉及的风险内容主要针对的是狭义风险。

2. 风险管理

风险管理涉及各个行业，每个行业都有其自身的特点，企业风险管理是指生产过程中，风险管理部门对可能遇到的各种风险因素进行识别、分析、评估，以最低成本实现最大的安全保障的过程。

从表层上分析，风险管理就是对生产活动或行为中的风险进行管理，从深层上研究，风险管理是指主体通过风险识别、风险量化、风险评价等风险分析活动，对风险进行规划、控制、监督，从而增大应对威胁的机会，以成功地完成并实现总目标。风险管理的主体是管理人员，客体是生产活动中的风险或不确定性，大型、复杂的生产活动过程应设置专门的风险管理机构和相应的风险负责人。

风险管理是一个过程，由风险的识别、量化、评价、控制、监督等过程组成，通过计划、组织、指挥、控制等职能，综合运用各种科学方法来保证生产活动顺利完成；风险管理技术的选择要符合经济性原则，充分体现风险成本效益关系，不是技术越高越好，而是合理优化达到最佳，制定风险管理策略，科学规避风险。风险管理具有生命周期性，在实施过程的每一阶段，均应进行风险管理，应根据风险变化状况及时调整风险应对策略，实现全生命周期的动态风险管理。

3. 不确定性与风险

不确定性是与确定性相对的一个概念，是指某一事件、活动在未来可能发生，也可能不发生，其发生状况、时间及其结果的可能性或概率是未知的。

不确定性.mp4

不确定性与风险的区别体现在以下四个方面：

(1) 可否量化。

风险是可以量化的，即其发生概率是已知的或通过努力可以知道的；不确定性则是不可能量化的。因而，风险分析可以采用概率分析方法，分析各种情况发生的概率及其影响；而不确定性分析只能进行假设分析，假定某些情况发生后，分析不确定因素对项目的影响。

(2) 可否保险。

风险是可以保险的，而不确定性是不可以保险的。由于风险概率是可以知道的，理论上保险公司就可以计算确定的保险收益，从而提供有关保险产品。

(3) 概率可获得性。

不确定性的发生概率未知；而风险的发生概率是可知的，或是可以测定的，可以用概率分布来描述。

(4) 影响大小。

不确定性代表不可知事件，因而有更大的影响，而如果同样的事件可以有量化风险，其影响则可以防范并得到有效降低。

概括起来，确定性是指在决策涉及的未来期间内一定要发生或者一定不发生的事件，其关键特征是只有一种结果。不确定性则是指不可能预测未来将要发生的事件。不确定性存在多种可能性，其特征可能是有多种结果，由于缺乏历史数据或类似事件信息，不能预测某一事件发生的概率，因而该事件发生的概率是未知的。而风险则是介于不确定性与确定性之间的一种状态，其概率是可知的或已知的。在项目决策分析与评价中，虽然要对项目进行全面的风险分析，但重点在于风险的不利影响和防范对策研究上。

6.1.2 不确定性与风险的性质和分类

1. 不确定性与风险的性质

(1) 客观性。

风险是客观存在的，无论是自然现象中的地震、洪水，还是现实社会中的矛盾、冲突等，不可能根除，只能采取措施降低其对工程项目的不利影响。随着社会发展和科技进步，人们对自然界和社会的认识逐步加深，对风险的认识也逐步提高，但仍然存在大量的风险。

(2) 可变性。

风险可能发生，也可能不发生。风险是否发生，风险事件的后果如何都是难以确定的，但是可以通过历史数据和经验，对风险发生的可能性和后果进行一定的分析预测。

(3) 阶段性。

建设项目的不同阶段存在的主要风险有所不同，投资决策阶段的风险主要包括政策风险、融资风险等，项目实施阶段的主要风险可能是工程风险和建设风险等，而在项目运营阶段的主要风险可能是市场风险、管理风险等。因此，风险对策是因时而变的。

(4) 多样性。

依行业和项目不同具有多样性，不同的行业和不同的项目具有不同的风险，如高新技术行业投资项目的主要风险可能是技术风险和市场风险，而基础设施行业投资项目的主要风险则可能是工程风险和政策风险，必须结合行业特征和不同项目的实际情况来识别风险。

(5) 相对性。

对于项目的各有关方(不同的风险管理主体)可能会有不同的风险，而且对于同一风险因素，对不同主体的影响是不同的甚至是截然相反的；如工程风险对业主而言可能产生不利后果，而对于保险公司而言，正是由于工程风险的存在，才使得保险公司有了通过工程保险而获利的机会。

2. 风险分类

工程项目的风险因素有很多，可以从不同的角度进行分类：

1) 按照风险来源进行划分

(1) 经济风险。

经济风险包括宏观经济形势不利，投资环境恶劣，通货膨胀幅度过大，投资回收期长，基础设施落后、资金筹措困难等。

(2) 人为风险。

人为风险包括政府或主管部门的专制行为，管理体制、法规不健全，资金筹措不力，不可预见事件，合同条款不严谨，承包商缺乏合作诚意以及履约不力或违约，材料供应商履约不力或违约，设计有错误，监理工程师失职等。

风险分类.mp4

(3) 自然风险。

自然风险主要是指恶劣的自然条件，恶劣的气候与环境，恶劣的现场条件以及不利的地理环境等。

2) 按照风险涉及的当事人进行划分

(1) 业主的风险。

(2) 承包商的风险。

① 决策错误风险。决策错误风险主要包括信息取舍失误或信息失真风险，中介与代理风险，报价失误风险等。

② 缔约和履约风险。在缔约时，合同条款中存在不平等条款，合同中的定义不准确，合同条款有遗漏；在合同履行过程中，协调工作不力，管理手段落后，既缺乏索赔技巧，又不善于运用价格调值办法。

③ 责任风险。责任风险主要包括职业责任风险、法律责任风险、替代责任风险。

3. 风险管理的应对措施与建议

针对工程项目风险的定义、分类、特点和国内外研究现状，提出工程项目风险管理的应对措施如下：

(1) 风险回避。

风险回避是指考虑到风险存在和发生的可能性，主动放弃或拒绝实施可能导致风险损失的方案。风险回避具有简单易行，全面彻底的优点，能将风险的概率降低到零，使回避风险的同时也放弃了获得收益的机会。

(2) 风险降低。

风险降低有两方面的含义，一是降低风险发生的概率；二是一旦风险事件发生尽量降低其损失。如项目管理者在进行项目采购时可预留部分项目保证金，如果材料出问题则可用此部分资金支付，这样就降低了自己所承担的风险。采用风险控制方法对项目管理是有利的，可使项目成功的概率加大。

(3) 风险分散。

风险分散是指增加承受风险的单位以减轻总体风险的压力，从而使项目管理者减少风险损失。但采取这种方法的同时，也有可能将利润同时分散。

(4) 风险转移。

风险转移是为了避免承担风险损失，有意识地将损失转嫁给另外的单位或个人承担。通常有控制型非保险转移、财务型非保险转移和保险转移三种形式。控制型非保险转移，转移的是损失的法律责任，它通过合同或协议消除或减少转让人对受让人的损失责任和对第三者的损失责任。财务型非保险转移，是转让人通过合同或协议寻求外来资金补偿其损失。加入保险是通过专门机构，根据有关法律，运用大数法则签订保险合同，当风险发生时就可以获得保险公司补偿。

风险转移.mp4

(5) 风险自留。

风险自留是项目组织者自己承担风险损失的措施。有时主动自留，有时被动自留。对于承担风险所需资金，可以通过事先建立内部意外损失基金的方法得到解决。

对于以上所述的风险管理控制方法，项目管理者可以联合使用，也可以单独使用。如对于一些大型的工程项目，往往是多种风险控制方法并用，单独使用一种控制方法反而会加大项目风险，相反对于小型工程有时用一种控制方法即可。所以风险管理者要对具体问题具体分析，不可盲目使用。

6.1.3 不确定性分析与风险分析的关系

不确定性分析是对影响项目的不确定性因素进行分析，测算它们的增减变化对项目效益的影响，找出最主要的敏感因素及其临界点的过程；风险分析则是识别风险因素、估计风险概率、评价风险影响并制定风险对策的过程。

1. 不确定性分析与风险分析的作用

投资项目不但要耗费大量资金、物资和人力等宝贵资源，且具有一次性和固定性的特点，一旦建成，难于更改。因此相对于一般经济活动而言，投资项目的不确定性和风险尤为值得关注。只要能在决策前正确地认识到相关的风险，并在实施过程中加以控制，大部分不确定性和风险的影响是可以降低和防范的。

投资项目的决策分析与评价旨在为投资决策服务，如果忽视风险与不确定性的存在，仅仅依据基本方案的预期结果，如某项经济评价指标达到可接受水平来简单决策，就有可能蒙受损失，多年来项目建设的历史经验客观上证明了这一点。随着投融资体制改革和现代企业制度的建立，规避风险已成为各投资主体的主观需求。因此在项目决策分析阶段应进行不确定性分析与风险分析。

投资决策时充分考虑风险分析的结果，有助于在可行性研究的过程中通过信息反馈，改进或优化项目研究方案，直接起到降低项目风险的作用，避免因在决资中忽视风险的存在而蒙受损失。同时，充分利用风险分析的成果，建立风险管理系统，有助于为项目全过程风险管理打下基础，防范和规避项目实施和经营中的风险。

风险分析应贯穿于项目分析的各个环节和全过程。即在项目可行性研究的主要环节包括市场、技术、环境、财务、经济及社会分析中进行相应的风险分析，并进行全面的综合分析和评价。可见风险分析超出了市场分析、技术分析、财务分析、经济分析和社会分析的范畴，是一种系统分析，应由项目负责人牵头，项目组成员参加。

2. 不确定性分析与风险分析的区别与联系

不确定性分析与风险分析两者的目的是共同的，都是识别、分析、评价影响项目的主要因素，以防范不利影响，从而提高项目的成功率。两者的主要区别在于分析方法的不同，不确定性分析是对投资项目受不确定因素的影响进行分析，并粗略地了解项目的抗风险能力，其主要方法是敏感性分析；《建设项目经济评价方法与参数》也将盈亏平衡分析归入不确定性分析；而风险分析则要对投资项目的风险因素和风险程度进行识别和判断，主要方法有概率树分析、蒙特卡洛模拟等。

不确定性分析与风险分析之间也有一定的联系。由敏感性分析可以知道影响项目效益的敏感因素和敏感程度，但不知道这种影响发生的可能性，如需要知道可能性，就必须借助于概率分析。而敏感性分析所找出的敏感因素又可以作为概率分析风险因素的确定依据。

3. 风险的主要来源

1) 风险的主要来源

一般而言，风险的主要来源可以归纳为三个要素：

（1）不可控制的因素。这是超出项目决策者或管理者的能力而根本不可能认为控制的因素，如地质环境、气候条件、国家经济和法律政策等；

风险的主要来源.mp4

（2）不易控制的因素，这是需要项目决策者或管理者花费巨大代价和大量时间才能改变的因素，如产品的市场价格；

(3) 缺乏足够的信息或资源短缺的因素。由于资金、时间、能力、知识或设施等条件的约束，前期工作不够深入，以致存在许多不确定的信息。

2) 风险产生的因素

对于建设项目来说，风险产生于以下方面：

(1) 一个项目从谋划到建设，再到运营，通常都有一个较长的周期，在项目研究阶段，项目是一项未来建设的投资计划，在未来会存在许多不确定的因素。如技术升级、市场变化、人事变动、资源开发等，以及政策调整、环境变化等，将影响项目的建设、经营及财务、经济和社会效果。

(2) 许多无形成本和效益的度量是咨询人员个人的判断，这种定性判断完全是带有主观性。

(3) 由于数据的失真、时间或资金的缺乏，咨询人员掌握的信息是有限的，甚至是不适当的。粗略的估计加上咨询人员的预测推断导致更大的不确定性。

(4) 项目评价中的许多参数、标准是项目业主或高层管理人员根据咨询人员分标研究的意见加以判断和决策的，都包含有主观判断，而主观判断容易带来误差。

上述因素经常是相互关联的，有时也难以分清。为寻找风险根源，有必要区分事件、后果和根源。以建设工期延误为例，其原因和可能的后果如表 6-1 所示。

表 6-1 建设工期延误的可能原因与后果

可能原因	事件	可能后果
资金短缺		投资超支
建筑材料供应延误		投产推迟
熟练劳动力不足		生产推迟
极度恶劣的天气	建设延误	还款推迟
设计变更		市场机会延误
罢工		项目破产
管理或协调不力		

6.2 建设项目的不确定性分析

6.2.1 盈亏平衡分析

1. 盈亏平衡分析的定义

盈亏平衡分析又称保本点分析或本量利分析法，是根据产品的业务量（产量或销量）、成本、利润之间的相互制约关系的综合分析，用来预测利润，控制成本，判断经营状况的一种数学分析方法。一般来说，企业收入=成本+利润，如果利润为零，则收入=成本=固定成本+变动成本，而收入=销售量×价格，变动成本=单位变动成本×销售量，这样由销售量×价格=固定成本+单位变动成本×销售量，可以推导出盈亏

盈亏平衡分析.mp4

平衡点的计算公式为：

$$盈亏平衡点(销售量) = 固定成本 \div 每计量单位的贡献差数 \qquad (6-1)$$

企业利润是销售收入扣除成本后的余额；销售收入是产品销售量与销售单价的乘积；产品成本包括工厂成本和销售费用在内的总成本，分为固定成本和变动成本。

2. 盈亏平衡分析的分类方法

(1) 按采用的分析方法不同分为：图解法和方程式法；

(2) 按分析要素间的函数关系不同分为：线性和非线性盈亏平衡分析；

(3) 按分析的产品品种数目多少，可以分为：单一产品和多产品盈亏平衡分析；

(4) 按是否考虑货币的时间价值分为：静态和动态的盈亏平衡分析。

盈亏平衡分析的分类方法.mp4

3. 盈亏平衡分析的作用

盈亏平衡分析可以对项目的风险情况及项目对各个因素不确定性的承受能力进行科学的判断，为投资决策提供依据。传统盈亏平衡分析以盈利为零作为盈亏平衡点，没有考虑资金的时间价值，是一种静态分析，盈利为零的盈亏平衡实际上意味着项目已经损失了基准收益水平的收益，项目存在着潜在的亏损。把资金的时间价值纳入到盈亏平衡分析中，将项目盈亏平衡状态定义为净现值等于零的状态，便能将资金的时间价值考虑在盈亏平衡分析内，变静态盈亏平衡分析为动态盈亏平衡分析。

由于净现值的经济实质是项目在整个经济计算期内可以获得的、超过基准收益水平的、以现值表示的超额净收益，所以净现值等于零意味着项目刚好获得了基准收益水平的收益，实现了资金的基本水平的保值和真正意义的"盈亏平衡"。动态盈亏平衡分析不仅考虑了资金的时间价值，而且可以根据企业所要求的不同的基准收益率确定不同的盈亏平衡点，使企业的投资决策和经营决策更全面、更准确，从而提高项目投资决策的科学性和可靠性。

4. 线性盈亏平衡分析的条件

进行线性盈亏平衡分析要符合以下四个条件：

(1) 产量等于销售量。即当年生产的产品(扣除自用量)当年完全销售；

(2) 产量变化，单位可变成本不变，从而总成本费用是产量的线性函数；

(3) 产量变化，产品售价不变，从而销售收入是销售量的线性函数；

(4) 只生产单一产品，或者生产多种产品，但可以换算为单一产品计算，也即不同产品负荷率的变化是一致的。

5. 盈亏平衡点的计算方法

盈平衡点可以采用公式计算法，也可以采用图解法求取。

(1) 公式计算法。

盈亏平衡点计算公式：

$$BEP(生产能力利用率) = 年总固定成本 / (年销售收入 - 年总可变成本 - 年销售税金与附加) \times 100\% \qquad (6-2)$$

$$\text{BEP(产量)} = \text{年总固定成本}/(\text{单位产品价格}-\text{单位产品可变成本}-\text{单位产品销售税金与附加}) = \text{BEP(生产能力利用率)} \times \text{设计生产能力} \quad (6-3)$$

$$\text{BEP(产品售价)} = (\text{年总固定成本}/\text{设计生产能力}) + \text{单位产品可变成本} + \text{单位产品销售税金与附加} \quad (6-4)$$

注：以上计算公式中的收入和成本均为不含增值税销项税额和进项税额的价格(简称不含税价格)。如采用含税价格，BEP(生产能力利用率)式中分母中应再减去年增值税；BEP(产量)式中分母中应再减去单位产品增值税；BEP(产品售价)式中应加上单位产品增值税。

【案例 6-1】 某技术方案年设计生产能力为 10 万台，年固定成本为 1200 万元，产品单台销售价格为 900 元，单台产品可变成本为 560 元，单台产品营业税金及附加为 120 元。试求盈亏平衡点的产销量。

解：根据公式可得：

$$\text{BEP}(Q) = \frac{12000000}{900-560-120} = 54545 \,(台)$$

计算结果表明，当技术方案产销量低于 54545 台时，技术方案亏损；当技术方案产销量大于 54545 台时，技术方案盈利。

(2) 图解法。

盈亏平衡点可以采用图解法求得，如图 6-1 所示。

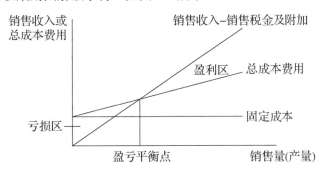

图 6-1 盈亏平衡分析图

图中销售收入线(如果销售收入和成本费用都是按含税价格计算的，销售收入中还应减去增值税)与总成本费用线的交点即为盈亏平衡点，这一点所对应的产量即为 BEP(产量)，也可换算为 BEP(生产能力利用率)。

6. 盈亏平衡分析注意要点

(1) 盈亏平衡点应按项目达产年份的数据计算，不能按计算期内的平均值计算。

这是由于盈亏平衡点表示的是相对于设计生产能力下，达到多少产量或负荷率多少才能盈亏平衡，或为保持盈亏平衡最低价格是多少，故必须按项目达产年份的销售收入和成本费用数据计算，如按计算期内的平均数据计算，就失去了意义。

(2) 当计算期内各年数值不同时，最好按还款期间和还完借款以后的年份分别计算。即便在达产后的年份，由于固定成本中的利息各年不同，折旧费和摊销费也不是每年都相同，所以成本费用数值可能因年而异，具体按哪一年的数值计算盈亏平衡点，可以根据项目情况进行选择。一般而言，最好选择还款期间的第一个达产年和还完借款以后的年份分别计算，以便分别给出最高的盈亏平衡点和最低的盈亏平衡点。

【案例 6-2】假设某项目达产第一年的销售收入为 31389 万元，销售税金与附加为 392 万元，固定成本 10542 万元，可变成本 9450 万元，销售收入与成本费用均采用不含税价格表示，该项目设计生产能力为 100 万吨。

问题：(1) 分别计算该项目以生产能力利用率、产量和产品售价表示的盈亏平衡点。
(2) 计算该项目达到设计生产能力时的年利润。
(3) 计算该项目年利润达到 5000 万元时的最低年产量。

解：(1) BEP(生产能力利用率)=[10542/(31389-9450-392)]×100%=48.93%
BEP(产量)=100×48.93%=48.93(万吨)
或 BEP(产量)=[10542/(31389/100-9450/100-392/100)]=48.93(万吨)
BEP(产品售价)=(10542/100)+(9450/100)+(392/100)=204(元/吨)

因为达产第一年时，一般项目利息负担较重，固定成本较高，该盈亏平衡点实为项目计算期内各年的较高值。计算结果表明，在生产负荷达到设计能力的 48.93%时即可盈亏平衡，说明项目对市场的适应能力较强。而为了维持盈亏平衡，允许产品售价最低降至 204 元/吨。

(2) 该项目达到设计生产能力时的年利润=31389-392-(10542+9450)=11005(万元)

(3) 设该项目年利润达到 5000 万元时的最低年产量为 Q，则：
[(31389-392)/100]×Q-[10542-(9450/100)×Q]=5000

可得，Q=72.13 万吨，即该项目年利润达到 5000 万元的最低产量应为 72.13 万吨。

6.2.2 敏感性分析

1. 敏感性分析的概念及内容

投资项目敏感性分析是指通过对项目各不确定因素在未来发生变化时对经济效果指标影响程度的比较，找出敏感因素，提出相应对策。它是在项目评价的不确定分析中被广泛运用的主要方法之一。在项目计算期内可能发生变化的因素主要有：建设投资、产品产量、产品售价、主要原材料供应及价格、动力价格、建设工期及外汇汇率等。敏感性分析就是要分析预测这些因素单独变化或多因素变化时项目内部收益率、静态投资回收期和借款偿还期等的影响。这些影响应是用数字、图表或曲线的形式进行描述，使决策者了解不确定因素对项目评价的影响程度，确定不确定性因素变化的临界值，以便采取防范措施，从而提高决策的准确性和可靠性。

投资项目敏感性分析.mp4

技术方案评价中的敏感性分析，就是在技术方案确定性分析的基础上，通过进一步分析、预测技术方案主要不确定因素的变化对技术方案经济效果评价指标(如财务内部收益率、财务净现值等)的影响，从中找出敏感因素，确定评价指标对该因素的敏感程度和技术方案对其变化的承受能力。敏感性分析有单因素敏感性分析和多因素敏感性分析两种。

单因素敏感性分析是对单一不确定因素变化对技术方案经济效果的影响进行分析，即假设各个不确定性因素之间相互独立，每次只考察一个因素变动，其他因素保持不变，以分析这个可变因素对经济效果评价指标的影响程度和敏感程度。为了找出关键的敏感性因素，通常只进行单因素敏感性分析。

多因素敏感性分析是假设两个或两个以上互相独立的不确定因素同时变化时，分析这些变化的因素对经济效果评价指标的影响程度和敏感程度。

2. 敏感性分析的目的和作用

投资项目敏感性分析的核心问题是，在了解给定投资情况下建设项目的一些最不确定的因素，并知道这些因素对该建设项目的影响程度之后，事前采取适当的措施和对策。其主要目的如下：

(1) 研究影响因素的变动将引起的经济效益指标的变动范围；

(2) 找出影响工程项目经济可行的最关键因素，并进一步分析与之不关的预测或估算数据可能产生不确定性的根源；

(3) 通过可能出现的最有利与最不利的经济效果范围分析，对原方案进行调整与控制，或者寻求新方案代替原方案，确定稳妥可靠的最现实的方案，以防止或减少损失，增加效益；

(4) 通过多方案敏感性的大小对比，区别敏感性大或敏感性小的方案，以选取敏感性小的方案。

其作用可简述为：项目的敏感性分析为决策者提出可靠的决策依据或寻找解决项目实施过程中或建成后一些因素发生变化时如何调整项目的实施方案和经营策略，对降低项目风险，提高投资效益具有十分重要的意义。一个完整的可行性研究报告一定要有敏感性分析的篇章，同时应有解决处理的一些敏感性程度较大的因素变化对项目实施结果所带来的不利影响的办法。

3. 敏感性分析的计算方法

敏感性分析可对多种经济指标进行分析计算，主要计算的有净现值、内部收益率与投资回收期等经济指标。作为敏感性分析的因素，则考虑如上所述，销售收入、项目投资、经营成本等。

经济指标的计算公式有：

(1) 净现值计算公式：

$$\text{FNPV} = \sum_{t=0}^{n}(\text{CI}-\text{CO})_t \ (1+i_c)^{-t} \tag{6-5}$$

(2) 内部收益率计算公式：

$$\text{FNPV}(i) = \sum_{t=0}^{n}(\text{CI}-\text{CO})_t \ (1+i)^{-t} \tag{6-6}$$

(3) 投资回收期的计算公式：

$$T = 累计净现金流量开始出现正数的年份 - 1 + \frac{上年净现金流量的绝对数}{当年净现金流量} \tag{6-7}$$

净现值及内部收益率详见本书"4.2.2 节部分"；投资回收期详见"本书 2.1.2 节部分"。

4. 敏感性分析的步骤

(1) 确定敏感性分析指标。

投资项目经济评价有一整套指标体系，在进行敏感性分析时，应选择最能反映项目经济效益的一个或几个主要指标进行分析。最基本的分析指标是内部收益率，根据项目的实际情况也可选择净现值或投资回收期等指标，必要时可同时针对两个或两个以上的指标进行敏感性分析。

(2) 选择敏感性分析的不确定因素。

影响项目经济效益指标的因素很多，如产品产量、价格、经营成本、投资额、建设期和生产期等。在实际的敏感性分析中，没有必要也不可能对全部所有因素进行分析。根据项目特点，结合经验判断选择对项目影响效益较大且重要的不确定因素进行分析。经验表明，主要对销售收入、产品价格、产量、经营成本、建设投资等不确定因素进行敏感性分析。

(3) 确定不确定因素的变化范围。

在选择确定因素分析基础上，还要进一步分析不确定因素的可能变动范围。一般选择不确定因素变化的百分率为+5%、+10%、+15%、+20%等，对于不便用百分数表示的因素，可采用延长一段时间表示，如延长一年。

(4) 计算敏感性分析指标。

为较准确反映项目评价指标对不确定因素的敏感程度，分析不确定因素的变化使项目由可行变为不可行的临界数值，应计算敏感度系数和临界点指标。

① 敏感度系数。

敏感度系数表示技术方案经济效果评价指标对不确定因素的敏感程度。计算公式为：

$$S_{AF} = \frac{\Delta A / A}{\Delta F / F} \quad (6-8)$$

敏感度系数.mp4

式中：S_{AF}——敏感度系数；

$\Delta F/F$——不确定性因素 F 的变化率(%)；

$\Delta A/A$——不确定性因素 F 发生ΔF 变化时，评价指标 A 的相应变化率(%)。

计算敏感度系数判别敏感因素的方法是一种相对测定法，即根据不同因素相对变化对技术方案经济效果评价指标影响的大小，可以得到各个因素的敏感性程度排序。

$S_{AF}>0$，表示评价指标与不确定因素同方向变化；$S_{AF}<0$，表示评价指标与不确定因素方向变化。

$|S_{AF}|$越大，表明评价指标 A 对于不确定因素 F 越敏感；反之，则不敏感。据此可以找出哪些因素是最关键的因素。

敏感系数提供了各不确定因素变动率与评价指标变动率之间的比例，但不能直接显示变化后评价指标的值。为了弥补这种不足，有时需要编制敏感性分析表，列示各因素变动率及相应的评价指标值。

② 临界点。

临界点是指技术方案允许不确定因素向不利方向变化的极限值(如图 6-2 所示)。超过极限，技术方案的经济效果指标将不可行。例如当产品价格下降到某一值时，财务内部收益率将刚好等于基准收益率，此点称为产品价格下降的临界点。临界点可用临界点百分比或者临界值分别表示某一变量的变化达到一定的百分比或者一定数值时，技术方案的经济效果指标将从可行转变为不可行。临界点可用专用软件的财务函数计算，也可由敏感性分析图直接求得近似值。采用图解法时,每条直线与判断基准线的相交点所对应的横坐标上不确定因素变化率即为该因素的临界点。利用临界点判别敏感因素的方法是一种绝对测定法,技术方案能否接受的判据是各经济效果评价指标能否达到临界值。如果某因素可能出现的变动幅度超过最大允许变动幅度,则表明该因素是技术方案的敏感因素。把临界点与未来实际可能发生的变化幅度相比较,就可大致分析该技术方案的风险情况。

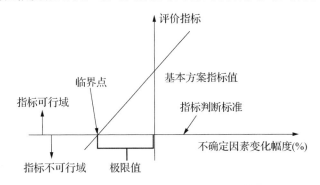

图 6-2　单因素敏感性分析临界点示意图

(5) 方案选择。

如果进行敏感性分析的目的是对不同的技术方案进行选择,一般应选择敏感程度小、承受风险能力强、可靠性大的技术方案。

需要说明的是:单因素敏感性分析虽然对于技术方案分析中不确定因素的处理是一种简便易行、具有实用价值的方法。但它以假定其他因素不变为前提,这种假定条件,在实际经济活动中是很难实现的,因为各种因素的变动都存在着相关性,一个因素的变动往往引起其他因素也随之变动。比如产品价格的变化可能引起需求量的变化,从而引起市场销售量的变化。所以,在分析技术方案经济效果受多种因素同时变化的影响时,要用多因素敏感性分析,使之更接近于实际过程。多因素敏感性分析由于要考虑可能发生的各种因素不同变动情况的多种组合,因此计算起来要比单因素敏感性分析复杂得多。

综上所述,敏感性分析在一定程度上对不确定因素的变动对技术方案经济效果的影响作了定量的描述,有助于搞清技术方案对不确定因素的不利变动所能容许的风险程度,有助于鉴别何者是敏感因素,从而能够及早排除对那些无足轻重的变动因素的注意力,把进一步深入调查研究的重点集中在那些敏感因素上,或者针对敏感因素制定出管理和应变对策,以达到尽量减少风险、增加决策可靠性的目的。但敏感性分析也有其局限性,它主要依靠分析人员凭借主观经验来分析判断,难免存在片面性。在技术方案的计算期内,各不确定性因素相应发生变动幅度的概率不会相同,这意味着技术方案承受风险的大小不同。而敏感性分析在分析某一因素的变动时,并不能说明不确定因素发生变动的可能性是大还是小。对于此类问题,还要借助于概率分析等方法。

(6) 提出敏感性分析的结论和建议。

结合确定性分析和敏感性分析的结果,粗略预测项目可能的风险,对项目做进一步的评价,并为下一步风险分析打下基础,同时还可以进一步寻找相应的控制风险的对策。如果进行敏感性分析的目的是对不同的投资项目进行比选,一般 应选择敏感程度小,承受风险能力强,可靠性大的项目或方案。

6.2.3 概率分析

敏感性分析固然可以考察各不确定性因素对经济指标的影响程度，然而却不能表明该不确定性因素发生的可能性有多大，以及在同一因素不同变化幅度综合考虑时，会对项目产生多少影响。利用概率分析方法，可以计算出各种因素发生某种变动的概率，并以概率为中介进行不确定性分析。

概率分析的一般步骤为：

（1）在许多不确定因素中经过分析判断先选出一个最不确定的因素，或影响程度最大的因素，将其他几个因素假定为确定因素。

（2）估计这种不确定因素可能出现的自然状态的概率。概率估计的准确度直接影响概率分析的可靠度，并影响项目决策的正确与否。因此，分析人员必须通过认真细致的调查、收集整理数据，作出慎重的估计。

（3）计算期望值的大小。期望值又称数学期望值、平均数，是反映随机变量平均水平的数字，其计算公式为：

$$E(x) = \sum_{i=0}^{n} x_i p(x_i) \quad (6-9)$$

式中：$E(x)$为期望值，为 i 情况下的数值；$P(x_i)$为出现 x_i 数值的概率。

（4）计算方差与标准差。方差是反映随机变量与实际值的分散程度的数值。随机变量 x 的方差为：

$$\sigma_x^2 = \sum_{i=1}^{n} [x_i - E(x)]^2 p(x_i) \quad (6-10)$$

方差的平方根称为标准差，即 σ_x。标准差是概率分析中必用的指标，它能反映随机变量变异程度或分散程度，从而有助于判断项目的风险程度。

（5）计算变异系数。标准差是绝对值，用它来衡量项目风险大小有时仍会有局限性。例如，两个备选方案投资规模、预期净现金流量相差都很大，用标准差就不能准确反映风险大小。此时，可以通过变异系数来反映单位期望值可能产生的离差(变异)。其计算公式为：

$$C_V = \sigma / E(x) \quad (6-11)$$

（6）再选择一个影响程度大一些的不确定因素，假定其他因素为确定数，重复上述(2)、(3)、(4)步的工作。

（7）进行综合分析，判断备选方案的优劣顺序，作为方案决策选择的依据。

6.3 建设项目的风险分析

6.3.1 风险分析程序

1. 风险分析程序

项目风险分析是认识项目可能存在的潜在风险因素，估计这些因素发生的可能性及由此造成的影响，研究防止或减少不利影响而采取对策的一系列活动，它包括风险识别、风险估计、风险评价与对策研究四个基本阶段。风险分析所经历的四个阶段，是从定性分析到定量分析，再从定量分析到定性分析的过程。其基本流程如下：

风险识别→风险估计→风险评价→风险应对

项目决策分析与评价中的风险分析应遵循以下程序：首先从认识风险特征入手去识别风险因素；其次根据需要和可能选择适当的方法估计风险发生的可能性及其影响；再次，按照某个标准，评价风险程度，包括单个风险因素的风险程度估计和对项目整体风险程度估计；最后，提出针对性的风险对策，将项目风险进行归纳，提出风险分析结论。

2. 风险识别

风险因素识别首先要认识和确定项目究竟可能存在哪些风险因素，这些风险因素会给项目带来什么影响，具体原因又是什么？在对风险特征充分认识的基础上，识别项目潜在的风险和引起这些风险的具体风险因素，只有首先把项目主要的风险因素揭示出来，才能进一步通过风险评估确定损失程度和发生的可能性，进而找出关键风险因素，提出风险对策。

风险评估.avi

风险因素识别应注意借鉴历史经验，特别是后评价的经验。同时可运用"逆向思维"方法来审视项目，寻找可能导致项目"不可行"的因素，以充分揭示项目的风险来源。

6.3.2 风险识别方法

投资项目可行性研究阶段涉及的风险因素较多，各行业和项目又不尽相同。风险识别要根据行业和项目的特点，采用适当的方法进行。风险识别要采用分析和分解原则，把综合性的风险问题分解为多层次的风险因素。常用的方法包括解析法、风险结构分解法、专家调查法、故障树、概率树、德尔菲法(问卷调查法)和情景分析法等。

风险识别方法.mp4

(1) 风险解析法。

风险解析法也称风险结构分解法，它将一个复杂系统分解为若干子系统，通过对子系统的分析进而把握整个系统的特征。

(2) 专家调查法。

专家调查法是基于专家的知识、经验和直觉，发现项目潜在风险的分析方法。由于在风险识别阶段的主要任务是找出各种潜在的危险并作出对其后果的定性估量，不要求作定量的估计，又由于有些危险很难在短时间内用统计的方法、实验分析的方法或因果关系论证得到证实(如市场需求的变化对项目经济效益的影响，同类软件开发商对本组织的竞争影响等)。该方法主要包括两种：集思广益法和德尔菲法(Delphi)。其中后者是美国著名咨询机构兰德公司于五十年代初发明的。它主要依靠专家的直观能力对风险进行识别，即通过调查意见逐步集中，直至在某种程度上达到一致，故又叫专家意见集中法。

其基本步骤为：

① 由项目风险管理人员提出风险问题调查方案，制定专家调查表；

② 请若干专家阅读有关背景资料和项目方案设计资料，并回答有关问题，填写调查表；

③ 风险管理人员收集整理专家意见，并把汇总结果反馈给各位专家；

④ 请专家进行下一轮咨询填表，直至专家意见趋于集中。

适用范围：它适用于风险分析的全过程。

注意：采用专家调查法时，专家应有合理的规模，人数一般应在10~20位左右。专家的人数取决于项目的特点、规模、复杂程度和风险的性质而定，没有绝对规定。专家调查法有很多，其中头脑风暴法、德尔菲法、风险识别调查表、风险对照检查表和风险评价表是最常用的几种方法。

(3) 故障树法。

故障树法就是利用图解的形式将大的风险分解成各种小的风险，或对各种引起风险的原因进行分解，这是风险识别的有利工具。该法是利用树状图将项目风险由粗到细，由大到小，分层排列的方法，这样容易找出所有的风险因素，关系明确。与故障树相似的还有概率树、决策树等。

(4) 概率树法。

概率树分析是假定风险变量之间是相互独立的，在构造概率树的基础上，将每个风险变量的各种状态取值组合计算，分别计算每种组合状态下的评价指标值及相应的概率，得到评价指标的概率分布，并统计出评价指标低于或高于基准值的累计概率，计算评价指标的期望值、方差、标准差和离散系数。概率树法可以绘制以评价指标为横轴，累计概率为纵轴的累计概率曲线。

(5) 问卷调查法。

问卷调查法主要是风险管理人员设计调查问卷，各层级员工或者外部专家进行问卷填写，再由风险管理人员对问卷进行整理，形成风险事件库。

(6) 头脑风暴法。

头脑风暴法是风险辨识人员在通过问卷、研讨等方式查找风险时一种常用的方法。头脑风暴式的风险辨识可以打破我们的惯性思维，找出那些我们在日常工作被忽略掉的风险。辨识人员可以发挥自己的知识、阅历，查找企业外部风险，如政策变化、经济趋势、市场价格波动、法律法规变化等，以及内部风险，如制度不完善、职责缺失、沟通机制、文化建设等。

6.3.3 主要风险

一般来说，投资项目的风险主要从以下几个方面进行识别。

1. 市场风险

市场风险是竞争性项目常遇到的重要风险。它的损失主要表现在项目产品销路不畅，产品价格低迷等以至产量和销售收入达不到预期的目标。细分起来市场方面涉及的风险因素较多，可分层次予以识别。市场风险一般来自四个方面：一是由于消费者的消费习惯、消费偏好发生变化，使得市场需求发生重大变化，导致项目的市场出现问题，市场供需总量的实际情况与预测值发生偏离。二是由于市场预测方法或数据错误，导致市场需求分析出现重大偏差。三是市场竞争格局发生重大变化，竞争者采取了进攻策略，或者是出现了新的竞争对手，对项目的销售产生重大影响。四是由于市场条件的变化，项目产品和主要原材料的供应条件和价格发生较大变化，对项目的效益产生了重大影响。

2. 技术与工程风险

在可行性研究中，虽然对投资项目采用技术的先进性、可靠性和适用性进行了必要的论证分析，选定了认为合适的技术。但是，由于各种主观和客观原因，仍然可能会发生预想不到的问题，使投资项目遭受风险损失，可行性研究阶段应考虑的技术方面的风险因素主要有：对技术的适用性和可靠性认识不足，运营后达不到生产能力、质量不过关或消耗指标偏高，特别是高新技术开发项目这方面的风险更大。对于引进国外二手设备的项目，设备的性能能否如愿是应认真分析的风险因素。另外，工艺技术与原料的匹配问题也是应考察的风险因素。

对于矿山、铁路、港口、水库以及部分加工业项目，工程地质情况十分重要。但限于技术水平有可能勘探不清，致使在项目的生产运营甚至施工中就出现问题，造成经济损失。因此在地质情况复杂的地区，应慎重对待工程地质风险因素。

3. 组织管理风险

管理风险是指由于项目管理模式不合理，项目内部组织不当、管理混乱或者主要管理者能力不足、人格缺陷等，导致投资大量增加、项目不能按期建成、投产造成损失的可能性。包括项目采取的管理模式、组织与团队合作，以及主要管理者的道德水平等。因此，合理设计项目的管理模式、选择适当的管理者和加强团队建设是规避管理风险的主要措施。

管理风险 mp4.mp4

组织风险是指由于项目存在众多参与方，各方的动机和目的不一致将导致项目合作的风险，影响项目的进展和项目目标的实现。还包括项目组织内部各部门对项目的理解、态度和行动的不一致而产生的风险。完善项目各参与方的合同，加强合同管理，可以降低项目的组织风险。

组织风险.mp4

4. 政策风险

政策风险主要是指国内外政治经济条件发生重大变化或者政策调整，项目原定目标难以实现的可能性。项目是在一个国家或地区的社会经济环境中存在的，由于国家或地方各种政策，包括经济政策、技术政策、产业政策等，涉及税收、金融、环保、投资、土地、产业等政策的调整变化，都会对项目带来各种影响。特别是对于海外投资项目，由于不熟悉当地政策，规避政策风险更是项目决策分析与评价阶段的重要内容。

如产业政策的调整，国家对某些过热的行业进行限制，并相应调整信贷政策，收紧银行，提高利率等，将导致企业融资的困难，可能带来项目的停工甚至破产；又如国家土地政策的调整，严格控制项目新占耕地，提高项目用地的利用率，对建设项目的生产布局带来重大影响。

5. 环境与社会风险

环境风险是由于对项目的环境生态影响分析深度不足，或者是环境保护措施不当，带来重大的环境影响，引发社会矛盾，从而影响项目的建设和运营。

社会风险是指由于对项目的社会影响估计不足，或者项目所处的社会环境发生变化，给项目建设和运营带来困难和损失的可能性。有的项目由于选址不当，或者因对利益受损者补偿不足，都可能导致当地单位和居民的不满和反对，从而影响项目的建设和运营。社会风险的影响面非常广泛，包括宗教信仰、社会治安、文化素质、公众态度等方面。

6. 其他风险

对于某些项目，还要考虑其特有的风险因素。例如，对于矿山、油气开采等资源开发项目，资源风险是很重要的风险因素。在可行性研究阶段，矿山和油气开采等项目的设计规模，一般是根据国家储委批准的地质储量设计的，对于地质结构比较复杂的地区，加上受勘探的技术、时间和资金的限制，实际储量可能会有较大的出入，致使矿山和油气开采等项目产量降低、开采成本过高或者寿命缩短，造成巨大的经济损失；对于投资巨大的项目，还存在融资风险，由于资金供应不足或者来源中断导致建设工期拖延甚至被迫终止建设；或者由于利率、汇率变化导致融资成本升高造成损失的可能性；大量消耗原材料和燃料的项目，还存在原材料和燃料供应量、价格和运输保障三个方面的风险；在水资源短缺地区建设项目，或者项目本身耗水量大，水资源风险因素应予重视；对于中外合资项目，要考虑合资对象的法人资格和资信问题，还有合作的协调性问题；对于农业投资项目，还要考虑因气候、土壤、水利、水资源分配等条件的变化对收成不利影响的风险因素。

上面只是列举出投资项目可能存在的一些风险因素，但仍不能涵盖所有投资项目的全部风险因素，也并非每个投资项目都同时存在这么多风险因素，而可能只是其中的几种，要根据项目具体情况予以识别。

6.3.4 风险估计主要方法

风险估计是在风险识别之后，主要是对风险事件发生可能性的估计、风险事件影响范围的估计、风险事件发生时间的估计和风险后果对项目严重程度的估计。投资项目涉及的风险因素有些是可以量化的，可以通过定量分析的方法进行分析；同时客观上也存在着许多不可量化的风险因素，它们有可能给项目带来更大的风险，有必要对不可量化的风险因素进行定性描述。因此风险估计应采取定性描述与定量分析相结合的方法，从而对项目面临的风险做出全面的估计。应该注意到定性与定量不是绝对的，在深入研究和分解之后，有些定性因素可以转化为定量因素。

风险估计的方法包括风险概率估计方法和风险影响估计方法两类，前者分为主观估计和客观估计，后者有概率树分析、蒙特卡洛模拟等方法。

1. 风险概率估计

风险概率估计，包括客观概率估计和主观概率估计。在项目评价中，风险概率估计中较常用的是正态分布、三角形分布、贝塔分布等概率分布形式，由项目评价人员或专家进行估计。

1) 客观概率估计

客观概率是实际发生的概率，并不取决于人的主观意志，可以根据历史统计数据或是大量的试验来推定。有两种方法：一是将一个事件分解为若干子事件，通过计算子事件的概率来获得主要事件的概率；二是通过足够量的试验，统计出事件的概率。由于客观概率是基于同样历史事件观测数据的，它只能用于完全可重复事件，因而并不适用于大部分现实事件。应用客观概率对项目风险进行的估计称为客观估计，它利用同一事件的历史数据，或是类似事件的数据资料，计算出客观概率。该法的最大缺点是需要足够的信息，但通常是不可得的。当项目的某些风险因素可以找到比较多的历史数据时，就可以基于已有的数据资料，进行统计分析，从而得出这些风险因素出现的概率。如某风险因素有 Q_1、Q_2、Q_3、$\cdots$、Q_m 等 m 个状态，对应的出现次数分别是 n_1、n_2、n_3、$\cdots$、n_m，则第 i 种状态出现的概率是：

$$p(x=Q_i)=n_i/n, \quad i=1, 2, 3, \cdots, m \tag{6-12}$$

其中：$n=n_1+n_2+n_3+\cdots+n_m$

2) 主观概率估计

主观概率是基于个人经验、预感或直觉而估算出来的概率，是一种个人的主观判断，反映了人们对风险现象的一种测度。当有效统计数据不足或是不可能进行试验时，主观概率是唯一选择，基于经验、知识或类似事件比较的专家推断概率便是主观估计。在实践中，许多项目风险是不可预见、并且不能精确计算的。主观概率估计的具体步骤如下：

(1) 根据需要调查问题的性质组成专家组。专家组成员由熟悉该风险因素的现状和发展趋势的专家、有经验的工作人员组成。

(2) 估计某一变量可能出现的状态数或状态范围、各种状态出现的概率或变量发生在状态范围内的概率，由每个专家独立使用书面形式反映出来。

(3) 整理专家组成员的意见，计算专家意见的期望值和意见分歧情况，反馈给专家组。

(4) 专家组讨论并分析意见分歧的原因，再由专家组成员重新背靠背地独立填写变量可能出现的状态或状态范围、各种状态出现的概率或变量发生在状态范围内的概率，如此重复进行，直至专家意见分歧程度满足要求值为止。这个过程最多经历三个循环，超过三个循环将会引起厌烦，不利于获得专家们的真实意见。

3) 风险概率分布

(1) 离散型概率分布。

当输入变量可能值是有限个数，称这种随机变量为离散型随机变量。如产品市场销售量可能出现低销售量、中等销售量、高销售量三种状态，即认为销售量是离散型随机变量。各种状态的概率取值之和等于 1，它适用于变量取值个数不多的输入变量。

(2) 连续型概率分布。

当输入变量的取值充满一个区间，无法按一定次序一一列举出来时，这种随机变量称为连续随机变量。如市场需求量在某一数量范围内，无法按一定次序一一列举，列出区间内 a、b 两个数，则还有无限多个数 x，$b>x>a$，这时的产品销售量就是一个连续型随机变量，它的概率分布用概率密度和分布函数表示，常用的连续型概率分布有：

① 正态分布。其特点是密度函数以均值为中心对称分布，如图 6-3 所示。这是一种最常用的概率分布，其均值为 $\bar{x}$，方差为 σ^2，用 $N(\bar{x}, \sigma^2)$ 表示。当 $\bar{x}=0$，$\sigma=1$ 时称这种分布为标准正态分布，用 $N(0, 1)$ 表示，适用于描述一般经济变量的概率分布，如销售量、售价、产品成本等。

② 三角形分布。其特点是密度数是由最悲观值、最可能值和最乐观值构成的对称的

或不对称的三角形(如图 6-4 所示)。适用于描述工期、投资等不对称分布的输入变量，也可用于描述产量、成本等对称分布的输入变量。

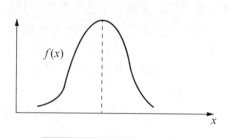

图 6-3　正态函数概率密度图　　　　　图 6-4　三角形分布概率密度图

③　β 分布。其特点是密度函数为在最大值两边不对称分布(如图 6-5 所示)，适用于描述工期等不对称分布的输入变量。

④　经验分布。其密度函数并不适合于某些标准的概率函数，可根据统计资料及主观经验估计的非标准概率分布，它适合于项目评价中的所有各种输入变量。

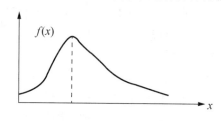

图 6-5　β 分布概率密度图

4)　风险概率分析指标

描述风险概率分布的指标主要有期望值、方差、标准差、离散系数等。

(1)　期望值。

期望值是风险变量的加权平均值。

对于离散型风险变量，期望值为：

$$\overline{x} = \sum_{i=1}^{n} x_i p_i \tag{6-13}$$

式中：n——风险变量的状态数；

　　　x_i——风险变量的第 i 种状态下变量的值；

　　　p_i——风险变量的第 i 种状态出现的概率。

对于等概率的离散随机变量，其期望值为：

$$\overline{x} = \frac{1}{n} \sum_{i=1}^{n} x_i \tag{6-14}$$

(2)　方差和标准差。

方差和标准差都是描述风险变量偏离期望值程度的绝对指标。对于离散型变量，方差 S^2 为：

$$S^2 = \sum_{i=1}^{n} (x_i - \overline{x})^2 p_i \tag{6-15}$$

方差的平方根为标准差，计为 S。

对于等概率的离散随机变量，方差为：

$$S^2 = \frac{1}{n-1}\sum_{i=1}^{n}(x_i - \overline{x})^2 \tag{6-16}$$

当 n 足够大(通常 n 大于 30)时，可以近似为：

$$S^2 = \frac{1}{n}\sum_{i=1}^{n}(x_i - \overline{x})^2 \tag{6-17}$$

(3) 离散系数。

离散系数是描述风险变量偏离期望值的离散程度的相对指标，计为 β：

$$\beta = \frac{S}{\overline{x}} \tag{6-18}$$

2. 概率树分析

概率树分析是借助现代计算技术，运用概率论和数理统计原理进行概率分析，求得风险因素取值的概率分布，并计算期望值、方差或标准差和离散系数，表明项目的风险程度。

概率树分析的理论计算法。由于项目评价中效益指标与输入变量(或风险因素)间的数量关系比较复杂，概率树分析的理论计算法一般只适用于服从离散分布的输入与输出变量。

① 假定输入变量之间是相互独立的，可以通过对每个输入变量各种状态取值的不同组合计算项目的内部收益率或净现值等指标。根据每个输入变量状态的组合计算得到的内部收益率或净现值的概率为每个输入变量所处状态的联合概率，即各输入变量所处状态发生概率的乘积。

若输入变量有 A，B，C，…，N

每个输入变量有状态：

$$A_1, A_2, \cdots, A_{m_1};$$
$$B_1, B_2, \cdots, B_{m_2};$$
$$N_1, N_2, \cdots, N_{m_n}。$$

各种状态发生的概率：

$$\sum_{i=1}^{m_2} P\{A_i\} = P\{A_1\} + P\{A_2\} + \cdots + P\{A_{m_1}\} = 1 \tag{6-19}$$

$$\sum_{i=1}^{m_2} P\{B_i\} = 1$$

$$\sum_{i=1}^{m_n} P\{N_i\} = 1$$

则各种状态组合的联合概率为 $P(A_1)P(B_1)\cdots P(N_1)$；$P(A_2)P(B_2)\cdots P(N_2)$；…，$P(A_{m1})P(B_{m1})P(N_{mn})$，共有这种状态组合和相应的联合概率 $m_1 \times m_2 \times \cdots \times m_n$ 个。

② 评价指标(净现值或内部收益率)由小到大进行顺序排列，列出相应的联合概率和从小到大的累计概率，并绘制评价指标为横轴，累计概率为纵轴的累计概率曲线。计算评价指标的期望值、方差、标准差和离散系数($\sigma/\overline{x}$)。

③ 根据评价指标 NPV=0，IRR=i_c 或(i_s)，由累计概率表计算 $P[\text{NPV}(i_c)<0]$ 或 $P(\text{IRR}<$

i_c)的累计概率，同时也可获得：

$$P[NPV(i_c) \geq 0] = 1 - P[NPV(i_c) < 0]$$
$$P(IRR \geq i_c) = 1 - P(IRR < i_c) \qquad (6\text{-}20)$$

当输入变量数和每个变量可取的状态数较多时即状态组合数过多，一般不适于使用理论分析方法。若各输入变量之间不是独立，存在相互关联时，也不适于使用这种方法。

3. 蒙特卡洛模拟法

当项目评价中输入的随机变量个数多于三个，每个输入变量可能出现三个以上以至无限多种状态时(如连续随机变量)，就不能用理论计算法进行风险分析，这时就必须采用蒙特卡洛模拟技术。这种方法的原理是用随机抽样的方法抽取一组输入变量的数值，并根据这组输入变量的数值计算项目评价指标，如内部收益率、净现值等，用这样的办法抽样计算足够多的次数可获得评价指标的概率分布及累计概率分布、期望值、方差、标准差，计算项目由可行转变为不可行的概率，从而估计项目投资所承担的风险。

1) 蒙特卡洛模拟的程序

(1) 确定风险分析所采用的评价指标，如净现值、内部收益率等；

(2) 确定对项目评价指标有重要影响的输入变量；

(3) 经调查确定输入变量的概率分布；

(4) 为各输入变量独立抽取随机数；

(5) 由抽得的随机数转化为各输入变量的抽样值；

(6) 根据抽得的各输入随机变量的抽样值组成一组项目评价基础数据；

(7) 根据抽样值所组成的基础数据计算出评价指标值；

(8) 重复第(4)步到第(7)步，直至预定模拟次数；

(9) 整理模拟结果所得评价指标的期望值、方差、标准差和期望值的概率分布，绘制累计概率图；

(10) 计算项目由可行转变为不可行的概率。

2) 应用蒙特卡洛模拟法时应注意的问题

(1) 应用蒙特卡洛模拟法时，需假设输入变量之间是相互独立的。在风险分析中会遇到输入变量的分解程度问题，一般而言，变量分解得越细，输入变量个数也就越多，模拟结果的可靠性也就越高；变量分解程度低，变量个数少，模拟可靠性降低，但能较快获得模拟结果。对一个具体项目，在确定输入变量分解程度时，往往与输入变量之间的相关性有关。变量分解过细往往造成变量之间有相关性，例如产品销售收入与产品结构方案中各种产品数量和价格有关，而产品销售往往与售价存在负相关的关系，各种产品的价格之间同样存在或正或负的相关关系。如果输入变量本来是相关的，模拟中视为独立地进行抽样，就可能导致错误的结论。为避免此问题，可采用以下办法处理：

① 限制输入变量的分解程度，例如不同产品虽有不同价格，如果产品结构不变，可采用平均价格，又如销量与售价之间存在相关性，则可合并销量与价格作为一个变量，但是如果销量与售价之间没有明显的相关关系，还是把它们分为两个变量为好。

② 限制不确定变量个数，模拟中只选取对评价指标有重大影响的关键变量，除关键变量外，其他变量认为保持在期望值上。

③ 进一步搜集有关信息，确定变量之间的相关性，建立函数关系。

(2) 蒙特卡洛法的模拟次数。从理论上讲，模拟次数越多，随机数的分布就越均匀，变量组合的覆盖面也越广，结果的可靠性也越高。实际中应根据不确定变量的个数和变量的分解程度确定模拟次数，不确定变量的个数越多，变量分解得越细，需要模拟的次数就越多。

6.3.5 风险评价

风险评价.mp4

1. 风险评价

风险评价是在项目风险识别和风险估计的基础上，通过相应的指标体系和评价标准，对风险程度进行划分，揭示影响项目成败的关键风险因素，以便针对关键风险因素，采取防范对策。工程项目风险评价的依据主要有工程项目类型、风险管理计划、风险识别的成果、工程项目进展状况、数据的准确性和可靠性、概率和影响程度等。

风险评价包括单因素风险评价和整体风险评价。

单因素风险评价，即评价单个风险因素对项目的影响程度，以找出影响项目的关键风险因素。评价方法主要有风险概率矩阵、专家评价法等。

项目整体风险评价，即综合评价若干主要风险因素对项目整体的影响程度。对于重大投资项目或估计风险很大的项目，应进行投资项目整体风险分析。

风险评价可以按照以下三个步骤进行：

(1) 确定风险评价基准。风险评价基准是项目主体针对每一种风险后果确定的可接受水平。单个风险和整体风险都要确定评价基准，可分别称为单个评价基准和整体评价基准。风险的可接受水平可以是绝对的，也可以是相对的。

(2) 确定项目的风险水平。工程项目整体风险水平是综合所有个别风险之后而确定的。一般工程项目的风险水平取决于工程中存在风险的多少和风险对工程目标的影响程度，一般来说，工程项目中存在的风险越多或风险事件对工程影响越大，则说明工程项目的风险等级越高。

(3) 确定项目风险等级。将项目风险水平与评价基准对比，判断项目风险是否在可接受的范围之内，确定不同风险对工程项目目标的重要性，按照重要的程度排序，为项目决策提供依据。

2. 风险等级评定

1) 风险函数

风险函数描述风险有两个变量。一是事件发生的概率或可能性，二是事件发生后对项目目标的影响。因此，风险可以用一个二元函数描述：

$$R(P, I) = PI \tag{6-21}$$

式中：P——风险事件发生的概率；

I——风险事件对项目目标的影响。

显然，风险的大小或高低既与风险事件发生的概率成正比，也与风险事件对项目目标的影响程度成正比。

2) 风险影响

风险影响按照风险发生后对项目的影响大小，可以划分为五个影响等级：

(1) 严重影响：一旦发生风险，将导致整个项目的目标失败，可用字母"S"表示；

(2) 较大影响：一旦发生风险，将导致整个项目的标值严重下降，用"H"表示；

(3) 中等影响：一旦风险发生，对项目的目标造成中度影响，但仍然能够部分达到目标，用"M"表示；

(4) 较小影响：一旦风险发生，对于项目对应部分的目标受到影响，但不影响整体目标，用"L"示；

(5) 可忽略影响：一旦风险发生，对于项目对应部分的目标影响可忽略，并且不影响整体目标，用"N"表示。

3. 风险概率

风险概率按照风险因素发生的可能性，可以将风险概率划分为五个档次：

(1) 很高：风险发生的概率在81%~100%，意味风险很有可能发生，用"S"表示；

(2) 较高：风险发生的概率在61%~80%，意味发生的可能性较大，用"H"表示；

(3) 中等：风险发生的概率在41%~60%，意味可能在项目中预期发生，用"M"表示；

(4) 较低：风险发生的概率在21%~40%，意味不可能发生，用"L"表示；

(5) 很低：风险发生的概率在0~20%，意味非常不可能发生，用字母"N"表示。

4. 风险评价矩阵

风险的大小可以用风险评价矩阵，也称概率-影响矩阵来表示，它以风险因素发生的概率为横坐标，以风险因素发生后对项目的影响大小为纵坐标，发生概率大且对项目影响也大的风险因素位于矩阵的右上角，发生概率小且对项目影响也小的风险因素位于矩阵的左下角，如图6-6所示。

影响(I)	很低	较低	中等	较高	很高
严重	M	H	H	S	S
较大	L	M	H	H	S
中等	L	L	M	H	H
较小	N	L	L	M	H
可忽略	N	N	L	L	M

图6-6　风险概率-影响矩阵

第6章 建设项目的不确定性分析和风险分析

5. 风险等级

根据风险因素对投资项目影响程度的大小，采用风险评价矩阵方法，可将风险程度分为微小风险、较小风险、一般风险、较大风险和重大风险五个等级：

(1) 微小风险。风险发生的可能性很小，且发生后造成的损失较小，对项目的影响很小。对应图 6-5 的 N 区域；

(2) 较小风险。风险发生的可能性较小，或者发生后造成的损失较小，不影响项目的可行性。对应图 6-5 的 L 区域；

(3) 一般风险。风险发生的可能性不大，或者发生后造成的损失不大，一般不影响项目的可行性，但应采取一定的防范措施。对应图 6-5 的 M 区域；

(4) 较大风险。风险发生的可能性较大，或者发生后造成的损失较大，但造成的损失是可以承受的，且必须采取一定的防范措施。对应图 6-5 的 H 区域；

(5) 重大风险。风险发生的可能性大，风险造成的损失大，将使项目由可行转变为不可行，需要采取积极有效的防范措施。对应图 6-5 的 S 区域。

本 章 小 结

通过本章学习，学生们主要了解不确定性分析和风险分析的概念、性质与分类；掌握不确定性分析与风险分析的关系；掌握盈亏平衡分析、敏感性分析及概率分析；了解风险分析程序、识别方法及主要风险；掌握风险估计主要方法及风险评价等相关知识，达到举一反三、学以致用的目的，为以后的工作和学习打下坚实的基础。

实 训 练 习

一、单选题

1. 盈亏平衡点位置与项目抗风险能力的关系，正确的是(　　)。
    A. 盈亏平衡点越高，项目抗风险能力越强
    B. 盈亏平衡点越高，项目适应市场变化能力越强
    C. 盈亏平衡点越高，项目适应市场变化能力越强，抗风险能力越弱
    D. 盈亏平衡点越低，项目抗风险能力越强

2. 盈亏平衡分析分为线性盈亏平衡分析和非线性盈亏平衡分析。其中，线性盈亏平衡分析的前提条件之一是(　　)。
    A. 只生产单一产品，且生产量等于销售量
    B. 单位可变成本随生产量的增加成比例降低
    C. 生产量等于销售量
    D. 销售收入是销售量的线性函数

3. 在投资项目经济评价中进行敏感性分析时，首先应确定分析指标。如果要分析产品

价格波动对投资方案超额净收益的影响,可选用的分析指标是( )。
  A. 投资回收期 B. 净现值 C. 内部收益率 D. 借款偿还期

4. 某项目设计生产能力为年产60万件产品,预计单位产品价格为100元,单位产品可变成本为75元,年固定成本为380万元。若该产品的销售税金及附加的合并税率为5%,则用生产能力利用率表示的项目盈亏平衡点为( )。
  A. 31.67% B. 30.16% C. 26.60% D. 25.33%

5. 盈亏平衡点越低,表明项目( )。
  A. 适应市场变化能力越小 B. 适应市场变化能力一般
  C. 适应市场变化能力较差 D. 适应市场变化能力越大

6. 保本产量是指年销售收入等于下列( )时的产品产量。
  A. 年总成本费用 B. 年经营成本
  C. 单位产品总成本费用 D. 单位产品经营成本

7. 在敏感性分析中,下列因素最敏感的是( )。
  A. 产品价格下降30%,使NPV=0 B. 经营成本上升50%,使NPV=0
  C. 寿命缩短80%,使NPV=0 D. 投资增加120%,使NPV=0

8. 某项目单因素敏感性分析图如图6-7所示:三个不确定性因素Ⅰ、Ⅱ、Ⅲ,按敏感性由大到小的顺序排列为( )。

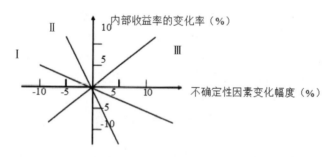

图6-7 某项目单因素敏感性分析图

  A. Ⅰ-Ⅱ-Ⅲ B. Ⅱ-Ⅲ-Ⅰ C. Ⅲ-Ⅱ-Ⅰ D. Ⅲ-Ⅱ-Ⅰ

9. 设定要分析的因素均从初始值开始一个相同的幅度变动(相对于确定性分析中的取值),比较在同一变动幅度下各因素的变动对分析指标的影响程度,影响程度大者为敏感因素,该法称为( )。
  A. 相对测定法 B. 绝对测定法 C. 盈亏平衡法 D. 代数分析法

10. 在投资项目经济评价中进行敏感性分析时,如果要分析投资大小对方案资金回收能力的影响,可选用的分析指标是( )。
  A. 投资回收期 B. 净现值 C. 内部收益率 D. 借款偿还期

11. 有关单因素敏感性分析图,说法正确的是( )。
  A. 一张图只能反映一个因素的敏感性分析结果
  B. 临界点表明方案经济效果评价指标达到最高要求所允许的最大变化幅度
  C. 不确定因素变化超过临界点越多,方案越好

D. 将临界点与未来实际可能发生的变化幅度相比，大致可分析项目的风险情况

二、多选题

1. 不确定性分析方法的应用范围是(　　)。
   A. 盈亏平衡分析即可用于财务评价，又可用于国民经济评价
   B. 敏感性分析可用于国民经济评价
   C. 概率分析可同时用于财务评价和国民经济评价
   D. 敏感性分析可用于财务评价
   E. 盈亏平衡分析只能用于财务评价

2. 关于盈亏平衡分析的论述，下列说法中正确的是(　　)。
   A. 盈亏平衡点的含义是指企业的固定成本等于变动成本
   B. 当实际产量小于盈亏平衡产量时，企业亏损
   C. 经营安全度越高，抗风险能力就越强
   D. 生产能力利用率大于盈亏平衡点就可赢利
   E. 盈亏平衡产量越大，抗风险能力就越强

3. 关于敏感性分析的论述，下列说法中错误的是(　　)。
   A. 敏感性分析对不确定因素的变动对项目投资效果的影响作了定量的描述
   B. 敏感性分析得到了维持投资方案在经济上可行所允许的不确定因素发生不利变动的最大幅度
   C. 敏感性分析不能说明不确定因素发生的情况的可能性
   D. 敏感性分析考虑了不确定因素在未来发生变动的概率
   E. 敏感性分析可以分为单因素敏感性分析和多因素敏感性分析

4. 判别敏感因素的方法包括(　　)。
   A. 代数分析法　　　B. 相对测定法　　　C. 公式法
   D. 图解法　　　　　E. 绝对测定法

5. 下面(　　)可以用来表示盈亏平衡点。
   A. 销售收入　　　　B. 产量　　　　　　C. 销售价格
   D. 单位产品变动成本　E. 生产能力

三、简答题

1. 简述风险的特征。
2. 风险的分类有哪些？
3. 请简单描述一下风险分析要经过哪些程序。

第6章　习题答案.pdf

实训工作单

班级		姓名		日期	
教学项目	建设项目的不确定性分析				
任务	盈亏平衡分析的计算	适用公式	BEP(生产能力利用率)=年总固定成本/(年销售收入-年总可变成本-年销售税金与附加)×100% BEP(产量)=年总固定成本/(单位产品价格-单位产品可变成本-单位产品销售税金与附加)=BEP(生产能力利用率)×设计生产能力 BEP(产品售价)=(年总固定成本/设计生产能力)+单位产品可变成本+单位产品销售税金与附加		
题目	生产某一产品的固定成本是 86000 元,售价为每台 65 元,每台的材料费是 20 元,工资为 7 元,其他变动成本为 4 元。求: (1)求该企业盈亏平衡点的产品产量? (1)由于市场竞争激烈,产品必须降价销售,现价格下降 10%,此时盈亏平衡点的产量为多少				
过程记录					
评语				指导老师	

第 7 章 建设项目的财务分析

 【学习目标】

- 了解财务分析的基本知识
- 掌握财务分析的目的、内容及分析步骤
- 了解财务报表概述、组成并会分析财务报表
- 了解财务的评价指标
- 掌握财务评价指标分析及计算

第 7 章 建设项目的财务分析.avi

 【教学要求】

本章要点	掌握层次	相关知识点
财务分析的基本知识	了解财务分析的基本知识	财务分析的作用、要求
财务分析的目的、内容及分析步骤	1. 掌握财务分析的目的、内容 2. 掌握财务分析的步骤	财务状况分析、获利能力分析
财务报表概述、组成并会分析财务报表	1. 了解财务报表概述、组成 2. 掌握财务报表的分析	财务报表的基本要求
财务的评价指标	了解财务的评价指标	资金风险、经营风险、市场风险、投资风险
财务评价指标分析及计算	掌握财务报表的指标分析并会简单地计算	盈利能力指标、偿债能力指标

 【项目案例导入】

一、项目背景

某公司拟投资建设一个生物化工厂。这一建设项目的基础数据如下：

1. 项目实施计划

该项目建设期为 3 年，实施计划进度为：第 1 年完成项目全部投资的 20%，第 2 年完成项目全部投资的 55%，第 3 年完成项目全部投资的 25%，第 4 年项目投产，投产当年项目的生产负荷达到设计生产能力的 70%，第 5 年项目的生产负荷达到设计生产能力的 90%，第 6 年项目的生产负荷达到设计生产能力，项目的运营期总计为 15 年。

2. 建设投资估算

本项目工程费与工程建设其他费的估算额为 52180 万元，预备费(包括基本预备费和涨价预备费)为 5000 万元。本项目的投资方向调节税率为 5%。

3. 建设资金来源

本项目的资金来源为自有资金和贷款，贷款总额为 40000 万元，其中外汇贷款为 2300 万美元。外汇牌价为 1 美元兑换 8.3 元人民币。贷款的人民币部分，从中国建设银行获得，年利率为 12.48%(按季计息)。贷款的外汇部分，从中国银行获得，年利率为 8%(按年计息)。

4. 生产经营费用估计

建设项目达到设计生产能力以后，全厂定员为 1100 人，工资和福利费按照每人每年 7200 元估算。每年的其他费用为 860 万元。年外购原材料、燃料及动力费估算为 19200 万元。年经营成本为 21000 万元，年修理费占年经营成本 10%。各项流动资金的最低周转天数分别为：应收账款 30 天，现金 40 天，应付账款 30 天，存货 40 天。

二、基础数据

1. 生产规模和产品方案

生产规模为年产 1.78 万吨某工业产品。

2. 实施进度

项目拟两年建成，第三年投产，当年生产负荷达到设计能力的 60%，第四年达到 80%，第五年达到 100%。生产期按 8 年考虑，计算期为 10 年。

【项目问题导入】

根据本章内容，对本项目进行简单的财务分析。

7.1 财务分析概述

7.1.1 财务分析的基本知识

财务分析，又称财务评价，是项目决策分析与评价中为判定项目财务可行性所进行的一项重要工作，是项目经济评价的重要组成部分，是投融资决策的重要依据。财务分析是在现行会计规定、税收法规和价格体系下，通过财务效益与费用(收益与支出)的预测，编制财务报表，计算评价指标，考察和分析项目的财务盈利能力、偿债能力和财务生存能力，据以判断项目的财务可行性，明确项目对财务主体及投资者的价值贡献。

财务分析.mp4

财务分析.avi

第7章　建设项目的财务分析

1. 财务分析的作用

(1) 项目可行性研究的重要内容。

项目评价应从多角度、多方面进行，对于项目的前评价、中间评价和后评价，财务分析都是必不可少的重要内容之一。在项目的前评价到决策分析与评价的各个阶段中，包括机会研究报告、项目建议书、初步可行性研究报告、可行性研究报告中财务分析都是重要组成部分。

(2) 决策的重要依据。

在竞争性项目决策过程中，财务分析结论是重要的决策依据。项目发起人决策是否发起或进一步推进该项目；权益投资人决策是否投资于该项目；债权人决策是否贷款给该项目。对于那些需要政府核准的项目，各级核准部门在做出是否核准该项目的决策时，许多相关财务数据可作为项目社会和经济影响大小的估算基础。

(3) 项目或方案比选中起着重要作用。

方案比选在可行性研究中发挥着重要作用，在项目建设规模、产品方案、工艺技术与设备方案、场址选择、工程方案等方面都必须通过方案比选予以优化。财务分析结果可以反馈到建设方案构造和研究中，用于方案比选，优化方案设计，使项目整体更趋于合理。

(4) 配合投资各方谈判，促进平等合作。

目前，投资主体多元化已成为项目的融资主流，存在着多种形式的合作方式，主要有国内合资或合作的项目、中外合资或合作的项目、多个外商参与的合资或合作的项目等。在酝酿合资、合作的过程中，咨询工程师会成为各方谈判的有力助手，财务分析结果起着促使投资各方平等合作的重要作用。

(5) 财务分析中的财务生存能力分析对项目，特别是对非经营性项目的财务可持续性的考察起着重要的作用。

2. 财务分析的要求

财务分析内容随项目性质和目标有所不同，对于旨在实现投资盈利的经营性项目，其财务分析内容应包括本章所述全部内容；对于旨在为社会公众提供公共产品和服务的非经营性项目，在通过相对简单的财务分析比选优化项目方案的同时，了解财务状况，分析其财务生存能力，以便采取必要的措施使项目得以财务收支平衡，正常运营。

投资项目可以从不同角度进行分类，按照项目建设性质以及项目与企业原有资产的关系，分为新建项目和改扩建项目；按照项目的融资主体，分为新设法人项目和既有法人项目。既有法人项目，特别是依托现有企业进行改、扩建与技术改造的项目(简称改扩建项目)在效益和费用估算方面有着显著的特点，应予以充分注意。

根据投资人的划分以及建设地点不同又可以有政府投资项目、企业投资项目、外商投资项目、境外投资项目之分，按照行业划分又有盈利项目和非营利性项目、竞争性项目和基础设施或公共服务类项目之分，各类项目在财务分析的内容与要求上都有所侧重和不同。工作中应根据项目具体情况进行分析。

财务分析时应根据项目具体情况，结合项目性质，掌握财务分析的原则，正确界定项目的范围，确定计算和判别参数与数据，选择合适的分析方法，必要时应满足决策者不同的需要。

7.1.2 财务分析的目的和内容

1. 财务分析的目的

财务分析的目的.mp4

财务分析的目的是进行财务分析的最终目标，财务分析的最终目标是为财务报表使用者做出相关决策提供可靠的依据。财务分析的目的受财务分析主体的制约，不同的财务分析主体进行财务分析的目的是不同的。

财务分析的一般目的可以概括为：评价过去的经营业绩、衡量现在的财务状况、预测未来的发展趋势。根据分析的具体目的，财务分析可以分为流动性分析、盈利性分析、财务风险分析、专题分析(如破产分析、审计人员的分析性检查程序)从财务分析的服务对象看，财务分析不仅对企业内部生产经营管理有着重要的作用，而且对企业外部投资决策、贷款决策、赊销决策等也有着重要作用。从财务分析的职能作用来看，它对于预测、决策、计划、控制、考核、评价都有重要作用。

2. 财务分析的内容

财务分析的内容主要根据信息使用者的不同而分为外部分析内容、内部分析内容，另可设置专题分析内容。具体来说，企业财务分析的内容有：财务分析是以企业财务报表等核算资料作为依据，采用专门的会计技术和方法，对企业的风险和营运状况进行分析的财务活动。它是企业生产、经营、管理活动的重要组成部分，其主要内容包括以下部分：

财务分析的内容.mp4

(1) 财务状况分析。

企业的财务状况是用资金进行反映的生产经营成果。企业的资产、负债和所有者权益从不同方面反映企业的生产规模、资金周转情况和企业经营的稳定程度。分析企业的财务状况包括：分析其资本结构，资金使用效率和资产使用效率等。其中资金使用效率和资产使用效率分析构成该企业营运能力分析，它是财务状况分析的重点。常用指标：流动资产周转率、存货周转率、企业应收账款周转率等。

(2) 获利能力分析。

企业的获利能力是企业资金运动的直接目的与动力源泉，一般是指企业从销售收入中能获取利润多少的能力。盈利能力可反映出该企业经营业绩的好坏，因此，企业的经营人员、投资者和债权人都非常重视和关心。获利能力分析常用指标：主营业务利润率、营业利润率、销售毛利率、销售净利率等。

(3) 偿债能力分析。

偿债能力是指借款人偿还债务的能力，可分为长期偿债能力和短期偿债能力。长期偿债能力是指企业保证及时偿付一年或超过一年的一个营业周期以上到期债务的可靠程度。其是指标有固定支出保障倍数、利息保障倍数、全部资本化比率和负债与 EBITDA 比率等。短期偿债能力是指企业支付一年或者超过一年的一个营业周期内到期债务的能力。其指标有现金比率、营运资金、速动比率、流动比率等。

(4) 现金流量分析。

现金流量分析是通过现金流量比率分析对企业偿债能力、获利能力以及财务需求能力进行财务评价。常用指标有销售现金比率、现金债务比率、现金再投资比率和现金满足内部需要率等。

(5) 投资报酬分析。

投资报酬是指企业投入资本后所获得的回报。投资报酬分析常用的指标有资本金报酬率和股东权益报酬率、总资产报酬率和净资产报酬率等。

(6) 增长能力分析。

企业的成长性，是企业通过自身生产经营活动，不断扩大和积累而形成的发展潜能，是投资者在选购股票进行长期投资时最为关注的问题。增长能力分析常用的指标有利润增长率、销售增长率、现金增长率、净资产增长率和股利增长率等。

现金流量分析.mp4

7.1.3 财务分析的步骤

有效的财务分析无论对企业的财务会计还是整个企业管理都十分重要，如何增强财务分析的有效性？这是一个迫切需要研究和解决的课题。财务分析是一项难度很大的工作，它涉及面广、不确定性大、需要的知识多(如会计、财务、经济学、战略管理、证券市场、法律等)，也有很强的"艺术性"。所以，有时候不易达成完全一致的意见。在思考有效的财务分析模式时，既要看到经济和产业分析在评估企业未来发展前景中的重要地位，又要看到财务报表的意义和局限性，并尽可能避免盲目地使用财务比率和相关分析指标。为此，有效的财务分析必须包括以下五个相互关联的步骤：

1. 确定企业所处特定产业(或行业)的经济特征

财务分析能不能够在企业范围内完全解决？现在看来是有问题的。因为，财务报表与企业财务特性之间关系的确定不能离开产业经济特征的分析，换句话说，同样的财务报表放在不同产业的企业中，它所体现的经济意义和财务特性很可能完全不同，如零售业、钢铁业、房地产业就有着差别很大的财务比率；又如，高科技产业与传统的产业不仅在产业经济特征上有很大的差别，而且决定其竞争地位的因素也各不相同。在财务分析时，产业经济特征是一个非常重要的分析基础，只有了解和确定一个企业所处特定产业的经济特征，才有可能真正理解财务报表的经济意义，并发挥财务分析在管理决策中的作用。缺乏对所处产业经济特征的把握，那就意味着企业财务分析人员把自己孤立在一个小圈子里面，不知道企业所处的环境、产业发展前景及其影响、竞争地位。

在实际工作中，有许多认定产业(甚至企业)经济特征的模式，其中最常用的是五个层面的经济属性模式，这五个层面包括需求、供应、生产、营销和财务。其中，需求属性反映了顾客对产品或服务价格的敏感性、产业成长率、对商业周期的敏感程度、季节性影响都是评估需求的重要因素。供应属性是指产品或服务在提供方面的特征。在某些产业中，许多供应商提供的产品或服务是非常相似的，而在另外一些产业中，则只有非常有限的几家供应商。人们通常用产业进入的难易程度来判断供应，就生产属性而言，某些企业纯粹是劳动密集型的，而有些企业是资本密集型的，在分析生产属性时，制造过程的复杂程度也是一个重要的判断标准。产业的营销属性涉及产品和服务的消费者、分销渠道，有些产业的营销特别费劲，而另一些产业的营销则容易得多。对财务属性的认定重点是要明确与企业资产结构和产品特征相配的负债水平和类型，对那些成熟、盈利的公司来说，其对外举债一般都比新办的公司少。此外，某些产业由于产品寿命短(如个人计算机制造业)或长期发展前景令人怀疑(如传统的钢铁制造业)、风险高，一般不能承受高水平的对外负债。

确定企业所处产业的经济特征是有效财务分析的第一步。透过产业经济特征的确定，一方面为理解财务报表数据的经济意义提供了一个"航标"；另一方面又缩短了财务比率和相关指标与管理决策之间的距离，从而使得财务分析的信息对管理决策变得更加有意义。

2. 确定企业为增强竞争优势而采取的战略

财务分析与企业战略有着密切的联系，如果说产业经济特征是财务分析人员理解财务报表数据经济意义的"航标"，那么企业战略就是财务分析人员在财务分析中为管理决策作出相关评价的具体指南。离开企业战略，财务分析同样会迷失方向，财务分析就不可能真正帮助管理决策作出科学的评价。因此，在有效的财务分析模式中，紧接着产业经济特征分析之后的就是要确定企业战略。

企业之所以要确立其战略，并将其与竞争者区分开来，完全是出于竞争的需要。尽管一个产业的经济特征一定程度上限制了企业在制定与同行业的其他竞争者进行竞争的战略弹性，但是许多企业仍然通过制定符合其特定要求的、难于被仿制的战略以创造可持续的竞争优势。影响企业战略的主要因素包括地区和产业多元化、产品和服务特征等，有效的财务分析应当是建立在对企业战略的理解基础之上的。也就是说，应理解不同的企业是如何对制约发展的因素作出积极反应，以及怎样维护已制定的战略的。为了理解一个企业的战略，财务分析人员不仅要认真地看其战略计划，还要考察其实施计划的各种具体的行动。此外，对竞争企业之间战略的比较也是必不可少的。

3. 正确理解和净化企业的财务报表

尽管财务报表是用于管理决策的，但是财务报表编制的目的与财务分析的目的毕竟有很大的差别。财务分析人员在利用财务报表时，对财务报表本身也有一个理解和净化的过程。所谓理解，是指要了解财务报表的局限，如企业管理当局所作的"盈利管理"导致财务报表的不可靠、不公允；所谓净化，是指财务分析人员对财务报表中的关键项目(如利润额)所作的调整，以增强其可靠性和公允性。

财务分析人员在净化财务报表的过程中，应当注意以下主要方面：

(1) 不重复发生项目或非常项目。这些项目对盈利的影响是暂时性的，在评估企业真正的经营业绩之前应重点考虑剔除。

(2) 研究与开发等支出。研究与开发、广告、人力资源培训等支出的人为安排直接影响到企业在不同会计期间的盈利，在财务分析时，对这些支出的人为安排保持一定的警惕是十分必要的。同样，在评估一个企业的持续的经营业绩时，对这些人为的安排进行调整或许是需要的。

(3) 盈利管理。许多实证研究表明，在企业中存在大量的盈利管理行为。例如，在会计方法的选择上提前确认收入和延迟确认费用；又如，在对固定资产折旧和工程完工进度

第 7 章　建设项目的财务分析

等会计方法的应用和会计估计的变动、会计方法运用时点的选择和交易事项发生时点的控制过程中刻意去迎合管理当局的要求，这些盈利管理都可能导致企业财务报表的偏差和不准确。在财务分析时，对它们进行调整是必不可少的。所有这些调整对财务分析人员来说都是对财务报表的净化。

在实际情况中并不是所有的企业都提供了财务分析人员在对财务报表关键项目进行调整时需要的资料。在这种情况下，财务分析人员清醒地认识到财务报表的局限性，并在解释财务报表的数据时充分考虑这一因素具有特别重要的意义。

4. 运用财务比率和相关指标评估企业的盈利能力与风险

在财务分析中，人们比较熟悉财务比率和相关指标的计算，如流动比率、资产负债率、权益回报率等财务比率，以及共同比报表、有关的增长率和完成百分比等。但是，对于如何科学地运用这些比率和指标评估企业的盈利能力与风险则做得还很不够。目前还没有一套标准的财务比率和指标，财务比率多大才是好或坏，并没有具体的界限。一般书本中流动比率等于 2 算是正常，但美国 20 世纪 60 年代的一项实证研究表明：正常而持续经营的企业的平均流动比率超过 3，而破产企业的流动比率则平均在 2～2.5 之间。很明显，财务比率没有标准，只有将它们与产业特征、企业战略，甚至商业周期等联系起来才会有意义。因此，财务分析不仅仅是财务会计数据的分析，在财务分析中，最重要的工作应当是将某一企业的财务数据放在产业经济、证券等资本市场大环境中进行多方对比，深入分析，将财务数据与企业的战略联系起来考察现有的优势和劣势，并科学地评估企业的盈利能力和风险。

5. 为管理决策作出相关的评价

财务分析的主要目的是为管理决策作出相关的评价。管理决策是一个范围很广的概念，就财务分析而言，这里的管理决策主要包括两个类别：一是投资决策；二是信贷决策。其实这两种决策都涉及企业估价问题，而要对企业的价值进行评定，又必须回到盈利能力和风险的评估上，故盈利能力和风险因素不可或缺。

财务比率和指标有很多，哪些比率与管理决策更相关？怎样的比率与怎样的决策更相关？大家并不清楚。我国认为流动比率和资产负债率对评估企业的偿债能力很有用，但是美国同样的实证研究表明，在评估企业的偿债能力和破产风险中，资产收益率最有用，其次是现金流量与总负债的比率，最后才是营运资本与总负债的比率、资产负债率和流动比率。因此，必须以实际的资料为依据，进一步研究财务比率和相关指标与某一特定管理决策的相关性问题。

为了发挥财务分析在管理决策、特别是企业估价中的作用，必须运用以上五个相互关联的步骤，这五个步骤构成了一个有效的财务分析模型。因为，它不仅给分析人员提供了管理决策评价的合理假设(产业经济特征、企业战略和净化了的财务报表)，而且还为财务分析本身如何为管理决策服务提供了一个合乎逻辑的理性指南。

7.2 财务报表的编制

7.2.1 财务报表概述

企业财务报表是企业的投资者、经营者、债权人、管理机构、政府部门、客户以及其他利益相关者获取企业信息,从而进行决策的重要依据之一。

财务报表是指对企业财务状况、经营成果和现金流量的结构性描述,是反映企业某一特定日期财务状况和某一会计期间经营成果、现金流量的书面文件。财务报表列报是指在财务报表中的列示和在财务报表附注中的披露。为了规范财务报表的列报,保证同一企业不同期间和同一期间不同企业的财务报表相互可比,《企业会计准则(2006)》中对财务报表的列报和构成有一定的要求。

财务报表.mp4

1. 财务报表列报的基本要求

《企业会计准则(2006)》对编制财务报表列报的基本要求主要包括以下六个方面:

(1) 企业应当以持续经营为基础。根据实际发生的交易和事项,按照《企业会计准则(2006)》和其他各项会计准则的规定进行确认和计量,在此基础上编制财务报表。企业不应以附注披露代替确认和计量。以持续经营为基础编制财务报表不再合理的,企业应当采用其他基础编制财务报表,并在附注中披露这一事实。

(2) 财务报表项目的列报应当在各个会计期间保持一致,不得随意变更。

(3) 重要项目单独列报。重要性是指财务报表某项目的省略或错报会影响使用者据此作出经济决策。重要性应当根据企业所处环境,从项目的性质和金额大小两方面予以判断。

(4) 报表列示项目不应相互抵消。财务报表中的资产项目和负债项目的金额、收入项目和费用项目的金额一般不能相互抵消,除非会计准则另有规定。资产项目按扣除减值准备后的净额列示,不属于抵消。非日常活动产生的损益,以收入扣减费用后的净额列示,不属于抵消。

(5) 当期报表列报项目与上期报表列报项目应当具有可比性。当期财务报表的列报,至少应当提供所有列报项目上一次可比会计期间的比较数据,以及与理解当期财务报表相关的说明。财务报表项目的列报发生变更的,应当对上期比较数据按照当期的列报要求进行调整,并在附注中披露调整的原因和性质,以及调整的各项目金额。对上期比较数据进行调整不切实可行的,应当在附注中披露不能调整的原因。

(6) 其他相关要求,主要包括以下两点:

① 企业应当在财务报表的显著位置至少披露下列各项:编报企业的名称;资产负债表日或财务报表涵盖的会计期间;人民币金额单位;财务报表是合并财务报表的,应当予以标明。

② 企业至少应当按年编制财务报表。年度财务报表涵盖的期间短于一年的,应当披露年度财务报表的涵盖期间,以及短于一年的原因。

2. 财务报表的构成

根据现行会计准则的规定,财务报表至少应当包括资产负债表、利润表、现金流量表、所有者权益(或股东权益)变动表和附注。

资产负债表是反映企业在某一特定日期财务状况的报表。由于资产负债表反映的是某一时点的财务状况,这一时点一般是企业月末、季末、半年末、年末,所以它是一种静态报表。

财务报表的构成.mp4

利润表是反映企业在一定会计期间的经营成果的财务报表。利润表把一定期间的营业收入与其同一会计期间相关的营业费用进行配比,以计算出企业一定时期的净利润(或净亏损)。利润表是以"利润=收入-费用"这一会计等式为依据,按照一定的步骤计算出构成利润(或亏损)总额的各项要素编制而成的,它属于动态报表。

利润表.mp4

现金流量表是反映企业一定会计期间现金和现金等价物流入和流出的财务报表,它属于动态的财务报表。这里的现金是指库存现金,以及可以随时用于支付的存款。现金等价物是指企业持有的期限短、流动性强、易于转换为已知金额现金、价值变动风险很小的投资。

所有者权益(或股东权益)变动表是反映构成所有者权益(或股东权益)的各组成部分当期增减变动情况的财务报表。所有者权益变动表原为资产负债表的附表。《企业会计准则(2006)》将其列为与资产负债表、利润表、现金流量表并列的财务报表。在本章中由于篇幅所限,将其放在表 7-1 资产负债表的内容和作用后面作一简单介绍。

财务报表附注是对在资产负债表、利润表、现金流量表和所有者权益变动表等报表中列示项目的文字描述或明细资料,以及对未能在这些报表中列示项目的说明等。

7.2.2 财务报表的构成

财务报表是以会计准则为规范编制的,向所有者、债权人、政府及其他有关各方及社会公众等外部反映会计主体财务状况和经营的会计报表。

财务报表包括资产负债表、损益表、现金流量表或财务状况变动表、附表和附注。财务报表是财务报告的主要部分,不包括董事报告、管理分析及财务情况说明书等列入财务报告或年度报告的资料。

1. 资产负债表

1) 资产负债表的内容和结构

(1) 资产负债表的内容。

资产负债表根据资产、负债、所有者权益之间的关系,即"资产=负债+所有者权益",按照一定的分类标准和顺序,把企业一定日期的资产、负债和所有者权益各项目进行适当排列。因此,资产负债表的主要内容包括企业资产、负债以及所有者权益的总体规模和结构,详细内容如表 7-1 所示。

表 7-1 资产负债表(会企 01)

编制单位：A 公司　　　　　　　　　2016 年 12 月 31 日　　　　　　　　　单位：万元

资产	期末余额	年初余额	负债和所有者权益（或股东权益）	期末余额	年初余额
流动资产：			流动负债：		
货币资金	50	25	短期借款	60	45
交易性金融资产	6	12	交易性金融负债	28	10
应收票据	8	11	应付票据	5	4
应收账款	398	199	应付账款	100	109
预付款项	224	224	预收款项	10	4
应收利息	0	0	应付职工薪酬	2	1
应收股利	0	0	应交税费	5	4
其他应收款	12	22	应付利息	12	16
存货	119	326	应付股利	0	0
一年内到期的非流动资产	77	11	其他应付款	25	22
其他流动资产	8	0	一年内到期的非流动负债	0	0
流动资产合计	700	610	其他流动负债	53	5
非流动资产：			流动负债合计	300	220
可供出售金融资产	0	45	非流动负债		
持有至到期投资			长期借款	450	245
长期应收款			应付债券	240	260
长期股权投资	30	0	长期应付款	50	60
投资性房地产			专项应付款	0	0
固定资产	1238	955	预计负债	0	0
在建工程	18	35	递延所得税负债	0	0
工程物资			其他非流动负债	0	15
固定资产清理		12	非流动负债合计	740	580
生产性生物资产			负债合计	1040	800
油气资产			所有者权益(或股东权益)		
无形资产	6	8	实收资本(或股本)	100	100
开发支出			资本公积	10	10
商誉			减：库存股	0	0
长期待摊费用	5	15	盈余公积	100	40
递延所得税资产	0	0	未分配利润	750	730
其他非流动资产	3	0	所有者权益(或股东权益)合计	960	880
非流动资产合计	1300	1070			
资产总计	2000	1680	负债和所有者权益(或股东权益)总计	2000	1680

第8章　建设项目的国民经济评价.pdf

第8章　建设项目的国民经济评价　08

第8章　建设项目的国民经济评价.avi

【学习目标】

- 了解国民经济评价概念、作用、意义及适用范围
- 掌握国民经济评价与财务评价的区别与联系
- 了解项目社会成本(费用)和社会效益分析
- 掌握直接效益和直接费用、间接效益和间接费用
- 掌握国民经济评价的程序及报表的编制
- 掌握国民经济的评价参数及经济评价指标

【教学要求】

本章要点	掌握层次	相关知识点
国民经济评价概念、作用、意义及适用范围	了解国民经济评价概念、作用、意义及适用范围	国民经济评价
国民经济评价与财务评价的区别与联系	掌握国民经济评价与财务评价的区别与联系	国民经济评价、财务评价
项目社会成本(费用)和社会效益分析	理解项目社会成本(费用)和社会效益分析	项目社会成本(费用)和社会效益分析
直接效益和直接费用、间接效益和间接费用	掌握直接效益和直接费用、间接效益和间接费用	费用与效益
国民经济评价的程序及报表的编制	熟悉国民经济评价的程序及报表的编制	国民经济评价报表
国民经济的评价参数及经济评价指标	掌握国民经济的评价参数及经济评价指标	国民经济的评价参数及指标

【项目案例导入】

一、背景

国家拟建一条国道主干线，该项目作为区域南北主通道的加密线和区域经济干线，将XX省内多条高速公路有机联系起来，进一步完善和均衡 HN 省"五纵七横"高速公路网，对于改善区域路网结构，加快 A 省基础设施建设具有重要的意义。

本项目路线全长 56.217km，采用设计速度 100km/h 的四车道高速公路标准，路基宽度 26m。主要分部分项工程有土石方 884.3 万 m^3，特大桥、大桥 8520m/28 座，中小桥 280m/5 座，隧道 4108m/5 座，涵洞 214 道。

二、计算期

项目计划 2010 年年初开工，2012 年年底建成通车，建设年限为 3 年。国民经济评价运营期取 20 年。国民经济评价计算期为 23 年，评价计算基准年为 2010 年，评价计算末年为 2032 年。

【项目问题导入】

根据给出的案例，结合本章内容简单地做一下国民经济评价。

8.1 国民经济评价概述

8.1.1 国民经济评价概念、特点和应用程序

1. 国民经济评价的含义

国民经济评价.mp4

国民经济评价，是指从国家整体角度考察项目的效益和费用，是项目经济评价的核心组成部分。用影子价格、影子工资、影子汇率计算项目给国民经济带来的净效益，以社会折现率作为评价经济上合理性的标准。国民经济评价以经济内部收益率作为主要指标，以经济净现值、经济净现值率和投资效益率作为辅助指标。国民经济评价应与财务评价同时进行，只有财务评价和国民经济评价都可行的项目，才允许建设。当两种评价的结果发生矛盾时，应按国民经济评价的结论考虑项目的取舍问题。

项目财务评价只是从项目本身的财务状况来评价和判断项目的可行性，但它并不能评价项目建成后对国民经济和社会发展的影响和作用，所以还必须对项目进行国民经济评价，从宏观角度考察项目客观发生的经济效果，以评价和判断项目的可行性。

2. 国民经济评价方法的特点

对大型投资项目进行国民经济评价，与财务评价有着明显的区别和特点。

（1）使用一套独特的价格体系——影子价格。影子价格是实现资源最优分配的理想价格体系，国民经济评价方法中用变通的方法寻求影子价格的近似值，用来代替理想价格进行项目的经济效果评价。

(2) 采用若干个全国统一使用的通用参数。国民经济评价方法中运用的折现率、贸易费用率、影子汇率等在一定时期内是一个确定值，可适用于任何建设项目的国民经济评价。

(3) 费用和效益是从国家宏观角度识别的。不管项目是由企业承办还是由国家承办，在做国民经济评价时，都需要从国家角度划分项目的费用和效益。

3. 国民经济评价方法的应用程序

进行国民经济评价，大致可按如下几个步骤进行：

(1) 根据国民经济评价指标所要求的基础数据，列出需进行调查和调整的内容；
(2) 针对需调查和调整的内容，确定其影子价格；
(3) 将影子价格引入后，测算出项目的费用和效益；
(4) 计算国民经济评价的费用、效益、各项评价指标及现金流量表，包括静态指标和运用资金时间价值的动态指标；
(5) 选定评价基准，如选定社会折现率或标准投资回收期等；
(6) 评价和决策。

8.1.2 国民经济评价的作用、基本原理

1. 国民经济评价的作用

(1) 是项目决策的依据；
(2) 可以对项目进行优化；
(3) 对于一些国计民生急需的项目，若国民经济评价合理，而财务评价不可行，要重新考虑方案；
(4) 有效察觉盲目建设、重复投资，实现企业、地区、社会与国家整体利益的有机结合和平衡；
(5) 限制和制止对国民经济贡献不大的项目。一般来说，国民经济评价不能通过的项目要予以否定。

2. 国民经济评价的基本原理

国民经济评价采用经济费用效益分析方法。追求以最小投入(费用)获取最大产出(利润)，或是采用"有无对比"方法识别项目的费用和效益，利用影子价格来估算各项费用和效益；采用现金流量分析法，并使用报表分析，必须遵循费用和效益的计算范围对应一致的原则；通常采用的办法为：在衡量一项效益是否应计入本项目的外部收益时，分析这种收益是否还需要本项目以外其他的投入。

对于效果难于或不能货币化，或货币化的效果不是项目目标的主体时，应采用费用效果分析法进行国民经济评价。费用效果分析法还可以应用于财务现金流量，这时主要用于项目各个环节的方案比选。

进行国民经济评价的项目具有下列特征：
(1) 项目的产出物不具有市场价格；
(2) 市场价格虽然存在，但无法确切地反映投入物和产出物的边际社会效益和成本，

因而在竞争性市场只提供这些服务得到的收益将无法充分地反映这些供给所产生的社会净效益。

3. 国民经济评价的意义

(1) 国民经济评价是宏观上合理配置国家有限资源的需要。

国家的资源(资金、土地、劳动力……)总是有限的，而同一种资源可以有不同的用途，我们必须从这些相互竞争的用途中作出选择。这时，我们就需要从国家整体利益的角度考虑，借助于国民经济评价。国民经济是一个大系统，项目建设是这个大系统中的一个子系统，国民经济评价就是要分析项目从国民经济中所获取的投入以及项目产出对国民经济这个大系统的经济目标的影响，从而选择对大系统目标最有利的项目或方案。

(2) 国民经济评价是真实反映项目对国民经济净贡献的需要。

在我国，不少商品的价格不能反映价值，也不反映供求关系，即所谓的价格"失真"。在这样的条件下，按现行价格来考察项目的投入或产出，不能确切地反映项目建设给国民经济带来的效益和费用。

通过国民经济评价，进行价格调整，运用能反映资源真实价值的价格来计算建设项目的费用和效益，以便得出该项目的建设是否有利于国民经济总目标的结论。

(3) 国民经济评价是投资决策科学化的需要。

① 有利于引导投资方向。运用国民经济评价的相关指标及有关参数，可以影响国民经济评价的最终结论，进而起到鼓励或抑制某些行业或项目发展的作用，促进国家资源的合理分配。

② 有利于抑制投资规模。当投资规模过大时，会引发通货膨胀，这时通过适当提高折现率，控制一些项目的通过，从而控制投资规模。

③ 有利于提高计划质量。

④ 有助于协调好宏观规划与项目规划的关系，适应国家政策的要求。一个项目的可行性论证，不仅要作财务评价，还要作国民经济评价。通过控制这两种评价结果，正确地协调宏观建设与企业利益的关系，以达到宏观经济增长与微观企业发展协同共进的目的。

⑤ 有助于克服宏观经济增长目标与资源有限性的矛盾，国家与地方宏观目标的增长通常要靠具体项目实施来实现。而项目的实施必须消耗资源，资源的有限性又往往制约宏观目标的实现。通过国民经济评价方法的运用，能够优选出客观效益好、经济合理的项目，使资源能够合理配置、有效利用。

⑥ 可以促进产业结构优化。国民经济评价方法运用的影子价格是一种达到资源合理分配的价格体系，可以作为杠杆间接拨动投资流向。同时，根据宏观政策调控，优选出符合产业结构调整方向的项目，即可实现产业结构的优化。

8.1.3 国民经济评价的适用范围

对于关系公共利益、国家安全，使市场不能有效配置资源以及财务价格扭曲，不能真实反映项目产出的经济价值，财务成本不能包含项目对资源的全部消耗，财务效益不能包含项目产出的全部经济效果的项目，均需要进行国民经济评价。

第8章　建设项目的国民经济评价

1. 下列类型项目应作国民经济评价

(1) 具有垄断特征的项目：电力、电信、交通运输等行业的项目；

(2) 产出具有公共产品特征的项目，即项目提供的产品或服务在同一时间内可以被共同消费，具有"消费的非排他性"(未花钱购买公共产品的人不能被排除在此产品或服务的消费之外)和"消费的非竞争性"(一人消费一种公共产品并不以牺牲其他人的消费为代价)；

(3) 具有明显外部效果的项目；

(4) 涉及国家控制的战略性资源的开发项目；

(5) 涉及国家经济安全的项目；

(6) 受过度行政干预的项目。

2. 从投资管理的角度，需要进行国民经济评价的项目可以分为以下几类

(1) 政府预算内投资(包括国债资金)的用于关系国家安全、国土开发和市场不能有效配置资源的公益性项目及公共基础设施建设项目、保护和改善生态环境项目、重大战略性资源开发项目；

(2) 政府各类专项建设基金投资的用于交通运输、农林水利等基础设施、基础产业的建设项目；

(3) 利用国际金融组织和外国政府贷款，需要政府主权信用担保的建设项目；

(4) 法律、法规规定的其他政府性资金投资的建设项目。

8.1.4　国民经济评价与财务评价

1. 国民经济评价与财务评价的联系

(1) 财务评价是国民经济评价的基础。

大多数的国民经济评估是在项目评估的基础上继续进行的，任何一个项目财务评估的数据资料都是项目国民经济评估的基础。

(2) 国民经济评价是财务评价的前提。

项目国民经济效益的可行性与否决定了大型项目的最终可行性，它是决定大项目决策的先决条件和主要依据之一。所以在做项目投资决策时既要考虑项目的财务评估结构，更要遵循使国家与社会获益的项目国民经济评估的原则。对于小项目则可以不使用此评估作前提。

2. 国民经济评价与财务评价的区别

(1) 两种评估的出发点和目的不同。

项目财务评估是站在企业或投资人立场上，从其利益出发去分析评估项目的财务收益与成本，而项目国民评估则是从国家或地区的角度去分析评估项目对整个国民经济以及整个社会所产生的收益和成本。

(2) 两种评估中费用和效益的组成不同。

在项目财务流动中凡是流入或流出项的项目货币收支均视为企业或投资者的费用和效

益，而在项目国民经济评估中，只有当项目的投入或产出能够给国民经济带来贡献时，才能当作项目的费用或效益进行评估。

(3) 两种评估的分析对象不同。

项目财务评估分析的对象是企业或投资人的财务收益与成本，而项目国民经济评价分析的对象是由项目带来的国民收入增值情况。

(4) 两种评估中剂量费用与效益的价格尺度不同。

项目财务评估关注的是项目的实际货币效果，它采用预测的市场交易价格去计量项目投入和产出物的价值，而项目国民经济评价关注的是对国民经济的贡献，因此采用体现资源合理有效配置的影子价格去计量项目投入和产出物的价值。

(5) 两种评估的内容和方法不同。

项目财务评估主要采用企业成本与效益的分析方法，而项目国民经济评价采用费用与效益分析、成本与效益分析和多目标综合分析等方法。

(6) 两种评估采用的评估标准和参数不同。

项目财务评估的主要评估标准和参数是净利润、财务净现值、市场利率等，而项目国民经济评价主要标准的参数是净收益、经济净现值、社会折现率等。

(7) 两种评价的时效性不同。

项目财务评估必须随着国家财务制度的变更而做出相应的变化，而项目国民经济评价多数是按照经济原则进行评估。

8.2 国民经济评价费用和效益的识别

8.2.1 项目社会成本(费用)和社会效益分析

1. 社会成本和社会效益的识别

对项目进行国民经济评价以判断其合理性的依据就是将其所带来的收益和费用进行比较，以分析项目对国家经济的贡献，所以必须正确识别项目在国民经济评价中的效益和费用。项目国民经济评价的目标是使有限的社会资源得到最优配置，从而使社会效益最大化。所以，凡是能给国民经济做出贡献的就是社会效益，凡是会使国民经济受到损失的就是社会成本。在计算项目的效益和费用时，必须遵循效益和费用计算范围相对应的原则。

2. 社会成本(费用)分析

经济评价中的费用分为直接费用和间接费用。直接费用是指国家为满足项目投入的需要而付出的代价，即项目本身直接消耗的有用资源(包括人力、财力、自然资源等各种形态的投入)用影子价格计算的经济价值。它能反映整个国民经济意义上的真正消耗。

项目直接费用的确定，可分为两种情况：如果拟建项目的投入物来自国内，且其供应量增加，即靠增加国内生产来满足拟建项目的需求，其社会成本就是增加国内生产所消耗的资源以影子价格计算的价值；如果国内总供应量不变，则分三种情况：

① 项目投入物来自国外，即增加进口来满足项目的需求，其成本就是所花费的外汇；

② 为了项目投入物的需求，使本来可以出口，但为了项目需求而减少出口量，其费用就是减少的外汇收入；

③ 项目的投入物来自于其他项目，由于改用于拟建项目将减少其他项目的供应，从而使其他项目的效益减少，其费用就是其他项目为此而减少的收益。

间接费用指由项目引起的国民经济的净损失，是在项目的直接费用中未能得到反映的那部分费用，即项目的外部费用。最明显的例子就是项目的废气、废水、废渣等引起的环境污染，给其他人或其他厂商造成了损失，国家为了治理污染也需要费用，而项目本身并不用支付这些损失和费用。但是，从宏观角度看国家和他人为此却付出了成本，发生了资源的消耗，应该在项目的社会评价中得到反映。

3. 进行社会成本分析的一般步骤

(1) 确认社会成本内容，调整社会成本内容。在确认社会成本要素范围的基础上，对财务评价时的成本构成作适当调整，扣除从整个国民经济角度来看不涉及资源实际消耗的转移支付，如税金、折旧、国内支付的利息等。

(2) 用有无比较法计算项目的增量成本。

(3) 估算间接费用(外部费用)。

(4) 将财务成本调整为社会成本。可以用影子价格来替代财务分析时使用的国内现行市场价格。

(5) 以不变价格计算项目的年成本总值。不同时期的价格水平因为通货膨胀、供求关系变化等因素的影响是不同的，所以必须采用不变价格来计算成本和收益，以使不同时期的不同项目的成本和效益有可比性。

(6) 进行多方案比较，以选择社会成本较低的方案。

4. 社会效益分析的一般步骤

(1) 确认社会效益要素，调整社会效益构成。在确认社会效益构成要素的基础上，扣除从国民经济角度来看不能带来净效益的转移效益，如国家补贴、税收折旧等。

(2) 估算外部效益。由于经济评价时采用经济价格，对财务评价中的价格已经作了调整，使许多外部效益内部化了。但是，仍有一些外部效益需要单列计算。

① 对"上、下游"企业的辐射效益，应用有无比较法计算对"上、下游"企业的辐射效益，即由于拟建项目的使用(生产)使其上、下游企业获得的效益。

② 技术的效益，采用先进技术和管理方法的项目，会通过技术推广、人才流动等使社会受益，也应该计算其效益。

③ 拟建项目为就业提供的直接或间接就业机会。

④ 专门为拟建项目服务的公共工程等基础设施，如交通设施、商业网点、教育卫生等，也应进行相关项目间接效益分析。总之，在对项目的外部效果(项目的间接效益和间接费用的统称)估算中，对显著的外部效果能作定量分析的，计入项目的效益和费用；不能作定量分析的，应作定性描述。同时，也要防止项目的外部效果的重复计算或漏算。

(3) 可用有无比较法计算项目的增量效益。

(4) 利用校正系数，将财务效益调整为社会效益。现行市场价格存在许多扭曲现象，但财务效益的计算是以现行市场价格为计算依据的，所以在计算项目的社会效益时应确定一个比较合理的价格标准。

（5）以项目的不变价格表示社会效益。

（6）计算项目生命周期内的社会总效益，并进行多方案比较，以选择社会效益较高的项目。

8.2.2 直接效益和直接费用

1. 直接效益

项目的社会直接效益是指由项目产出物产生的并在项目范围内计算的经济效益。它的确定可分为两种情况：一种是项目产出物用以增加国内市场的供应量，其效益就是所满足的国内需求，即消费者的支付意愿；另一种则是项目产出物对国内市场供应量没有影响，这存在三种可能：

① 项目产出物增加了出口，其效益为所获得的外汇收入；

② 项目产出物减少了总进口量，即产出物替代了进口货物，其效益为节约的外汇；

③ 项目产出物替代了原有项目的生产量，导致其减产或停产的，其效益为原有项目减、停产向社会释放出来的资源。

2. 直接费用

直接费用是指项目使用投入物所产生的，并在项目范围内计算的经济费用。一般包括以下内容：

（1）国内其他部门为本部项目提供投入物，从而扩大了该部门的生产规模，其费用为该部门增加生产所耗用的资源。

（2）项目投入物本来用于其他项目，由于改用于拟建项目而减少了对其他项目(或最终消费)投入物的供应，其费用为其他项目(或最终消费)因此而放弃的消费。

（3）项目的投入物来自国外，即增加进口，其费用为增加的外汇支出。

（4）项目的投入物本来首先用于出口，为满足项目需求而减少了出口，其费用为减少出口所减少的外汇收入。

在国民经济评价中，建设项目的直接费用和效益的识别与度量通常是在财务评价的基础上进行的，一般来说需要对财务费用和效益进行调整。如果某些投入物和产出物的市场价格与影子价格存在偏差，则必须对其按影子价格重新进行估计；在财务评价中被排除的某些费用和效益可能需要补充进来，而另一些在财务评价中已经考虑的费用和效益则可能根据其对整体经济的影响重新进行归类或调整。

8.2.3 间接效益和间接费用

1. 间接效益

间接效益(外部效益)是指由项目引起，给国民经济带来了净效益，但

间接效益.mp4

在项目的直接社会效益中未能得到反映的那部分效益，如减少污染、改善生活环境、增加就业等。

2. 间接费用

间接费用是指项目对国民经济作出的贡献或国民经济为项目付出的代价，在直接效益与直接费用中未得到反映的那部分效益和费用。通常把与项目相关的间接效益(外部效益)和间接费用(外部费用)统称为外部效果。外部效果的计算应考虑环境及生态影响效果、技术扩散效果和产业关联效果。对显著的外部效果能定量的要做定量分析，计入项目的效益和费用；不能定量的，应作定性描述。计算中为防止间接效益的扩大化，项目外部效果一般只计算一次相关效果，不应连续扩展。

8.2.4 转移支付

1. 转移支付的含义和形式

对于涉及资源使用权的转移，但没有涉及社会最终产品增减的项目，在国民经济评价中不计入效益和费用。如国家对项目的补贴、项目向国家交纳的税金、国内借贷利息等。因这些是作为政府调节分配和调节供求关系的手段，或作为借用资本的代价在项目与政府及借贷机构之间的转移支付，并不发生实际资源的增加和耗费。

项目组织与政府及借贷机构之间的这种并不伴随资源增减的纯粹货币性转移，称为项目的转移支付，它有以下几种形式：

(1) 税金是财务上的"转移性"支出，它是企业的支出，计入财务分析的费用；但从国家角度，税金并没有增加国民收入，也未减少国民收入，只是资源的分配使用权从企业转移到政府手中，所以在国民经济评价中，它不是效益，也不形成费用。

(2) 补贴是国家为了鼓励使用某些资源或扶植某项建设投资给予的价格补贴。它使项目的财力支出减少，企业获得了一定的财务效益，资源的使用权从国家转移到企业，但没有增加或减少国民收入，整个社会资源也没有耗费，因此，补贴也不计入国民经济评价的效益与费用中。

(3) 国内贷款利息是货币支配权由企业转移给银行的一种转移性支出，没有增加或减少国民收入，不计入国民经济分析的效益与费用中，但国外贷款利息由国内向国外支付，造成国内资源的实际减少，应列入项目国民经济分析的费用中。

(4) 折旧是会计意义上的生产费用要素，是从收益中提取的部分资金，与实际资源的消耗无关。在项目经济分析时已将固定资产投资所耗用的资源视为项目的投资费用，折旧是投资形成的固定资产在再生产过程中价值转移的一种方式，所以折旧不计入国民经济评价的效益与费用中，否则属于重复计算。

折旧.mp4

项目投资造成的经济费用或效益的计算，应在利益相关者基础上，研究在特定的社会经济背景条件下相关利益主体获得的收益及付出的代价，计算项目相关的费用和效益。

2. 效益和费用的计算应该遵循以下原则

(1) 支付意愿原则。

项目产出物的正面效果的计算遵循支付意愿原则，用于分析社会成员为项目所产出的效益愿意支付的价值。

(2) 受偿意愿原则。

项目产出物的负面效果的计算遵循受偿意愿原则，用于分析社会成员接受这种不利影响所得到补偿的价值。

(3) 机会成本原则。

项目投入的经济费用的计算应遵循机会成本原则，用于分析项目所占用的所有资源的机会成本。机会成本应按资源的其他最有效利用所产生的效益进行计算。

(4) 实际价值计算原则。

即应对项目的所有费用和效益采用反映真实价值的实际价格进行计算，不考虑通货膨胀的影响，但应考虑相对价格变动。

8.3　国民经济评价的程序与报表的编制

8.3.1　国民经济评价的程序

进行国民经济评价，大致可按以下几个步骤进行：

(1) 根据国民经济评价指标所要求的基础数据，列出需进行调查和调整的内容。

(2) 针对需调查和调整的内容，逐项确定其影子价格。正确确定项目产出物和投入物的影子价格是保障项目国民经济评价确性的关键。在国民经济的评价中应选择既能够反映资源本身的真实经济价值，又能够反映供求关系及国家经济政策的影子价格。

(3) 将影子价格引入后，测算出项目的费用和效益。在国民经济评价中，应从整个国民经济的角度来划分和考虑项目的效益和费用，包括项目本身的直接效益费用和间接效益费用。

(4) 计算国民经济评价的费用、效益、各项评价指标及现金流量表，包括静态指标和运用资金时间价值的动态指标。影子价格确定以后，可以将项目的各项财务评价基础数据按照影子价格进行调整，计算项目的各项国民经济效益和费用。根据调整，计算所得项目的各项国民经济效益及费用数值，编制国民经济评价报表，包括辅助报表和基本报表；也可以直接计算项目的各项国民经济效益与费用，编制国民经济评价报表。

(5) 选定评价基准，如选定社会折现率或标准投资回收期等。根据国民经济评价报表及社会折现率等经济参数，计算项目的国民经济评价指标，分析项目的国民经济效益及经济合理性。此外，应对难以量化的外部效果进行定性分析，还可以从整个社会的角度来考虑和分析项目对社会目标的贡献，即进行所谓的费用效益分析。

(6) 评价和决策。根据上述费用效益，对项目的经济合理性作出判断。然后结合财务的评价结果，作出项目经济评价的最终结论，提出相应建议。

8.3.2 国民经济评价报表的编制

1. 编制国民经济评价报表

在财务评价基础上调整编制国民经济评价报表。大多数情况下,可以在项目财务评价的基础上进行调整编制,主要调整内容包括:

(1) 调整转移支付:税金、国内借款利息,应作为转移支付,不再作为项目的支出。

(2) 计算外部效益和外部费用:将外部效益和外部费用计算入项目的效益和费用中。注意计算范围和口径,避免重复计算。通常只计算直接相关的效益和费用。

(3) 调整建设投资:税金、建设期利息、涨价预备金作为转移支付从支出中剔除,其余费用需要用影子价格调整。

(4) 调整流动资金:财务评价中,流动资产和流动负债中有现金、应收款项、预收款项、预付款项,但这些并不实际消耗资源,国民经济评价中应当将其从流动资金中剔除。

(5) 调整经营费用:对主要原材料、燃料及动力费用进行调整,对工资及福利费以影子工资调整。

(6) 调整销售收入:销售收入需要用产出影子价格调整。

(7) 调整外汇价值:外汇收入和支出的均需用影子汇率计算外汇价值。从国外引入的资金和向国外支付的投资收益、贷款本息等也需要用影子汇率调整。

(8) 在以上各项的基础上编制项目国民经济效益费用流量表。

2. 国民经济评价的报表

国民经济评价基本报表一般包括:

(1) 国民经济效益费用流量表(全部投资)。

全部投资效益费用流量表是以全部投资为计算基础,用以计算全部投资内部收益率、经济净现值等指标,如表 8-1 所示。

国民经济效益费用流量表.mp4

表 8-1 国民经济效益费用流量表(全部投资)

单位:万元

序号	项目 年份	建设期		投产期		达到设计能力生产期			合计
		1	2	3	4	5	6	… n	
	生产负荷(%)								
1	效益流量								
1.1	产品销售(营业)收入								
1.2	回收固定资产余值								
1.3	回收流动资金								
1.4	项目间接效益								
2	费用流量								
2.1	固定资产投资								
2.2	流动资金								

续表

序号	项目\年份	建设期		投产期		达到设计能力生产期			合计
		1	2	3	4	5	6	... n	
2.3	经营费用								
2.4	项目间接费用								
3	净效益流量(1-2)								

注：生产期发生的更新改造投资作为费用流量单独列项或列入固定资产投资项中。

(2) 国民经济效益费用流量表(国内投资)。

国内投资效益费用流量表是以国内投资作为计算基础，将国外借款利息和本金的偿付作为费用流出，用以计算国内投资的经济内部收益率、经济净现值等指标，作为利用外资项目的经济评价和方案比较的依据，如表 8-2 所示。

表 8-2 国民经济效益费用流量表(国内投资)

单位：万元

序号	项目\年份	建设期		投产期		达到设计能力生产期			合计
		1	2	3	4	5	6	... 8	
	生产负荷(%)								
1	效益流量								
1.1	产品销售(营业)收入								
1.2	回收固定资产余值								
1.3	回收流动资金								
1.4	项目间接效益								
2	费用流量								
2.1	固定资产投资中国内资金								
2.2	流动资金中国内资金								
2.3	经营费用								
2.4	流至国外的资金								
2.4.1	国外借款本金偿还								
2.4.2	国外借款利息支付								
2.4.3	其他								
2.5	项目间接费用								
3	净效益流量(1-2)								

注：生产期发生的更新改造投资作为费用流量单独列项或列入固定资产投资项中。

(3) 经济外汇流量表。

对于涉及产品出口创汇或替代进口节汇的项目，除了编制国民经济效益流量表外，还应编制经济外汇流量表和国内资源流量表。经济外汇流量表集中显示项目建设期内各年各项外汇收入和支出流量及产品替代进口使国家节约外汇的数量，表明项目对国民经济的净外汇效果，反映项目对国家外汇收支的直接或间接影响，如表 8-3 所示。

第 8 章　建设项目的国民经济评价

表 8-3　经济外汇流量表(全部投资)

单位：万元

序号	项目＼年份	建设期		投产期		达到设计能力生产期			合计
		1	2	3	4	5	6	⋯	n	
	生产负荷(%)									
1	外汇流入									
1.1	产品销售外汇收入									
1.2	外汇借款									
1.3	其他外汇收入									
2	外汇流出									
2.1	固定资产投资中外汇支出									
2.2	进口原材料									
2.3	进口零部件									
2.4	技术转让费									
2.5	偿付外汇借款本息									
2.6	其他外汇支出									
3	净外汇流量(1−2)									
4	产品替代进口收入									
5	净外汇效果(3+4)									

注：技术转让费是指生产期支付的技术转让费。

在进行项目的国民经济评价时，还需使用一些辅助报表，在这里不再一一赘述。

8.4　国民经济评价重要参数

8.4.1　国民经济的评价参数

1. 社会折现率

社会折现率.mp4

社会折现率是建设项目经济评价的通用参数，是在国民经济评价中用于计算经济净现值时的折现率，并作为经济内部收益率的基准值，是建设项目经济可行性的主要判别依据。社会折现率表征社会对资金时间价值的估量，适当的社会折现率有助于合理分配建设资金，引导资金投向对国民经济贡献大的项目，调节资金供需关系，促进资金在短期和长期项目间的合理配置。社会折现率应体现国民经济发展目标和宏观调控意图。根据我国目前的投资收益水平、资金机会成本、资金供需情况以及社会折现率，对长、短期项目的影响等因素，1987 年国家计划委员会发布的《建设项目经济评价参数》中将社会折现率规定为 10%，供各类建设项目评价时统一采用。

社会折现率是社会对资金时间价值的估算，是整个国民经济所要求的资金投资收益率标准，代表占用社会资金所应获得的最低收益率。资金的机会成本，又称为资金的影子价格，单位资金的影子价格就叫影子利率。因此国民经济评价中所用的社会折现率就是资金的影子利率。在投资项目的国民经济评价中,社会折现率主要用来作为计算净现值时的折现率,或者用做评价项目国民经济内部收益率高低的基准(即用做基准内部收益率)。

2. 影子汇率

所谓影子汇率,是指能正确反映外汇真实价值的汇率,即外汇的影子价格。

影子汇率发布有两种形式:

(1) 一种是直接发布影子汇率;

(2) 另一种是将影子汇率与国家外汇牌价挂钩,发布影子汇率换算系数。

影子汇率计算公式:

$$影子汇率=外汇牌价×影子汇率换算系数 \tag{8-1}$$

影子汇率换算系数是影子汇率与国家外汇牌价的比值。影子汇率的取值对项目的决策有重要的影响。影子汇率根据外贸货物比价、加权平均关税率、外贸逆差收入比率及出口换汇成本等指标分析和测算。例如假设我国的影子汇率换算系数取值为 1.08,那么当美国的外汇牌价是 8.09 美元时,美元的影子汇率=美元的外汇牌价×影子汇率换算系数=8.09×1.08=8.74 元/美元。

影子汇率是在国民经济评价中区别于官方汇率的外币与本币的真实价格。而官方汇率是由国家规定的单位外币的国内价格。由于实施进口关税、出口补贴及其他贸易保护主义措施,官方汇率不能反映外币的真实价值。影子汇率是单位外币用国内货币表示的影子价格,反映外币的真实价值,即一国货币真正能够换取的外汇的汇率。在项目的国民经济分析中,为了进行收益和费用的比较,需要把外币全部折算为本国货币,这种折算不能使用官方汇率而只能使用影子汇率。影子汇率实际上也是外汇的机会成本,是指项目投入或产出所导致的外汇的减少或增加给国民经济带来的损失或收益。

影子汇率.mp4

3. 影子工资

(1) 概念。

所谓影子工资,是指项目使用劳动力、社会为此付出的代价。它包含在调整为经济价值的经营成本中,反映该劳动力用于拟建项目而使社会为此放弃的原有效益,由劳动力的边际产出和劳动力的就业或转移而引起的社会资源消耗构成。

(2) 计算方法。

影子工资一般是通过影子工资换算系数计算,影子工资换算系数是指影子工资与项目财务分析中的劳动力工资之间的比值。即:

$$影子工资=财务工资×影子工资换算系数 \tag{8-2}$$

(3) 确定原则。

① 影子工资应根据项目所在地的劳动力就业状况、劳动力就业或转移成本测定。

② 技术劳动力的工资报酬一般可由市场供求决定,影子工资可以财务实际支付工资计算,即影子工资换算系数取值为 1。

③ 对于非技术劳动力,其影子工资换算系数取值为 0.25~0.8,根据当地的非技术劳动力供求状况决定。非技术劳动力较为富余的地区可取较低值,不太富余的地区可取较高值,中间状况可取 0.5。

8.4.2 国民经济评价指标

1. 经济内部收益率

经济内部收益率(EIRR)是反映项目对国民经济贡献的相对指标。它是使得项目计算期内的经济净现值累计等于零时的折现率。

其表达式为:

$$\sum_{t=1}^{n}(B-C)_t(1+\text{EIRR})^{-t}=0 \tag{8-3}$$

式中：B——国民经济效益流量；

C——国民经济费用流量；

$(B-C)_t$——第 t 年的国民经济净效益流量；

n——计算期，以年计。

或

$$\sum_{t=0}^{n}(B_{T_i}-C_{T_i})(1+\text{EIRR})^{-t}=0 \tag{8-4}$$

式中：B_{T_i}、C_{T_i}——发生在第 t 年的总效益和总费用；

n——计算期。

当经济内部收益率等于或大于社会折现率时，说明项目占用投资对国民经济的净贡献达到或超过了要求的水平，这时项目可以接受；反之，则项目在经济上不合理。

2. 经济净现值

经济净现值是反映项目对国民经济所做净贡献的绝对指标。它是用社会贴现率将项目计算期内各年的净效益(等于效益减去费用)折算到建设起点(期初)的现值之和，是经济费用效益分析的主要指标。经济净现值大于零的项目就是可选择的项目。

其表达式为:

$$\text{ENPV}=\sum_{t=1}^{n}(B-C)_t(1+i_s)^{-t} \tag{8-5}$$

式中：i_s——社会折现率。

项目的经济净现值等于或大于零，表示社会经济为拟建项目付出代价后，可以得到符合或超过社会折现率所要求的以现值表示的社会盈余。表示项目的经济盈利性达到或超过了社会折现率的基本要求，项目可以接受。

经济净现值是反映项目对社会经济净贡献的绝对量指标。经济净现值越大，表明项目所带来的以绝对数值表示的经济效益越大。

按分析效益费用的路径不同，可分为整个项目的经济内部收益率和经济净现值，国内投资经济内部收益率和经济净现值。如果项目没有国外投资和国外借款，全投资指标与国内投资指标相同；如果项目有国外资金流入与流出，应该以国内投资的经济内部收益率和经济净现值为项目国民经济评价的评价指标。

本章小结

通过本章的学习，我们主要了解国民经济评价概念、作用、意义及适用范围；了解项目社会成本(费用)和社会效益分析；掌握国民经济评价和财务评价的区别与联系；掌握直接效益与直接费用、间接费用与间接效益；掌握国民经济评价的程序及报表的编制；掌握国民经济的评价参数及经济评价指标。希望学生们可以达到举一反三、学以致用的目的，为以后的工作和学习打下坚实的基础。

实训练习

一、单选题

1. 在实际经济生活中，有些产品的市场价格不能真实反映国民经济对项目的投入和产出，在这种情况下进行经济分析时，必须采用(　　)。
   A. 市场价格　　B. 不变价格　　C. 可变价格　　D. 影子价格
2. 外贸货物的影子价格是以实际可能发生的(　　)为基础确定的。
   A. 市场价格　　B. 口岸价格　　C. 不变价格　　D. 计划价格
3. 销售税金在国民经济评价中属于(　　)。
   A. 直接费用　　B. 财务费用　　C. 转移支付　　D. 间接费用
4. 以下不属于国民经济评价的参数的是(　　)。
   A. 行业基准收益率　　　　B. 影子汇率
   C. 社会贴现率　　　　　　D. 影子工资换算系数
5. 在国民经济评价中，以下不属于转移支付的是(　　)。
   A. 税金　　　　　　　　　B. 国内银行借款利息
   C. 政府补贴　　　　　　　D. 国外银行借款利息
6. 下列条目中，属于政府调控价格的投入物是(　　)。
   A. 外贸货物　　B. 水、电　　C. 非外贸货物　　D. 劳动力
7. 国民经济评价中涉及外汇与人民币之间的换算均应采用(　　)。
   A. 影子汇率　　　　　　　B. 外贸货物的影子价格
   C. 非外贸货物的影子价格　D. 基本汇率
8. 社会折现率表示从国家角度对资金(　　)和资金的时间价值的估量。
   A. 机会成本　　B. 利用率　　C. 占用率　　D. 投资回报率
9. 非外贸货物影子价格应从国民经济的(　　)和供应关系来确定。
   A. 影子价格　　B. 计划价格　　C. 不变价格　　D. 实际价值
10. 在财务评价中工资作为成本的构成内容，属于项目的费用支出，在国民经济评价中应采用(　　)计量劳动力的劳务费用。
    A. 名义工资　　B. 影子工资　　C. 社会平均工资　　D. 社会效益

第8章 建设项目的国民经济评价.pdf

第8章 建设项目的国民经济评价 08

【学习目标】

- 了解国民经济评价概念、作用、意义及适用范围
- 掌握国民经济评价与财务评价的区别与联系
- 了解项目社会成本(费用)和社会效益分析
- 掌握直接效益和直接费用、间接效益和间接费用
- 掌握国民经济评价的程序及报表的编制
- 掌握国民经济的评价参数及经济评价指标

第8章 建设项目的国民经济评价.avi

【教学要求】

本章要点	掌握层次	相关知识点
国民经济评价概念、作用、意义及适用范围	了解国民经济评价概念、作用、意义及适用范围	国民经济评价
国民经济评价与财务评价的区别与联系	掌握国民经济评价与财务评价的区别与联系	国民经济评价、财务评价
项目社会成本(费用)和社会效益分析	理解项目社会成本(费用)和社会效益分析	项目社会成本(费用)和社会效益分析
直接效益和直接费用、间接效益和间接费用	掌握直接效益和直接费用、间接效益和间接费用	费用与效益
国民经济评价的程序及报表的编制	熟悉国民经济评价的程序及报表的编制	国民经济评价报表
国民经济的评价参数及经济评价指标	掌握国民经济的评价参数及经济评价指标	国民经济的评价参数及指标

chapter 08 工程经济

【项目案例导入】

一、背景

国家拟建一条国道主干线，该项目作为区域南北主通道的加密线和区域经济干线，将XX省内多条高速公路有机联系起来，进一步完善和均衡HN省"五纵七横"高速公路网，对于改善区域路网结构，加快A省基础设施建设具有重要的意义。

本项目路线全长56.217km，采用设计速度100km/h的四车道高速公路标准，路基宽度26m。主要分部分项工程有土石方884.3万m^3，特大桥、大桥8520m/28座，中小桥280m/5座，隧道4108m/5座，涵洞214道。

二、计算期

项目计划2010年年初开工，2012年年底建成通车，建设年限为3年。国民经济评价运营期取20年。国民经济评价计算期为23年，评价计算基准年为2010年，评价计算末年为2032年。

【项目问题导入】

根据给出的案例，结合本章内容简单地做一下国民经济评价。

8.1 国民经济评价概述

8.1.1 国民经济评价概念、特点和应用程序

国民经济评价.mp4

1. 国民经济评价的含义

国民经济评价，是指从国家整体角度考察项目的效益和费用，是项目经济评价的核心组成部分。用影子价格、影子工资、影子汇率计算项目给国民经济带来的净效益，以社会折现率作为评价经济上合理性的标准。国民经济评价以经济内部收益率作为主要指标，以经济净现值、经济净现值率和投资效益率作为辅助指标。国民经济评价应与财务评价同时进行，只有财务评价和国民经济评价都可行的项目，才允许建设。当两种评价的结果发生矛盾时，应按国民经济评价的结论考虑项目的取舍问题。

项目财务评价只是从项目本身的财务状况来评价和判断项目的可行性，但它并不能评价项目建成后对国民经济和社会发展的影响和作用，所以还必须对项目进行国民经济评价，从宏观角度考察项目客观发生的经济效果，以评价和判断项目的可行性。

2. 国民经济评价方法的特点

对大型投资项目进行国民经济评价，与财务评价有着明显的区别和特点。

(1) 使用一套独特的价格体系——影子价格。影子价格是实现资源最优分配的理想价格体系，国民经济评价方法中用变通的方法寻求影子价格的近似值，用来代替理想价格进行项目的经济效果评价。

(2) 采用若干个全国统一使用的通用参数。国民经济评价方法中运用的折现率、贸易费用率、影子汇率等在一定时期内是一个确定值，可适用于任何建设项目的国民经济评价。

(3) 费用和效益是从国家宏观角度识别的。不管项目是由企业承办还是由国家承办，在做国民经济评价时，都需要从国家角度划分项目的费用和效益。

3. 国民经济评价方法的应用程序

进行国民经济评价，大致可按如下几个步骤进行：

(1) 根据国民经济评价指标所要求的基础数据，列出需进行调查和调整的内容；
(2) 针对需调查和调整的内容，确定其影子价格；
(3) 将影子价格引入后，测算出项目的费用和效益；
(4) 计算国民经济评价的费用、效益、各项评价指标及现金流量表，包括静态指标和运用资金时间价值的动态指标；
(5) 选定评价基准，如选定社会折现率或标准投资回收期等；
(6) 评价和决策。

8.1.2 国民经济评价的作用、基本原理

1. 国民经济评价的作用

(1) 是项目决策的依据；
(2) 可以对项目进行优化；
(3) 对于一些国计民生急需的项目，若国民经济评价合理，而财务评价不可行，要重新考虑方案；
(4) 有效察觉盲目建设、重复投资，实现企业、地区、社会与国家整体利益的有机结合和平衡；
(5) 限制和制止对国民经济贡献不大的项目。一般来说，国民经济评价不能通过的项目要予以否定。

2. 国民经济评价的基本原理

国民经济评价采用经济费用效益分析方法。追求以最小投入(费用)获取最大产出(利润)，或是采用"有无对比"方法识别项目的费用和效益，利用影子价格来估算各项费用和效益；采用现金流量分析法，并使用报表分析，必须遵循费用和效益的计算范围对应一致的原则；通常采用的办法为：在衡量一项效益是否应计入本项目的外部收益时，分析这种收益是否还需要本项目以外其他的投入。

对于效果难于或不能货币化，或货币化的效果不是项目目标的主体时，应采用费用效果分析法进行国民经济评价。费用效果分析法还可以应用于财务现金流量，这时主要用于项目各个环节的方案比选。

进行国民经济评价的项目具有下列特征：

(1) 项目的产出物不具有市场价格；
(2) 市场价格虽然存在，但无法确切地反映投入物和产出物的边际社会效益和成本，

因而在竞争性市场只提供这些服务得到的收益将无法充分地反映这些供给所产生的社会净效益。

3. 国民经济评价的意义

(1) 国民经济评价是宏观上合理配置国家有限资源的需要。

国家的资源(资金、土地、劳动力……)总是有限的，而同一种资源可以有不同的用途，我们必须从这些相互竞争的用途中作出选择。这时，我们就需要从国家整体利益的角度考虑，借助于国民经济评价。国民经济是一个大系统，项目建设是这个大系统中的一个子系统，国民经济评价就是要分析项目从国民经济中所获取的投入以及项目产出对国民经济这个大系统的经济目标的影响，从而选择对大系统目标最有利的项目或方案。

(2) 国民经济评价是真实反映项目对国民经济净贡献的需要。

在我国，不少商品的价格不能反映价值，也不反映供求关系，即所谓的价格"失真"。在这样的条件下，按现行价格来考察项目的投入或产出，不能确切地反映项目建设给国民经济带来的效益和费用。

通过国民经济评价，进行价格调整，运用能反映资源真实价值的价格来计算建设项目的费用和效益，以便得出该项目的建设是否有利于国民经济总目标的结论。

(3) 国民经济评价是投资决策科学化的需要。

① 有利于引导投资方向。运用国民经济评价的相关指标及有关参数，可以影响国民经济评价的最终结论，进而起到鼓励或抑制某些行业或项目发展的作用，促进国家资源的合理分配。

② 有利于抑制投资规模。当投资规模过大时，会引发通货膨胀，这时通过适当提高折现率，控制一些项目的通过，从而控制投资规模。

③ 有利于提高计划质量。

④ 有助于协调好宏观规划与项目规划的关系，适应国家政策的要求。一个项目的可行性论证，不仅要作财务评价，还要作国民经济评价。通过控制这两种评价结果，正确地协调宏观建设与企业利益的关系，以达到宏观经济增长与微观企业发展协同共进的目的。

⑤ 有助于克服宏观经济增长目标与资源有限性的矛盾，国家与地方宏观目标的增长通常要靠具体项目实施来实现。而项目的实施必须消耗资源，资源的有限性又往往制约宏观目标的实现。通过国民经济评价方法的运用，能够优选出客观效益好、经济合理的项目，使资源能够合理配置、有效利用。

⑥ 可以促进产业结构优化。国民经济评价方法运用的影子价格是一种达到资源合理分配的价格体系，可以作为杠杆间接拨动投资流向。同时，根据宏观政策调控，优选出符合产业结构调整方向的项目，即可实现产业结构的优化。

8.1.3 国民经济评价的适用范围

对于关系公共利益、国家安全，使市场不能有效配置资源以及财务价格扭曲，不能真实反映项目产出的经济价值，财务成本不能包含项目对资源的全部消耗，财务效益不能包含项目产出的全部经济效果的项目，均需要进行国民经济评价。

1. 下列类型项目应作国民经济评价

(1) 具有垄断特征的项目：电力、电信、交通运输等行业的项目；

(2) 产出具有公共产品特征的项目，即项目提供的产品或服务在同一时间内可以被共同消费，具有"消费的非排他性"(未花钱购买公共产品的人不能被排除在此产品或服务的消费之外)和"消费的非竞争性"(一人消费一种公共产品并不以牺牲其他人的消费为代价)；

(3) 具有明显外部效果的项目；

(4) 涉及国家控制的战略性资源的开发项目；

(5) 涉及国家经济安全的项目；

(6) 受过度行政干预的项目。

2. 从投资管理的角度，需要进行国民经济评价的项目可以分为以下几类

(1) 政府预算内投资(包括国债资金)的用于关系国家安全、国土开发和市场不能有效配置资源的公益性项目及公共基础设施建设项目、保护和改善生态环境项目、重大战略性资源开发项目；

(2) 政府各类专项建设基金投资的用于交通运输、农林水利等基础设施、基础产业的建设项目；

(3) 利用国际金融组织和外国政府贷款，需要政府主权信用担保的建设项目；

(4) 法律、法规规定的其他政府性资金投资的建设项目。

8.1.4 国民经济评价与财务评价

1. 国民经济评价与财务评价的联系

(1) 财务评价是国民经济评价的基础。

大多数的国民经济评估是在项目评估的基础上继续进行的，任何一个项目财务评估的数据资料都是项目国民经济评估的基础。

(2) 国民经济评价是财务评价的前提。

项目国民经济效益的可行性与否决定了大型项目的最终可行性，它是决定大项目决策的先决条件和主要依据之一。所以在做项目投资决策时既要考虑项目的财务评估结构，更要遵循使国家与社会获益的项目国民经济评估的原则。对于小项目则可以不使用此评估作前提。

2. 国民经济评价与财务评价的区别

(1) 两种评估的出发点和目的不同。

项目财务评估是站在企业或投资人立场上，从其利益出发去分析评估项目的财务收益与成本，而项目国民评估则是从国家或地区的角度去分析评估项目对整个国民经济以及整个社会所产生的收益和成本。

(2) 两种评估中费用和效益的组成不同。

在项目财务流动中凡是流入或流出项的项目货币收支均视为企业或投资者的费用和效

益，而在项目国民经济评估中，只有当项目的投入或产出能够给国民经济带来贡献时，才能当作项目的费用或效益进行评估。

(3) 两种评估的分析对象不同。

项目财务评估分析的对象是企业或投资人的财务收益与成本，而项目国民经济评价分析的对象是由项目带来的国民收入增值情况。

(4) 两种评估中剂量费用与效益的价格尺度不同。

项目财务评估关注的是项目的实际货币效果，它采用预测的市场交易价格去计量项目投入和产出物的价值，而项目国民经济评价关注的是对国民经济的贡献，因此采用体现资源合理有效配置的影子价格去计量项目投入和产出物的价值。

(5) 两种评估的内容和方法不同。

项目财务评估主要采用企业成本与效益的分析方法，而项目国民经济评价采用费用与效益分析、成本与效益分析和多目标综合分析等方法。

(6) 两种评估采用的评估标准和参数不同。

项目财务评估的主要评估标准和参数是净利润、财务净现值、市场利率等，而项目国民经济评价主要标准的参数是净收益、经济净现值、社会折现率等。

(7) 两种评价的时效性不同。

项目财务评估必须随着国家财务制度的变更而做出相应的变化，而项目国民经济评价多数是按照经济原则进行评估。

8.2 国民经济评价费用和效益的识别

8.2.1 项目社会成本(费用)和社会效益分析

1. 社会成本和社会效益的识别

对项目进行国民经济评价以判断其合理性的依据就是将其所带来的收益和费用进行比较，以分析项目对国家经济的贡献，所以必须正确识别项目在国民经济评价中的效益和费用。项目国民经济评价的目标是使有限的社会资源得到最优配置，从而使社会效益最大化。所以，凡是能给国民经济做出贡献的就是社会效益，凡是会使国民经济受到损失的就是社会成本。在计算项目的效益和费用时，必须遵循效益和费用计算范围相对应的原则。

2. 社会成本(费用)分析

经济评价中的费用分为直接费用和间接费用。直接费用是指国家为满足项目投入的需要而付出的代价，即项目本身直接消耗的有用资源(包括人力、财力、自然资源等各种形态的投入)用影子价格计算的经济价值。它能反映整个国民经济意义上的真正消耗。

项目直接费用的确定，可分为两种情况：如果拟建项目的投入物来自国内，且其供应量增加，即靠增加国内生产来满足拟建项目的需求，其社会成本就是增加国内生产所消耗的资源以影子价格计算的价值；如果国内总供应量不变，则分三种情况：

① 项目投入物来自国外，即增加进口来满足项目的需求，其成本就是所花费的外汇；

第8章 建设项目的国民经济评价

② 为了项目投入物的需求，使本来可以出口，但为了项目需求而减少出口量，其费用就是减少的外汇收入；

③ 项目的投入物来自于其他项目，由于改用于拟建项目将减少其他项目的供应，从而使其他项目的效益减少，其费用就是其他项目为此而减少的收益。

间接费用指由项目引起的国民经济的净损失，是在项目的直接费用中未能得到反映的那部分费用，即项目的外部费用。最明显的例子就是项目的废气、废水、废渣等引起的环境污染，给其他人或其他厂商造成了损失，国家为了治理污染也需要费用，而项目本身并不用支付这些损失和费用。但是，从宏观角度看国家和他人为此却付出了成本，发生了资源的消耗，应该在项目的社会评价中得到反映。

3. 进行社会成本分析的一般步骤

(1) 确认社会成本内容，调整社会成本内容。在确认社会成本要素范围的基础上，对财务评价时的成本构成作适当调整，扣除从整个国民经济角度来看不涉及资源实际消耗的转移支付，如税金、折旧、国内支付的利息等。

(2) 用有无比较法计算项目的增量成本。

(3) 估算间接费用(外部费用)。

(4) 将财务成本调整为社会成本。可以用影子价格来替代财务分析时使用的国内现行市场价格。

(5) 以不变价格计算项目的年成本总值。不同时期的价格水平因为通货膨胀、供求关系变化等因素的影响是不同的，所以必须采用不变价格来计算成本和收益，以使不同时期的不同项目的成本和效益有可比性。

(6) 进行多方案比较，以选择社会成本较低的方案。

4. 社会效益分析的一般步骤

(1) 确认社会效益要素，调整社会效益构成。在确认社会效益构成要素的基础上，扣除从国民经济角度来看不能带来净效益的转移效益，如国家补贴、税收折旧等。

(2) 估算外部效益。由于经济评价时采用经济价格，对财务评价中的价格已经作了调整，使许多外部效益内部化了。但是，仍有一些外部效益需要单列计算。

① 对"上、下游"企业的辐射效益，应用有无比较法计算对"上、下游"企业的辐射效益，即由于拟建项目的使用(生产)使其上、下游企业获得的效益。

② 技术的效益，采用先进技术和管理方法的项目，会通过技术推广、人才流动等使社会受益，也应该计算其效益。

③ 拟建项目为就业提供的直接或间接就业机会。

④ 专门为拟建项目服务的公共工程等基础设施，如交通设施、商业网点、教育卫生等，也应进行相关项目间接效益分析。总之，在对项目的外部效果(项目的间接效益和间接费用的统称)估算中，对显著的外部效果能作定量分析的，计入项目的效益和费用；不能作定量分析的，应作定性描述。同时，也要防止项目的外部效果的重复计算或漏算。

(3) 可用有无比较法计算项目的增量效益。

(4) 利用校正系数，将财务效益调整为社会效益。现行市场价格存在许多扭曲现象，但财务效益的计算是以现行市场价格为计算依据的，所以在计算项目的社会效益时应确定一个比较合理的价格标准。

(5) 以项目的不变价格表示社会效益。

(6) 计算项目生命周期内的社会总效益，并进行多方案比较，以选择社会效益较高的项目。

8.2.2 直接效益和直接费用

1. 直接效益

项目的社会直接效益是指由项目产出物产生的并在项目范围内计算的经济效益。它的确定可分为两种情况：一种是项目产出物用以增加国内市场的供应量，其效益就是所满足的国内需求，即消费者的支付意愿；另一种则是项目产出物对国内市场供应量没有影响，这存在三种可能：

① 项目产出物增加了出口，其效益为所获得的外汇收入；

② 项目产出物减少了总进口量，即产出物替代了进口货物，其效益为节约的外汇；

③ 项目产出物替代了原有项目的生产量，导致其减产或停产的，其效益为原有项目减、停产向社会释放出来的资源。

项目的社会直接效益.mp4

2. 直接费用

直接费用是指项目使用投入物所产生的，并在项目范围内计算的经济费用。一般包括以下内容：

(1) 国内其他部门为本部项目提供投入物，从而扩大了该部门的生产规模，其费用为该部门增加生产所耗用的资源。

(2) 项目投入物本来用于其他项目，由于改用于拟建项目而减少了对其他项目(或最终消费)投入物的供应，其费用为其他项目(或最终消费)因此而放弃的消费。

(3) 项目的投入物来自国外，即增加进口，其费用为增加的外汇支出。

(4) 项目的投入物本来首先用于出口，为满足项目需求而减少了出口，其费用为减少出口所减少的外汇收入。

在国民经济评价中，建设项目的直接费用和效益的识别与度量通常是在财务评价的基础上进行的，一般来说需要对财务费用和效益进行调整。如果某些投入物和产出物的市场价格与影子价格存在偏差，则必须对其按影子价格重新进行估计；在财务评价中被排除的某些费用和效益可能需要补充进来，而另一些在财务评价中已经考虑的费用和效益则可能根据其对整体经济的影响重新进行归类或调整。

8.2.3 间接效益和间接费用

1. 间接效益

间接效益(外部效益)是指由项目引起，给国民经济带来了净效益，但

间接效益.mp4

在项目的直接社会效益中未能得到反映的那部分效益，如减少污染、改善生活环境、增加就业等。

2. 间接费用

间接费用是指项目对国民经济作出的贡献或国民经济为项目付出的代价，在直接效益与直接费用中未得到反映的那部分效益和费用。通常把与项目相关的间接效益(外部效益)和间接费用(外部费用)统称为外部效果。外部效果的计算应考虑环境及生态影响效果、技术扩散效果和产业关联效果。对显著的外部效果能定量的要做定量分析，计入项目的效益和费用；不能定量的，应作定性描述。计算中为防止间接效益的扩大化，项目外部效果一般只计算一次相关效果，不应连续扩展。

8.2.4 转移支付

1. 转移支付的含义和形式

对于涉及资源使用权的转移，但没有涉及社会最终产品增减的项目，在国民经济评价中不计入效益和费用。如国家对项目的补贴、项目向国家交纳的税金、国内借贷利息等。因这些是作为政府调节分配和调节供求关系的手段，或作为借用资本的代价在项目与政府及借贷机构之间的转移支付，并不发生实际资源的增加和耗费。

项目组织与政府及借贷机构之间的这种并不伴随资源增减的纯粹货币性转移，称为项目的转移支付，它有以下几种形式：

(1) 税金是财务上的"转移性"支出，它是企业的支出，计入财务分析的费用；但从国家角度，税金并没有增加国民收入，也未减少国民收入，只是资源的分配使用权从企业转移到政府手中，所以在国民经济评价中，它不是效益，也不形成费用。

(2) 补贴是国家为了鼓励使用某些资源或扶植某项建设投资给予的价格补贴。它使项目的财力支出减少，企业获得了一定的财务效益，资源的使用权从国家转移到企业，但没有增加或减少国民收入，整个社会资源也没有耗费，因此，补贴也不计入国民经济评价的效益与费用中。

(3) 国内贷款利息是货币支配权由企业转移给银行的一种转移性支出，没有增加或减少国民收入，不计入国民经济分析的效益与费用中，但国外贷款利息由国内向国外支付，造成国内资源的实际成少，应列入项目国民经济分析的费用中。

(4) 折旧是会计意义上的生产费用要素，是从收益中提取的部分资金，与实际资源的消耗无关。在项目经济分析时已将固定资产投资所耗用的资源视为项目的投资费用，折旧是投资形成的固定资产在再生产过程中价值转移的一种方式，所以折旧不计入国民经齐评价的效益与费用中，否则属于重复计算。

折旧.mp4

项目投资造成的经济费用或效益的计算，应在利益相关者基础上，研究在特定的社会经济背景条件下相关利益主体获得的收益及付出的代价，计算项目相关的费用和效益。

2. 效益和费用的计算应该遵循以下原则

（1）支付意愿原则。

项目产出物的正面效果的计算遵循支付意愿原则，用于分析社会成员为项目所产出的效益愿意支付的价值。

（2）受偿意愿原则。

项目产出物的负面效果的计算遵循受偿意愿原则，用于分析社会成员接受这种不利影响所得到补偿的价值。

（3）机会成本原则。

项目投入的经济费用的计算应遵循机会成本原则，用于分析项目所占用的所有资源的机会成本。机会成本应按资源的其他最有效利用所产生的效益进行计算。

（4）实际价值计算原则。

即应对项目的所有费用和效益采用反映真实价值的实际价格进行计算，不考虑通货膨胀的影响，但应考虑相对价格变动。

8.3 国民经济评价的程序与报表的编制

8.3.1 国民经济评价的程序

进行国民经济评价，大致可按以下几个步骤进行：

（1）根据国民经济评价指标所要求的基础数据，列出需进行调查和调整的内容。

（2）针对需调查和调整的内容，逐项确定其影子价格。正确确定项目产出物和投入物的影子价格是保障项目国民经济评价确性的关键。在国民经济的评价中应选择既能够反映资源本身的真实经济价值，又能够反映供求关系及国家经济政策的影子价格。

（3）将影子价格引入后，测算出项目的费用和效益。在国民经济评价中，应从整个国民经济的角度来划分和考虑项目的效益和费用，包括项目本身的直接效益费用和间接效益费用。

（4）计算国民经济评价的费用、效益、各项评价指标及现金流量表，包括静态指标和运用资金时间价值的动态指标。影子价格确定以后，可以将项目的各项财务评价基础数据按照影子价格进行调整，计算项目的各项国民经济效益和费用。根据调整，计算所得项目的各项国民经济效益及费用数值，编制国民经济评价报表，包括辅助报表和基本报表；也可以直接计算项目的各项国民经济效益与费用，编制国民经济评价报表。

（5）选定评价基准，如选定社会折现率或标准投资回收期等。根据国民经济评价报表及社会折现率等经济参数，计算项目的国民经济评价指标，分析项目的国民经济效益及经济合理性。此外，应对难以量化的外部效果进行定性分析，还可以从整个社会的角度来考虑和分析项目对社会目标的贡献，即进行所谓的费用效益分析。

（6）评价和决策。根据上述费用效益，对项目的经济合理性作出判断。然后结合财务的评价结果，作出项目经济评价的最终结论，提出相应建议。

8.3.2 国民经济评价报表的编制

1. 编制国民经济评价报表

在财务评价基础上调整编制国民经济评价报表。大多数情况下，可以在项目财务评价的基础上进行调整编制，主要调整内容包括：

(1) 调整转移支付：税金、国内借款利息，应作为转移支付，不再作为项目的支出。

(2) 计算外部效益和外部费用：将外部效益和外部费用计算入项目的效益和费用中。注意计算范围和口径，避免重复计算。通常只计算直接相关的效益和费用。

(3) 调整建设投资：税金、建设期利息、涨价预备金作为转移支付从支出中剔除，其余费用需要用影子价格调整。

(4) 调整流动资金：财务评价中，流动资产和流动负债中有现金、应收款项、预收款项、预付款项，但这些并不实际消耗资源，国民经济评价中应当将其从流动资金中剔除。

(5) 调整经营费用：对主要原材料、燃料及动力费用进行调整，对工资及福利费以影子工资调整。

(6) 调整销售收入：销售收入需要用产出影子价格调整。

(7) 调整外汇价值：外汇收入和支出的均需用影子汇率计算外汇价值。从国外引入的资金和向国外支付的投资收益、贷款本息等也需要用影子汇率调整。

(8) 在以上各项的基础上编制项目国民经济效益费用流量表。

2. 国民经济评价的报表

国民经济评价基本报表一般包括：

(1) 国民经济效益费用流量表(全部投资)。

全部投资效益费用流量表是以全部投资为计算基础，用以计算全部投资内部收益率、经济净现值等指标，如表 8-1 所示。

国民经济效益费用流量表.mp4

表 8-1　国民经济效益费用流量表(全部投资)

单位：万元

序号	项目 年份	建设期		投产期		达到设计能力生产期				合计
		1	2	3	4	5	6	...	n	
	生产负荷(%)									
1	效益流量									
1.1	产品销售(营业)收入									
1.2	回收固定资产余值									
1.3	回收流动资金									
1.4	项目间接效益									
2	费用流量									
2.1	固定资产投资									
2.2	流动资金									

续表

序号	项目＼年份	建设期		投产期		达到设计能力生产期			合计
		1	2	3	4	5	6	... n	
2.3	经营费用								
2.4	项目间接费用								
3	净效益流量(1-2)								

注：生产期发生的更新改造投资作为费用流量单独列项或列入固定资产投资项中。

(2) 国民经济效益费用流量表(国内投资)。

国内投资效益费用流量表是以国内投资作为计算基础，将国外借款利息和本金的偿付作为费用流出，用以计算国内投资的经济内部收益率、经济净现值等指标，作为利用外资项目的经济评价和方案比较的依据，如表8-2所示。

表8-2 国民经济效益费用流量表(国内投资)

单位：万元

序号	项目＼年份	建设期		投产期		达到设计能力生产期			合计
		1	2	3	4	5	6	... 8	
	生产负荷(%)								
1	效益流量								
1.1	产品销售(营业)收入								
1.2	回收固定资产余值								
1.3	回收流动资金								
1.4	项目间接效益								
2	费用流量								
2.1	固定资产投资中国内资金								
2.2	流动资金中国内资金								
2.3	经营费用								
2.4	流至国外的资金								
2.4.1	国外借款本金偿还								
2.4.2	国外借款利息支付								
2.4.3	其他								
2.5	项目间接费用								
3	净效益流量(1-2)								

注：生产期发生的更新改造投资作为费用流量单独列项或列入固定资产投资项中。

(3) 经济外汇流量表。

对于涉及产品出口创汇或替代进口节汇的项目，除了编制国民经济效益流量表外，还应编制经济外汇流量表和国内资源流量表。经济外汇流量表集中显示项目建设期内各年各项外汇收入和支出流量及产品替代进口使国家节约外汇的数量，表明项目对国民经济的净外汇效果，反映项目对国家外汇收支的直接或间接影响，如表8-3所示。

表 8-3　经济外汇流量表(全部投资)

单位：万元

序号	项目＼年份	建设期		投产期		达到设计能力生产期				合计
		1	2	3	4	5	6	…	n	
	生产负荷(%)									
1	外汇流入									
1.1	产品销售外汇收入									
1.2	外汇借款									
1.3	其他外汇收入									
2	外汇流出									
2.1	固定资产投资中外汇支出									
2.2	进口原材料									
2.3	进口零部件									
2.4	技术转让费									
2.5	偿付外汇借款本息									
2.6	其他外汇支出									
3	净外汇流量(1-2)									
4	产品替代进口收入									
5	净外汇效果(3+4)									

注：技术转让费是指生产期支付的技术转让费。

在进行项目的国民经济评价时，还需使用一些辅助报表，在这里不再一一赘述。

8.4　国民经济评价重要参数

8.4.1　国民经济的评价参数

社会折现率.mp4

1. 社会折现率

社会折现率是建设项目经济评价的通用参数，是在国民经济评价中用于计算经济净现值时的折现率，并作为经济内部收益率的基准值，是建设项目经济可行性的主要判别依据。社会折现率表征社会对资金时间价值的估量，适当的社会折现率有助于合理分配建设资金，引导资金投向对国民经济贡献大的项目，调节资金供需关系，促进资金在短期和长期项目间的合理配置。社会折现率应体现国民经济发展目标和宏观调控意图。根据我国目前的投资收益水平、资金机会成本、资金供需情况以及社会折现率，对长、短期项目的影响等因素，1987年国家计划委员会发布的《建设项目经济评价参数》中将社会折现率规定为10%，供各类建设项目评价时统一采用。

社会折现率是社会对资金时间价值的估算，是整个国民经济所要求的资金投资收益率标准，代表占用社会资金所应获得的最低收益率。资金的机会成本，又称为资金的影子价格，单位资金的影子价格就叫影子利率。因此国民经济评价中所用的社会折现率就是资金的影子利率。在投资项目的国民经济评价中,社会折现率主要用来作为计算净现值时的折现率,或者用做评价项目国民经济内部收益率高低的基准(即用做基准内部收益率)。

2. 影子汇率

所谓影子汇率,是指能正确反映外汇真实价值的汇率,即外汇的影子价格。

影子汇率发布有两种形式:

(1) 一种是直接发布影子汇率;

(2) 另一种是将影子汇率与国家外汇牌价挂钩,发布影子汇率换算系数。

影子汇率计算公式:

$$影子汇率=外汇牌价×影子汇率换算系数 \tag{8-1}$$

影子汇率换算系数是影子汇率与国家外汇牌价的比值。影子汇率的取值对项目的决策有重要的影响。影子汇率根据外贸货物比价、加权平均关税率、外贸逆差收入比率及出口换汇成本等指标分析和测算。例如假设我国的影子汇率换算系数取值为 1.08,那么当美国的外汇牌价是 8.09 美元时,美元的影子汇率=美元的外汇牌价×影子汇率换算系数=8.09×1.08=8.74 元/美元。

影子汇率是在国民经济评价中区别于官方汇率的外币与本币的真实价格。而官方汇率是由国家规定的单位外币的国内价格。由于实施进口关税、出口补贴及其他贸易保护主义措施,官方汇率不能反映外币的真实价值。影子汇率是单位外币用国内货币表示的影子价格,反映外币的真实价值,即一国货币真正能够换取的外汇的汇率。在项目的国民经济分析中,为了进行收益和费用的比较,需要把外币全部折算为本国货币,

影子汇率.mp4

这种折算不能使用官方汇率而只能使用影子汇率。影子汇率实际上也是外汇的机会成本,是指项目投入或产出所导致的外汇的减少或增加给国民经济带来的损失或收益。

3. 影子工资

(1) 概念。

所谓影子工资,是指项目使用劳动力、社会为此付出的代价。它包含在调整为经济价值的经营成本中,反映该劳动力用于拟建项目而使社会为此放弃的原有效益,由劳动力的边际产出和劳动力的就业或转移而引起的社会资源消耗构成。

(2) 计算方法。

影子工资一般是通过影子工资换算系数计算,影子工资换算系数是指影子工资与项目财务分析中的劳动力工资之间的比值。即:

$$影子工资=财务工资×影子工资换算系数 \tag{8-2}$$

(3) 确定原则。

① 影子工资应根据项目所在地的劳动力就业状况、劳动力就业或转移成本测定。

② 技术劳动力的工资报酬一般可由市场供求决定,影子工资可以财务实际支付工资计算,即影子工资换算系数取值为 1。

③ 对于非技术劳动力,其影子工资换算系数取值为 0.25~0.8,根据当地的非技术劳动力供求状况决定。非技术劳动力较为富余的地区可取较低值,不太富余的地区可取较高值,中间状况可取 0.5。

8.4.2 国民经济评价指标

1. 经济内部收益率

经济内部收益率(EIRR)是反映项目对国民经济贡献的相对指标。它是使得项目计算期内的经济净现值累计等于零时的折现率。

其表达式为：

$$\sum_{t=1}^{n}(B-C)_t(1+\text{EIRR})^{-t}=0 \tag{8-3}$$

式中：B——国民经济效益流量；
　　　C——国民经济费用流量；
　　　$(B-C)_t$——第 t 年的国民经济净效益流量；
　　　n——计算期，以年计。

或

$$\sum_{t=0}^{n}(B_{T_i}-C_{T_i})(1+\text{EIRR})^{-t}=0 \tag{8-4}$$

式中：B_{T_i}、C_{T_i}——发生在第 t 年的总效益和总费用；
　　　n——计算期。

当经济内部收益率等于或大于社会折现率时，说明项目占用投资对国民经济的净贡献达到或超过了要求的水平，这时项目可以接受；反之，则项目在经济上不合理。

2. 经济净现值

经济净现值是反映项目对国民经济所做净贡献的绝对指标。它是用社会贴现率将项目计算期内各年的净效益(等于效益减去费用)折算到建设起点(期初)的现值之和，是经济费用效益分析的主要指标。经济净现值大于零的项目就是可选择的项目。

其表达式为：

$$\text{ENPV}=\sum_{t=1}^{n}(B-C)_t(1+i_s)^{-t} \tag{8-5}$$

式中：i_s——社会折现率。

项目的经济净现值等于或大于零，表示社会经济为拟建项目付出代价后，可以得到符合或超过社会折现率所要求的以现值表示的社会盈余。表示项目的经济盈利性达到或超过了社会折现率的基本要求，项目可以接受。

经济净现值是反映项目对社会经济净贡献的绝对量指标。经济净现值越大，表明项目所带来的以绝对数值表示的经济效益越大。

按分析效益费用的路径不同，可分为整个项目的经济内部收益率和经济净现值，国内投资经济内部收益率和经济净现值。如果项目没有国外投资和国外借款，全投资指标与国内投资指标相同；如果项目有国外资金流入与流出，应该以国内投资的经济内部收益率和经济净现值为项目国民经济评价的评价指标。

本章小结

通过本章的学习，我们主要了解国民经济评价概念、作用、意义及适用范围；了解项目社会成本(费用)和社会效益分析；掌握国民经济评价和财务评价的区别与联系；掌握直接效益与直接费用、间接费用与间接效益；掌握国民经济评价的程序及报表的编制；掌握国民经济的评价参数及经济评价指标。希望学生们可以达到举一反三、学以致用的目的，为以后的工作和学习打下坚实的基础。

实训练习

一、单选题

1. 在实际经济生活中，有些产品的市场价格不能真实反映国民经济对项目的投入和产出，在这种情况下进行经济分析时，必须采用(　　)。
   A. 市场价格　　B. 不变价格　　C. 可变价格　　D. 影子价格
2. 外贸货物的影子价格是以实际可能发生的(　　)为基础确定的。
   A. 市场价格　　B. 口岸价格　　C. 不变价格　　D. 计划价格
3. 销售税金在国民经济评价中属于(　　)。
   A. 直接费用　　B. 财务费用　　C. 转移支付　　D. 间接费用
4. 以下不属于国民经济评价的参数的是(　　)。
   A. 行业基准收益率　　　　　B. 影子汇率
   C. 社会贴现率　　　　　　　D. 影子工资换算系数
5. 在国民经济评价中，以下不属于转移支付的是(　　)。
   A. 税金　　　　　　　　　　B. 国内银行借款利息
   C. 政府补贴　　　　　　　　D. 国外银行借款利息
6. 下列条目中，属于政府调控价格的投入物的是(　　)。
   A. 外贸货物　　B. 水、电　　C. 非外贸货物　　D. 劳动力
7. 国民经济评价中涉及外汇与人民币之间的换算均应采用(　　)。
   A. 影子汇率　　　　　　　　B. 外贸货物的影子价格
   C. 非外贸货物的影子价格　　D. 基本汇率
8. 社会折现率表示从国家角度对资金(　　)和资金的时间价值的估量。
   A. 机会成本　　B. 利用率　　C. 占用率　　D. 投资回报率
9. 非外贸货物影子价格应从国民经济的(　　)和供应关系来确定。
   A. 影子价格　　B. 计划价格　　C. 不变价格　　D. 实际价值
10. 在财务评价中工资作为成本的构成内容，属于项目的费用支出，在国民经济评价中应采用(　　)计量劳动力的劳务费用。
    A. 名义工资　　B. 影子工资　　C. 社会平均工资　　D. 社会效益

第8章 建设项目的国民经济评价

11. 国家计委和建设部根据我国劳动力的状况、结构及就业水平等确定一般建设项目的影子工资换算系数为( )。
    A. 1.0 B. 1.2 C. 1.5 D. 0.8
12. 对于非技术劳动力，其影子工资换算系数可取为( )。
    A. 1.2 B. 0.6 C. 1.5 D. 1.0
13. 以下属于特殊投入物的是( )。
    A. 固定资产投资 B. 流动资金
    C. 技术 D. 劳动力和土地
14. 在国民经济评价中，影子工资作为劳务费用计入( )。
    A. 经营成本 B. 管理费用 C. 财务费用 D. 其他费用
15. 以下不属于国民经济评价中盈利能力分析指标的是( )。
    A. 经济内部收益率 B. 经济净现值
    C. 经济净现值率 D. 经济换汇成本

二、多选题

1. 建设项目国民经济评价中，项目的国民经济效益可分为( )。
    A. 宏观效益 B. 直接效益 C. 微观效益
    D. 间接效益 E. 经济效益
2. 建设项目国民经济评价的内容主要有( )。
    A. 识别国民经济效益与费用 B. 考察项目的赢利能力和偿债能力
    C. 计算国民经济评价指标并进行方案比选 D. 计算和选取影子价格
    E. 计算投资方案抗风险能力的大小
3. 应进行国民经济评价的项目有( )。
    A. 需政府核准的企业投资项目
    B. 建设周期长的大型企业投资的工程建设项目
    C. 利用国际金融组织和外国政府贷款，需要政府主权信用担保的项目
    D. 政府预算内投资的公益性项目和公共基础设施建设项目、生态环境项目、资源开发项目等
    E. 政府各项专项建设基金投资的基础设施、基础产业建设项目
4. 建设项目财务评价与国民经济评价的区别主要有( )。
    A. 评价的角度不同 B. 采用的价格不同 C. 效益和费用的含义不同
    D. 主要参数不同 E. 评价的方法和基础不同
5. 关于国民经济评价的适用范围，下列说法正确的有( )。
    A. 不需要政府核准的企业投资项目
    B. 利用国际金融组织和外国政府贷款，不需要政府主权信用担保的项目
    C. 需政府核准的企业投资项目
    D. 政府预算内投资公益性项目和公共基础设施建设项目、生态环境项目、资源开发项目等
    E. 法律、法规规定的其他政府投资项目

三、简答题

1. 国民经济评价的作用有哪些?
2. 简述直接效益与直接费用的概念。
3. 国民经济评价的程序是什么?

第 8 章 习题答案.pdf

实训工作单

班级		姓名		日期	
教学项目	国民经济评价指标				
任务	内部收益率的计算	适用公式	$\sum_{t=1}^{n}(B-C)_t(1+\text{EIRR})^{-t}=0$ $\sum_{t=0}^{n}(B_{T_i}-C_{T_i})_t(1+\text{EIRR})^{-t}=0$		
题目	某工厂自 2013 年达产后年销售收入 8000 万元，税后 750 万元，总成本 7000 万元，利润 1000 万元，年计折旧 200 万元，求该工厂的内部收益率				
过程记录					
评语				指导老师	

第 9 章　设备磨损的补偿及其经济分析　09

【学习目标】

- 掌握设备的磨损、补偿与更新
- 了解设备的寿命形态、设备寿命的周期费用及设备大修理
- 了解设备更新概述及更新的特点与原则
- 掌握出现新设备条件下的更新分析
- 掌握设备原型更新的分析方法及更新方案的比选
- 了解设备租赁概述及租赁的形式与特点
- 掌握设备租赁与购买方案比选

第 9 章　设备磨损的补偿及其经济分析.avi

【教学要求】

本章要点	掌握层次	相关知识点
掌握设备的磨损、补偿与更新	掌握设备的磨损、补偿与更新	设备的磨损、补偿与更新
了解设备的寿命形态、设备寿命的周期费用及设备大修理	了解设备的寿命形态、设备寿命的周期费用及设备大修理	设备寿命的周期费用及设备大修理
了解设备更新概述及更新的特点与原则	理解设备更新概述、特点及原则	设备更新
掌握出现新设备条件下的更新分析	掌握出现新设备条件下的更新分析	设备更新
掌握设备原型更新的分析方法及更新方案的比选	掌握设备原型更新的分析方法及更新方案的比选	设备更新分析方法及更新方案的比选
了解设备租赁概述及租赁的形式与特点	了解设备租赁概述及租赁的形式与特点	设备租赁
掌握设备租赁与购买方案比选	掌握设备租赁与购买方案比选	设备租赁与购买方案比选

chapter 09 工程经济

【项目案例导入】

2015.8.23 四川成都发生一起塔吊因螺栓松动导致断裂事故,造成3死2伤。

2015.8.31 辽宁鞍山塔吊突然垮塌,司机坠亡。

2015.9.2 安徽一塔吊力矩限位装置失效,导致大臂折断。

2015.9.8 广安市一工地塔吊发生断裂。

2015.9.22 浙江杭州塔吊的钢丝绳发生断裂,砸伤一名工人。

2015.10.4 成都高新区一工地电梯突然坠落,造成4人死亡。

2015.10.6 杭州一台电梯发生坠落事故,造成2人死亡。

【项目问题导入】

在建设工程施工过程中,机械不安全因素导致的人员伤亡及财产损失事故数不胜数,为此,我们在施工过程中对机械设备要时常进行检查、维修,对于老旧的机械要及时进行更新。请根据本章内容结合案例,分析一下设备磨损补偿的以及如何进行更新。

9.1 设备的磨损与更新

9.1.1 设备的磨损

设备在使用过程中,由于输入能量而运转,产生摩擦、振动、疲劳,致使相对运动的零部件实体产生磨损,这种有形磨损即称为使用磨损。使用磨损的结果一般表现为:设备零部件尺寸、几何形状改变,设备零部件之间公差配合性质改变,导致工作精度和性能下降,甚至零部件损坏,引起其他相关零部件损坏而导致事故,或在表面上产生残留变形,而且还会发生各种物理、化学和机械的现象。影响使用磨损发展程度的主要因素有:设备的质量、负荷程度、操作工人的技术水平、工作环境、维护修理质量与周期等。

设备在使用(或闲置)过程中会产生磨损。磨损有两种形式:一种是有形磨损,也称物质磨损或物质损耗;另一种是无形磨损,也称经济磨损。无论是有形磨损还是无形磨损,其结果都会造成经济损失。为了减少设备磨损和在设备磨损后及时进行补偿,就必须弄清产生磨损的原因和磨损的规律,以便采取相应的技术、组织、经济措施。

1. 设备的有形磨损

运转中的机器设备在力的作用下,零部件会发生摩擦、振动和疲劳等现象,致使机器设备的实体产生磨损,这种磨损叫作第Ⅰ种有形磨损。它通常表现为:

(1) 零部件原始尺寸的改变,甚至形状也发生改变;

(2) 公差配合性质的改变以及精度的降低;

(3) 零件的损坏。如金属切削机床,第Ⅰ种有形磨损可使其加工精度、光洁度和劳动生产率降低。当设备磨损到一定程度时,零部件和机械就会出毛病,功率下降,设备的使

设备的有形磨损分类.mp4

用费用提高。有形磨损达到比较严重的程度,设备就不能继续正常工作,甚至会发生事故,提早失去工作能力和付出较大的修理费用,造成经济上的损失。

设备在闲置过程中,由于自然力的作用而生锈,由于管理不善和缺乏必要的维护而自动丧失精度和工作能力,也会使设备遭受有形磨损,这种有形磨损叫作第Ⅱ有形磨损。

第Ⅰ有形磨损,与使用时间和使用强度有关,第Ⅱ有形磨损在一定程度内与闲置时间的长短有关。

设备的有形磨损反映使用价值的降低,为了消除这种磨损,可以通过修理的方法加以修复,但相应地要一定的费用支出,且修理费用要小于新机器的价值。因此,有形磨损也表示设备原始价值的部分损失。设备的有形磨损具体内容如图9-1所示。

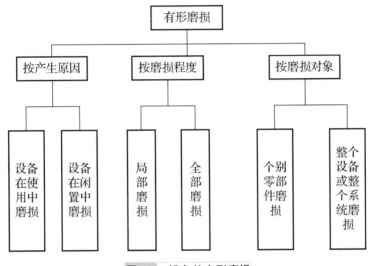

图 9-1 设备的有形磨损

技术进步对设备有形磨损的影响:技术进步,如更耐用材料的出现、零部件加工精度的提高以及结构可靠性的增大等,可使设备的耐久性提高;同时,采用正确的预防维护措施和计划预修制度以及新的先进修理技术,都可推迟设备发生有形磨损的时间。但是,技术进步又加快了有形磨损的速度。例如,用高效生产技术能使生产强化;自动化会提高设备利用程度;自动化管理系统会大大减少设备停歇时间;数控技术会大大减少设备的辅助时间,从而使机动时间的比重大大增加。此外,技术进步常与提高速度、压力、载荷和高温相联系,因而也会加剧设备的有形磨损。

设备的有形磨损.mp4

2. 设备的无形磨损

设备在使用过程中,除遭受有形磨损之外,还遭受无形磨损(也称经济磨损)。所谓无形磨损,就是由于科学技术进步而不断出现性能更加完善、生产效率更高的设备,使原有设备的价值降低;或者是生产同样结果设备的价值降低而使原有设备贬值。显然,在这些情况下,原有设备的价值已不取决于最初的生产耗费,而取决于其再生产时的耗费,而且这种耗费也是不断下降的。

无形磨损的两种形式：

(1) 由于相同结构设备再生产价值的降低而使原有设备价值的贬低，叫作第Ⅰ无形磨损，此种情况下设备的技术结构和经济性能并未改变，但由于技术进步的影响，生产工艺不断改进，成本不断降低，劳动生产率不断提高，使生产这种设备的社会必要劳动耗费相应降低，从而使原有设备发生贬值。

这种无形磨损虽然使生产领域中的现有设备部分贬值，但是设备本身的技术特性和功能不受影响，设备的使用价值并未降低，因此，不产生提前更换现有设备的问题。但是从修理角度分析，有可能影响设备的使用期限。

(2) 由于不断出现性能更加完善、效率更高的设备而使原有设备显得陈旧和落后，因而产生的经济磨损叫作第Ⅱ无形磨损，此种情况是由于出现较前设备结构更新、技术性能更加完善、具有更高生产率和经济性的设备，不仅原设备的价值会相对贬低，而且，如果继续使用旧设备还会相对地降低生产的经济效果，这就有可能产生用新设备代替现有陈旧设备的必要性。

3. 综合磨损及其度量

所谓综合磨损是指设备在使用过程中既有有形磨损又有无形磨损，也就是说设备遭受的磨损是双重的，两种磨损都引起设备原始价值的贬值，这一点两者是相同的。不同的是，遭受有形磨损的设备，特别是有形磨损严重的设备，在修理之前，常常不能工作，而遭受无形磨损的，即使无形磨损很严重，但仍然可以使用，只不过继续使用在经济上是否合算，需要分析研究。

9.1.2 设备的补偿

设备受到磨损需要补偿，磨损形式不同，补偿方式也不同。补偿方式一般有修理、改造和更新。有形磨损的补偿，可以是修理或更新；无形磨损的补偿，可以是改造或更新。修理、改造属于局部补偿，更新属于完全补偿。

设备的补偿.mp4

1. 设备修理

设备修理是修复由于正常或不正常的原因而造成的设备损坏和精度劣化，通过修理更换已经磨损、老化和腐蚀的零部件，使设备性能得到恢复，其实质是对设备有形磨损进行补偿，手段是修复或更换，目标是恢复设备性能。按修理的程度和工作量的大小，一般分为小修、项修、大修。设备的大、项、小修不仅是工作量和工作内容上有所区别，而且所需费用、资金来源也不同。项、小修所需费用直接计入生产成本，而大修所需费用则由大修理专项费用开支。

设备大修是用修理或更换任何零部件(包括基础件)的方法，恢复设备完好技术状况和完全(或接近完全)恢复设备寿命的恢复性修理；设备项修是为恢复设备总成(或某一系统、单元)完好技术状况、工作能力和寿命而进行的作业；设备小修是用修理或更换个别零件的方法，保证或恢复设备工作能力的运行性修理。

2. 技术改造

所谓设备的技术改造，就是应现代化的技术成就和先进经验，根据生产的具体需要，改变旧设备的结构或增加新装置、新部件等，以改变旧设备的技术性能与使用指标，使它局部达到或全部达到目前新设备的生产水平。设备技术改造是对现有企业技术改造的有效措施，在技术上能克服现有设备的技术落后状态，促进设备的技术进步，扩大设备生产能力，提高设备质量，在经济上也是优越的。因为改造是在原有设备的基础上，原有设备的零部件有许多可以继续使用，因此所需投资往往比用新设备要少，同时，改造有很大的针对性和适应性，能适应生产的具体要求，在某些情况下，其适应性程度甚至超过新设备，某些技术性能达到或超过现代新设备的水平。由此可见，技术改造较设备更新更具有现实意义。但设备技术改造并不是在任何情况下都能做到的。当出现一种新的工作原理，一种新的加工方法时，这种先进的原理和加工方法，用原有设备改造，改造量太大，很不经济，因此，采用设备更新的方法就显得更为经济些。设备的役龄对设备的技术改造影响很大，对役龄大的特别陈旧设备进行技术改造，技术上常常是很困难的，所需费用也很高。

9.1.3 设备的更新

设备更新从战略上讲，是一项很重要的工作。因为一台设备经过多次修理，可以在更长的时间里勉强使用，这样长期使用设备不进行更新，意味着长时间没有技术进步，它是生产发展的严重障碍。设备更新有两种形式：原型更新和技术更新。

原型更新又称简单更新，它是用相同型号设备以新换旧。这种更新主要用来更换已损坏或陈旧的设备。这样有利于减轻维修工作量，保证原有产品质量，减少使用老设备的能源、维修费用支出，缩短设备的役龄，但不具有更新技术的性质。

技术更新是以结构更先进、技术更完善、效率更高、性能更好、外观新颖的设备代替落后、陈旧，遭到无形磨损，在经济上不宜继续使用的设备。这是实现企业技术进步，提高企业经济效益的主要途径。反映某国家、部门或企业设备更新的速度指标，可用设备役龄和设备新度来表示。设备役龄是指设备在企业中服役的年限，设备的役龄越短，表示某个部门或企业的技术装备水平越先进。设备的新度是指设备的净值与设备的原值之比，设备的净值指设备的原值减去设备的折旧。设备新度系数越大，表明设备越新颖，现代化程度越高。

9.2 设备的经济寿命

9.2.1 设备的寿命形态

设备的寿命形态.mp4

设备寿命可以从不同角度划分为不同类型，具体来说有自然寿命、折旧寿命、技术寿命和经济寿命四种。

1. 设备寿命形态

(1) 自然寿命。

自然寿命，又称物质寿命，是指设备从投入使用开始，直到因物质磨损严重而不能继续使用、报废为止所经历的全部时间。自然寿命主要取决于设备有形磨损的程度，与设备的维护和保养状况有关，并可通过维护和保养来延长设备的自然寿命。

自然寿命.mp4

(2) 折旧寿命。

折旧寿命是按照财政部门的规定提取折旧费，从设备开始使用到设备的账面价值接近于残值时所延续的时间。在我国，设备折旧年限与折旧政策有关。折旧寿命的终止并不意味着自然寿命的结束，折旧寿命一般会介于自然寿命与技术寿命或经济寿命之间。

(3) 技术寿命。

技术寿命是指设备从开始使用到因技术落后而淘汰所延续的时间。技术寿命主要取决于无形磨损。因此，它与技术进步的速度有关，科学技术进步越快，设备的技术寿命越短。例如一台 486 的微型电子计算机，即使是全新的，它的功能也可能完全被性能更优越的 586 计算机所代替，这时它的技术寿命可认为是零。

技术寿命.mp4

(4) 经济寿命。

经济寿命是指设备从投入使用开始，到继续使用在经济上不合理而被更新所经历的时间。它是由设备维护费用的提高和使用价值的降低决定的。设备使用年限越长，所分摊的设备年资产消耗成本越少。但是随着设备使用年限的增加，一方面需要更多的维修费维持原有功能；另一方面设备的操作成本及原材料、能源耗费也会增加，年运行时间、生产效率、质量将下降。因此，年资产消耗成本的降低，会被年运行成本的增加或收益的下降所抵消。在整个变化过程中存在着某一年份，设备年平均使用成本最低，经济效益最好，设备年度费用曲线，如图 9-2 所示，在 N_0 年时，设备年平均使用成本达到最低值。我们称设备从开始使用到其年平均使用成本最小(或年盈利最高)的使用年限 N_0 为设备的经济寿命。所以，设备的经济寿命就是从经济观点(即成本观点或收益观点)确定的设备更新的最佳时刻。

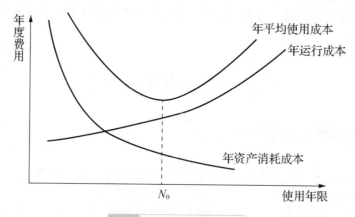

图 9-2 设备年度费用曲线

2. 设备寿命期限的影响因素

影响设备寿命期限的因素较多，其中主要有：
(1) 设备的技术构成，包括设备的结构及工艺性，技术进步；
(2) 设备成本；
(3) 加工对象；
(4) 生产类型；
(5) 工作班次；
(6) 操作水平；
(7) 产品质量；
(8) 维护质量；
(9) 环境要求。

9.2.2 设备寿命周期费用

设备寿命的周期费用.mp4

设备寿命周期费用是指设备整个寿命周期过程中所发生费用的总和。它包括设备从计划、设计、制造、安装运行、维修到报废为止的一生中，各个阶段所发生的费用的总和。设备寿命周期费用可以划分为设备费用（或称原始费用）和使用费用两部分。原始费用是用户为取得设备而集中支付的费用；使用费用又称为维持费用或经营费用，是用户在取得设备后，为保证设备的正常运行直到更新为止而需要经常支出的各种费用。对于用户，为了使总费用最低，需要认真考虑：

(1) 在添置设备时是节约维持费用好还是减少购置费用而把费用转移到维持费用上；
(2) 在使用设备时是为了避免支出高额购置费用去购置新设备而支付越来越大的维持费用好；还是把维持费用转移去购置新设备好。即需要把具有相反特性的两种费用，相互替换，找出对总费用最佳的平衡点。

研究设备寿命周期费用的目的就是为了在添置设备时统筹兼顾、全面考虑、寻求总费用最低的购置方案。美国从1966年起军方正式开展设备寿命周期费用的研究工作，并制定了分析程序。因此厂商不可能仅通过宣传其设备价格如何低廉就得到买主，而迫使厂商朝着降低设备的运营费用这个目标努力，即在设计阶段就把寿命周期费用作为一个参数来提供应用。因此，设备更新的经济分析应具有降低设备全寿命周期费用的理念。

9.2.3 设备大修理

1. 设备大修理的含义

设备投入使用后，由于有形磨损和无形磨损的作用，会存在一个使用寿命期限。但设备是由不同材质的众多零部件组成的，这些零部件在设备中工作条件不同，遭受的有形磨损与无形磨损也是不同的，即各零部件有着不同的寿命期限。通常，在一个设备中总有一部分是相对耐久的，而其他部分则易于损坏。如某个机械设备不同组成部分的物理耐用年限如表 9-1 所示。

表 9-1 某机械设备不同部分物理耐用年限表

设备组成要素	第一部分	第二部分	第三部分	第四部分
物理耐用年限	20 年	5 年	2 年	1 年

由表 9-1 可知，对于这台机械设备最耐久使用的是第一部分，可以持续使用 20 年左右，其余部分在正常工作条件下，约在一至五年中丧失其使用价值。假定设备的寿命期为 20 年，那么第二部分就需要每五年更换一次；第三部分需要每两年更换一次；而第四部分则需要每一年就更换一次，这样才可以保证该机械设备在整个寿命期间持续完好地使用。

在实践中，设备的大修理是通过调整、修复或更换磨损的零部件，恢复设备的精度和生产效率，使整个设备全部或接近全部恢复功能，基本上达到设备原有的使用功能，从而延长其使用寿命。

设备大修理能够利用原有设备中保留下来的零部件，从而在一定程度上节约资源。但大修理也是有一定限度的，无休止地大修理会使设备可利用的零部件越来越少，修理费用越来越高。因此大修理作为设备再生产的方式之一，要有一定的限度，必须为大修理确定一个合理的经济界限。

2. 设备大修理的经济界限

设备大修理可以延长设备的使用寿命，但这种延长，不论是在技术上还是在经济上，都是有一定限度的。

在实践中经过大修理的设备不论从生产率、精确度、速度还是故障频率、运行时间等方面，与新设备相比都会有所衰减，设备综合质量劣化，如图 9-3 所示。

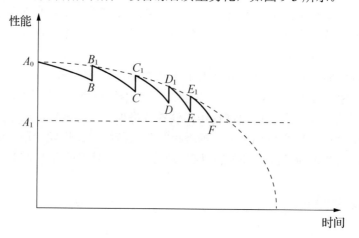

图 9-3 设备综合质量劣化

图 9-3 中，A_0 表示设备的初始标准性能，A_1 表示设备的基本性能。事实上在设备的使用过程中其性能是沿着 A_0B 线下降的，如不及时修理，设备寿命会很短。如果在 B 点进行了大修，其性能可能恢复到 B_1 点上。自 B_1 点起进行使用，其性能又继续沿 B_1C 劣化，当到 C 点时，又进行第二次大修理，其性能又恢复至 C_1 点。但再次使用后又会下降，这样如此

反复，直至 F 点，设备就不能再修理了。可见，设备的大修理也并非是无休止的。

另外，在经济上，随着设备使用年限的增加，运行费用增加，生产成本提高，如图 9-4 所示。

图 9-4 中，A 为运行费用的初始值。设备投入使用后，由于有有形磨损，运行费用逐渐升高。当增加到 B 时，进行大修理，修理后，运行费用降至 B_1。继续使用设备，随着使用时间的增加，运行费用又会逐渐增加，增加到 C 时，又一次进行大修理，运行费用修理后降至 C_1，如此反复。尽管每次大修理都会使运行费用下降，但随着修理次数增多，设备运行费用越来越高，增加得越来越快，大修理的经济性越来越差。

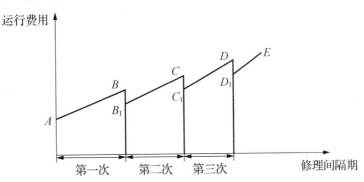

图 9-4　设备运行费用与修理间隔期关系

因此，从经济角度出发，为了提高设备使用的经济效益，降低设备使用费用，必须确定设备大修理的经济界限。是否对设备进行大修理可以从两方面考虑：

(1) 从修理费用角度考虑。

如果某次大修理费用小于等于重新购置同种新设备所需费用，则可以进行大修理，否则，该次修理不具有经济性，应考虑其他补偿设备磨损的措施。

(2) 从生产单位产品成本角度考虑。

如果大修理后的设备综合质量下降较多，致使生产单位产品的成本比用同种用途的新设备生产高，这时其原有的大修理就未必是合理的，因此，还需要从生产成本角度考虑大修理的合理性。

9.3　设备更新及其经济分析

9.3.1　设备更新概述

设备更新.mp4

设备更新是对旧设备的整体更换，按其本质来说可分为原型设备更新和新型设备更新。原型设备更新是简单更新，就是用结构相同的新设备去更换有形磨损严重而不能继续使用的旧设备。这种更新主要是解决设备的损坏问题，不具有更新技术的性质。新型设备更新是以结构更先进、技术更完善、效率更高、性能更好、能源和原材料消耗更少的新型设备替换那些技术上陈旧、在经济上不宜继续使用的旧设备。通常所说的设备更新主要是指后一种，它是技术发展的基础。因此，就实物形态而言，设备更新是用新的设备替换陈旧落后的设备；就价值形态而言，设备更新是设备在运动中消耗掉价值的重新补偿。设备更新是消除设备有形磨损和无形磨损的重要手段，目的是为了提高企业生产的现代化水平，尽快形成新的生产能力。

设备更新分析是企业生产发展和技术进步的客观需要，对企业的经济效益着重要的影响。过早的设备更新，无论是由于设备暂时出故障就报废的草率决定，还是片面追求现代化购买最新式设备的决定，都将造成资金的浪费，失去其他的收益机会；对一个资金十分紧张的企业可能走向另一个极端，采取拖延设备的更新，这将造成生产成本的迅速上升，失去竞争的优势。因此，设备是否更新、何时更新、选用何种设备更新？既要考虑技术发展的需要，又要考虑经济方面的效益。这就需要建造师不失时机地做好设备更新分析工作，采取适宜的设备更新策略。

设备更新策略应在全面系统了解企业现有设备的性能、磨损程度、服务年限、技术进步等情况后，分轻重缓急，有重点有区别地对待。凡修复比较合理的，不应过早更新；可以修中有改进，通过改进工装就能使设备满足生产技术要求的不要急于更新；更新个别关键零部件就可达到要求的，不必更换整台设备；更换单机能满足要求的，不必更换整条生产线。通常优先考虑更新的设备是：

(1) 设备损耗严重，大修后性能、精度仍不能满足规定工艺要求的；

(2) 设备耗损虽在允许范围之内，但技术已经陈旧落后，能耗高、使用操作条件不好、对环境污染严重，技术经济效果很不好的；

(3) 设备役龄长，大修虽然能恢复精度，但经济效果上不如更新的。

9.3.2 设备更新特点与原则

设备更新需要遵循的原则.mp4

由于旧设备已达到使用寿命年限，或是由于新技术、新工艺、新设备的出现，使现有设备在寿命期满前就因过时而被淘汰，要进行设备更新。设备更新有两种形式：一种是用相同的设备去更换有形磨损严重，不能继续使用的旧设备。这种更新只能解决设备的损坏问题，不具有对原设备进行技术更新的性质，这种更新方法称为设备原型更新。另一种是用技术更先进、性能更完善、生产效率更高的新设备来更换那些技术上不能继续使用或经济上不宜继续使用的旧设备。这种更新不仅能解决原有设备的损坏问题，而且能解决设备技术落后的问题。这种方法称为新设备更新。在这种情况下，原来使用的设备未必达到经济寿命年限，但由于技术进步使得用新设备替代旧设备，能产生更好的经济效益。

设备更新需要遵循以下原则。

1. 从客观实际出发

在设备管理中，应从客观实际出发，在系统、全面了解企业现有设备的性能、使用年限、磨损程度、技术进步的情况下，根据需要，有计划、有步骤、有重点地进行。根据企业不同的经营规模进行设备更新选型与配套，实现规模、技术、劳动力三个效益的最佳结合。

2. 需要从咨询师的角度进行分析

设备更新分析需要从咨询师角度进行分析，而不是从设备所有者的角度进行分析。咨询师并不拥有设备，因此若要保留设备，首先要支付相当于设备当前市场价值的支出，才能获取设备，这是更新设备分析的重要特点之一。

3. 只考虑未来发生的现金流量

设备经过一段时间的使用，物质资产的价值或多或少会有所降低，其账面价值不一定等于当前的市场价值。但在设备更新分析中只考虑今后所发生的现金流量，对以前发生的现金流量不再考虑，因为这些都属于不可恢复的费用，与更新决策无关，所以不予考虑。

4. 以费用年值法为主的原则

通常在比较设备更新方案时，假定设备产生的收益是相同的，因此只对它们的费用进行比较。又由于不同设备方案的服务寿命不同，因此通常采用年值法进行比较。新设备往往具有较高的购置费用和较低的运营成本，而需要更新的旧设备往往具有较低的重置费用和较高的运营成本。

9.3.3 出现新设备条件下的更新分析

随着技术的不断进步，很可能在设备还未达到经济寿命之前就出现了性能更好、效率更高的新设备，这时就要考虑是继续使用旧设备，还是购置新设备。是否用新设备替代旧设备主要根据设备的技术寿命，即从技术角度确定设备的合理使用时间。技术寿命的长短取决于技术进步的速度，与无形磨损相关。

具体的决策方法是对旧设备再使用一年的总费用与新设备在其预计的经济寿命期内的年平均总费用进行比较，选择总费用最小的方案。

旧设备再使用一年的总费用计算公式如下：

$$\mathrm{AC}_o = V_0 - V_1 + \frac{V_0 + V_1}{2} i_c + \Delta C \tag{9-1}$$

式中：AC_o ——原设备下一年运行的总费用；

V_0 ——原设备在决策时可出售的价值；

V_1 ——原设备一年后可出售的价值；

i_c ——基准收益率；

$\frac{V_0 + V_1}{2} i_c$ ——因继续使用原设备而占用资金的时间价值损失，资金占用额为原设备现在可售价值和一年后可售价值的平均值；

ΔC ——原设备继续使用一年在运行费用方面的损失(包括使用新设备后运行成本的节约额和销售收入的增加额)。

除此公式外，原设备再使用一年的总费用也可以根据企业的统计数据列表得出。
新设备在经济寿命期内的年总费用 AC_n 的计算方法如前述(9-1)所示。

如果 $AC_o \geqslant AC_n$，根据费用最小原则，设备应该进行更新，否则，不应进行更新。

9.3.4 设备原型更新的分析方法

设备在使用过程中，由于有形磨损的存在使维修费用，特别是大修理费用不断增加。如果这时还没有更先进的设备出现，从经济角度可以考虑进行原型设备替换。在这种情况下，可以通过分析设备的经济寿命进行更新决策。

设备的平均年费用是由资金恢复费用和年度使用费组成。设备的资金恢复费就是分摊到各使用年份的年度设备成本费；年度使用费是由运行费用和维修费用及因停机而造成的损失组成。

一般来说，设备的资金恢复费用是随着所使用年份的增大而减少的，设备的年度使用费用是随着使用年份的增长而不断增加的，这种逐年递增称为设备的劣化。为简单起见，假定每年的劣化增量是相等的，即年度使用费增加额相等。在设备的不同使用年限中，可以找到一个设备的平均年费用最小的使用年限，这个年份就是设备的经济寿命，如图 9-5 所示。

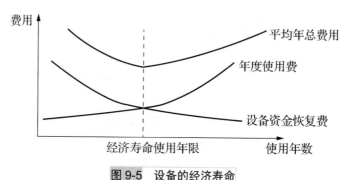

图 9-5　设备的经济寿命

现分两种情况来讨论其经济寿命的计算问题。

1. 不考虑资金时间价值

1) 设备经济寿命的确定原则
(1) 使设备在经济寿命内平均每年净收益(纯利润)达到最大；
(2) 使设备在经济寿命内一次性投资和各种经营费总和达到最小。
2) 设备经济寿命的确定方法

确定设备经济寿命的方法可以分为静态模式和动态模式两种。下面仅介绍静态模式下设备经济寿命的确定方法。

静态模式下设备经济寿命的确定方法，就是在不考虑资金时间价值的条件下计算设备年平均使用成本 $\overline{C}_N$，使 $\overline{C}_N$ 最小的 N_0 就是设备的经济寿命。

$$\overline{C}_N = \frac{P - L_N}{N} + \frac{1}{N}\sum_{t=1}^{N} C_t \tag{9-2}$$

式中：$\overline{C}_N$——N 年内设备的年平均使用成本；

P——设备目前实际价值，如果是新设备包括购置费和安装费，如果是旧设备包括旧设备现在的市场价值和继续使用旧设备追加的投资；

C_t——第 t 年的设备运行成本，包括人工费、材料费、能源费、维修费、停工损失、废次品损失等等；

L_N——第 N 年末的设备净残值。

在上式中，$\dfrac{P-L_N}{N}$ 为设备的平均年度资产消耗成本，而 $\dfrac{1}{N}\sum\limits_{t=1}^{N}C_t$ 为设备的平均年度运行成本。

在上式中，如果使用年限 N 为变量，则当 $N_0(0<N_0\leqslant N)$ 为经济寿命时，应满足 $\overline{C}_N$ 最小。

用设备的年平均使用成本 $\overline{C}_N$ 估算设备的经济寿命的过程其实就是：在已知设备现金流量的情况下，逐年计算出从寿命 1 年到 N 年全部使用期的年平均使用成本 $\overline{C}_N$，从中找出年平均使用成本 $\overline{C}_N$ 的最小值及其所对应的年限，从而确定设备的经济寿命。

由于设备使用时间越长，设备的有形磨损和无形磨损越大，从而导致设备的维护修理费用增加越多，这种逐年递增的费用 $\triangle C_t$，称为设备的低劣化。用低劣化数值表示设备损耗的方法称为低劣化数值法。如果每年设备的劣化增量是相等的，即 $\Delta C_t=\lambda$，每年劣化呈线性增长。假设评价基准年(即评价第一年)设备的运行成本为 C_1，则平均每年的设备使用成本 $\overline{C}_N$ 可用下式表示：

$$\begin{aligned}\overline{C}_N &= \frac{P-L_N}{N}+\frac{1}{N}\sum_{t=1}^{N}C_t = \frac{P-L_N}{N}+C_1+\frac{1}{N}[\lambda+2\lambda+3\lambda+\cdots+(N-1)\lambda] \\ &= \frac{P-L_N}{N}+C_1+\frac{1}{2N}[N(N-1)\lambda] \\ &= \frac{P-L_N}{N}+C_1+\frac{1}{2}[(N-1)\lambda]\end{aligned} \quad (9\text{-}3)$$

要使 $\overline{C}_N$ 最小，设 L_N 为一常数(如果 L_N 不为常数且无规律可循时，需用列表法计算)，对上式的 N 进行一阶求导，并令其导数为零，据此，可以简化经济寿命的计算，即：

$$N_0 = \sqrt{\frac{2(P-L_N)}{\lambda}} \quad (9\text{-}4)$$

式中：N_0——设备的经济寿命；

λ——设备的低劣化值。

【案例 9-1】 设有一台设备，目前实际价值 $P=8000$ 元，预计残值 $L_N=800$ 元，第一年的设备运行成本 $C_1=600$ 元，每年设备的劣化增量是相等的，年劣化值 $\lambda=300$ 元，求该设备的经济寿命。

解：设备的经济寿命 $N_0 = \sqrt{\dfrac{2\times(8000-800)}{300}} = 7(\text{年})$

将各年的计算结果列表(如表 9-2 所示)，进行比较后，也可得到同样的结果。

表 9-2 用低劣化数值法计算设备最优更新期

单位：元

使用年限 N	平均年资产消耗成本 $(P-L_N)/N$	年度运行成本 C_t	运行成本累计 $\sum C_t$	平均年度运行成本 (5)=(4)/(1)	年平均使用成本 $\overline{C}_N$ (6)=(2)+(5)
(1)	(2)	(3)	(4)	(5)	(6)
1	7200	600	600	600	7800
2	3600	900	1500	750	4350
3	2400	1200	2700	900	3300
4	1800	1500	4200	1050	2850
5	1440	1800	6000	1200	2640
6	1200	2100	8100	1350	2550
7	1029	2400	10500	1500	2529
8	900	2700	13200	1650	2550
9	800	3000	16200	1800	2600

2. 考虑资金时间价值

如果考虑资金时间价值，设备的年平均总费用应将设备的投资、残值、年度使用费乘以相应的折现系数，然后进行计算。具体公式如下：

$$AC = K_0(A/P,i,n) - V_t(A/F,i,n) + [\sum_{t=1}^{n} C_t(P/F,i,t)](A/P,i,n) \quad (9-5)$$

式中：K_0——设备的原始价值；

V_t——设备处理时的残值；

C_t——第 t 年年度使用费的劣化值。

9.3.5 设备更新方案的比选

设备更新方案的比选就是对新设备方案与旧设备方案进行比较分析，也就是决定现在马上购置新设备、淘汰旧设备，还是至少保留使用旧设备一段时间，再用新设备替换旧设备。新设备原始费用高，营运费和维修费低；旧设备目前净残值低，营运费和维修费高。必须进行权衡判断，才能做出正确的选择，一般情况下要进行逐年比较。

在静态模式下进行设备更新方案比选时，可按如下步骤进行：

(1) 计算新旧设备方案不同使用年限的静态年平均使用成本和经济寿命；

(2) 确定设备更新时机。

设备更新即便在经济上是有利的，也未必应该立即更新。换言之，设备更新分析还包括更新时机选择的问题。现有已用过一段时间的旧设备究竟在什么时机更新最经济？

① 如果旧设备继续使用 1 年的年平均使用成本低于新设备的年平均使用成本，即：

$$\overline{C}_N(旧) < \overline{C}_N(新)$$

此时，不更新旧设备，继续使用旧设备 1 年。

② 当新旧设备方案出现：

$$\overline{C}_N(旧) > \overline{C}_N(新)$$

此时，应更新现有设备，这就是设备更新的时机。

总之，以经济寿命为依据的更新方案比较，使设备都使用到最有利的年限来进行分析。

9.4 设备租赁及其经济分析

9.4.1 设备租赁概述

设备租赁是设备使用者(承租人)按照合同规定，按期向设备所有者(出租人)支付一定费用而取得设备使用权的一种经济活动。设备租赁一般有融资租赁和经营租赁两种方式。在融资租赁中，租赁双方承担确定时期的租让和付费义务，而不得任意中止和取消租约，贵重的设备(如重型机械设备等)宜采用这种方法；而在经营租赁中，租赁双方的任何一方可以随时以一定方式在通知对方后的规定期限内取消或中止租约，临时使用的设备(如车辆、仪器等)通常采用这种方式。

由于租赁具有把融资和融物结合起来的特点，这使得租赁能够提供及时而灵活的资金融通方式，是企业取得设备进行生产经营的一个重要手段。

1. 对于承租人来说，设备租赁与设备购买相比的优越性

(1) 在资金短缺的情况下，既可用较少资金获得生产急需的设备，也可以引进先进设备，加速技术进步的步伐；

(2) 可获得良好的技术服务；

(3) 可以保持资金的流动状态，防止呆滞，也不会使企业资产负债状况恶化；

(4) 可避免通货膨胀和利率波动的冲击，减少投资风险；

(5) 设备租金可在所得税前扣除，能享受税费上的利益。

2. 设备租赁的不足之处

(1) 在租赁期间承租人对租用设备无所有权，只有使用权，故承租人无权随意对设备进行改造，不能处置设备，也不能用于担保、抵押贷款；

(2) 承租人在租赁期间所交的租金总额一般比直接购置设备的费用要高；

(3) 长年支付租金，形成长期负债；

(4) 融资租赁合同规定严格，毁约要赔偿损失，罚款较多等。

正是由于设备租赁有利有弊，故在租赁前要进行慎重的决策分析。

9.4.2 设备租赁的形式与特点

经营租赁.mp4

1. 设备租赁的方式

1) 常见的设备租赁主要有以下两种

(1) 经营租赁。

经营租赁是指承租人支付租金在一定时期内拥有该设备的使用权的行为。经营租赁时，出租人负责设备的维修、保养与保险，承租人不需要获得该设备的所有权，只是负担相应租金来取得设备的使用权，这样，可以无须承担设备无形磨损的风险，对承租人来说，可以根据市场的变化决定设备的租赁期限，是一种非常灵活的租赁方式。

(2) 融资租赁。

融资租赁是指承租人以融通资金为目的，最终获得租赁资产所有权的一种租赁形式。在租赁期间，承租人按合同约定支付租金，并对设备自行维修保养，租赁期满，设备所有权由出租人转移至承租人。融资租赁实质上是一种分期付款购置设备的形式，分期支付的租金相当于贷款的还本付息。

经营租赁与融资租赁各有特点，分别适应于不同目的的投资者。一般来说，如果短期临时性地使用设备，使用期限远小于设备的使用寿命，则应采用经营租赁方式。如果计划长期使用设备，使用期限基本接近设备的使用寿命，则应采用融资租赁方式。

2) 现代国际融资租赁中出现的新形式

(1) 售后回租。

售后回租是指根据协议一个企业将其设备出售给出租人然后再将其租回使用的租赁形式。设备的售价约等于其市价，也可能略低于市价。在这种租赁形式下，出售设备的企业可得到相当于设备售出的资金，同时还可以通过租赁获得设备的使用权，一般租期为20到50年。当然，这期间，出售又租回设备的公司要支付租金并将失去财产所有权。

(2) 杠杆租赁。

杠杆租赁又称为衡平租赁，是指出租人只投资租赁设备购置款项的20%~40%，并以此来带动其他金融机构为其余款项提供无追索权贷款的一种租赁行为。20世纪70年代末，杠杆租赁首先在美国发展起来，是融资租赁的高级形式，适用于价值在几百万美元以上的大型租赁设备的长期租赁业务，可满足承租人对租赁设备有效寿命在10年以上，高度资本集约型设备的融资需要，如飞机、海上石油平台、通信卫星设备等。

(3) 综合租赁。

综合租赁是指将融资租赁的基本形式与某些贸易方式相结合的租赁形式，包括租赁与补偿贸易相结合，租赁与来料加工、来件装配相结合和租赁与包销相结合等形式。

2. 设备租赁的特点

1) 设备租赁的优点

(1) 节省设备投资，用较少的资金获得急需的生产设备，使企业在资金短缺的情况下仍然可以使用设备。

(2) 加快设备更新速度。在科技迅速发展的今天，设备更新速度大大提高，租赁可以减少企业因设备陈旧、技术落后而带来的风险。

(3) 提高设备的利用率。特别是对一些季节性或临时性需要使用的设备，企业通过租赁可以避免购置设备带来的闲置。

(4) 合理避税。设备租赁费用作为企业的费用可以在所得税前扣除，能减少企业所得税的支出，给企业带来一定的利益。

(5) 手续简便，设备进货速度快。

2) 设备租赁的不足之处

设备租赁的不足之处详见 9.4.1 节中的 2。

9.4.3 设备租赁与购买方案比选

1. 影响设备租赁与购买的主要因素

企业在决定进行设备投资之前,必须进行多方面考虑。因为决定企业租赁或购买的关键在于能否为企业节约尽可能多的支出费用,实现最好的经济效益。

1) 影响设备投资的因素

影响设备投资的因素较多,主要包括:

(1) 项目的寿命期;

(2) 企业是否需要长期占有设备,还是只希望短期占有这种设备;

(3) 设备的技术性能和生产效率;

(4) 设备对工程质量(产品质量)的保证程度,对原材料、能源的消耗量,以及设备生产的安全性;

(5) 设备的成套性、灵活性、耐用性、环保性和维修的难易程度;

(6) 设备的经济寿命;

(7) 技术过时风险的大小;

(8) 设备的资本预算计划、资金可获量(包括自有资金和融通资金),融通资金时借款利息或利率高低;

(9) 提交设备的进度。

2) 影响设备租赁的因素

对于设备租赁的,除考虑上述因素外,还应考虑如下影响因素:

(1) 租赁期长短;

(2) 设备租金额,包括总租金额和每租赁期租金额;

(3) 租金的支付方式,包括租赁期起算日、支付日期、支付币种和支付方法等;

(4) 企业经营费用减少与折旧费和利息减少的关系;租赁的节税优惠;

(5) 预付资金(定金)、租赁保证金和租赁担保费用;

(6) 维修方式,即是由企业自行维修,还是由租赁机构提供维修服务;

(7) 租赁期满,资产的处理方式;

(8) 租赁机构的信用度、经济实力,与承租人的配合情况。

3) 影响设备购买的因素

对于设备购买的,除考虑前述 1)的因素外,还应考虑如下影响因素:

(1) 设备的购置价格、设备价款的支付方式,支付币种和支付利率等;

(2) 设备的年运转费用和维修方式、维修费用;

(3) 保险费,包括购买设备的运输保险费,设备在使用过程中的各种财产保险费。

总之,企业作出是否租赁与购买决定的关键在于技术经济可行性分析。因此,企业在决定进行设备投资之前,必须充分考虑影响设备租赁与购买的主要因素,才能获得最佳的经济效益。

2. 设备租赁与购置方案分析的步骤

(1) 根据企业生产经营目标和技术状况,提出设备更新的投资建议。

(2) 拟定若干设备投资、更新方案,包括:购置(有一次性付款和分期付款购买)方案和租赁方案。

(3) 定性分析筛选方案,包括:分析企业财务能力,分析设备技术风险、使用维修特点。

① 分析企业财务能力,如果企业不能一次筹集并支付全部设备价款,则去掉一次付款购置方案。

② 分析设备技术风险、使用维修特点,对技术过时风险大、保养维护复杂、使用时间短的设备,可以考虑经营租赁方案;对技术过时风险小、使用时间长的大型专用设备则融资租赁方案或购置方案均是可以考虑的方式。

(4) 定量分析并优选方案,结合其他因素,作出租赁还是购买的投资决策。

3. 设备经营租赁与购置方案的经济比选方法

进行设备经营租赁与购置方案的经济比选,必须详细地分析各方案寿命期内各年的现金流量情况,据此分析方案的经济效果,确定以何种方式投资才能获得最佳。

1) 设备经营租赁方案的净现金流量

采用设备经营租赁的方案,租赁费可以直接计入成本,但为与设备购置方案具有可比性,特将租赁费用从经营成本分离出来,其任一期净现金流量可表示为:

净现金流量=营业收入-租赁费用-经营成本-与营业相关的税金-所得税 (9-6)

或   净现金流量=营业收入-租赁费用-经营成本-与营业相关的税金-所得税率×

(营业收入-租赁费用-经营成本-与营业相关的税金) (9-7)

式中,租赁费用主要包括:租赁保证金、租金、担保费。

(1) 租赁保证金。

为了确认租赁合同并保证其执行,承租人必须先交纳租赁保证金。当租赁合同结束时,租赁保证金将被退还给承租人或在偿还最后一期租金时加以抵消。保证金一般按合同金额的一定比例计或是某一基期数的金额(如一个月的租金额)。

(2) 担保费。

出租人一般要求承租人请担保人对该租赁交易进行担保,当承租人由于财务危机付不起租金时,由担保人代为支付租金。一般情况下,承租人需要付给担保人一定数目的担保费。

(3) 租金。

租金是签订租赁合同的一项重要内容,直接关系到出租人与承租人双方的经济利益。出租人要从取得的租金中得到出租资产的补偿和收益,即要收回租赁资产的购进原价、贷款利息、营业费用和一定的利润。承租人则要比照租金核算成本。影响租金的因素很多,如设备的价格、融资的利息及费用、各种税金、租赁保证金、运费、租赁利差、各种费用的支付时间以及租金采用的计算公式等。

对于租金的计算主要有附加率法和年金法。

① 附加率法。

附加率法是在租赁资产的设备货价或概算成本上再加上一个特定的比率来计算租金。每期租金 R 的表达式为:

租金的计算.mp4

$$R = P\frac{(1+N \times i)}{N} + P \times r \tag{9-8}$$

式中：P——租赁资产的价格；

N——租赁期数，可按月、季、半年、年计；

i——与租赁期数相对应的利率；

r——附加率。

【案例 9-2】租赁公司拟出租给某企业一台设备，设备的价格为 68 万元，租期为 5 年，每年年末支付租金，折现率为 10%，附加率为 4%，那么每年租金为多少？

解：$R = 68 \times \dfrac{(1+5 \times 10\%)}{5} + 68 \times 4\% = 23.12$（万元）

② 年金法。

年金法是将一项租赁资产价值按动态等额分摊到未来各租赁期间内的租金计算方法。年金法计算有期末支付和期初支付租金之分。

A：期末支付方式是在每期期末等额支付租金。其支付方式的现金流量如图 9-6(a)所示。由现值计算公式可知，期末等额支付租金计算是等额系列现值计算的逆运算，故可得期末支付租金 R_a 的表达式，即为

$$R_a = P\frac{i(1+i)^N}{(1+i)^N - 1} \tag{9-9}$$

式中：R_a——每期期末支付的租金额；

P——租赁资产的价格；

N——租赁期数，可按月、季、半年、年计；

i——与租赁期数相对应的利率或折现率。

$\dfrac{i(1+i)^N}{(1+i)^N - 1}$——称为等额系列资金回收系数，用符号 $(A/P, i, N)$ 表示。

B：期初支付方式是在每期期初等额支付租金，期初支付要比期末支付提前一期支付租金，其支付方式的现金流量如图 9-6(b)所示。每期租金 R_b 的表达式为：

$$R_b = P\frac{i(1+i)^{N-1}}{(1+i)^N - 1} \tag{9-10}$$

式中：R_b——每期期初支付的租金额。

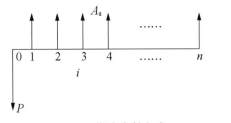

(a) 期末支付方式

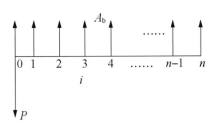

(b) 期初支付方式

图 9-6 年金法计算租金现金流量示意图

【案例 9-3】 折现率为 12%，其余数据与案例 9-2 相同，试分别按每年年末、每年年初支付方式计算租金。

解：若按年末支付方式：

$$R_a = 68 \times \frac{12\% \times (1+12\%)^5}{(1+12\%)^5 - 1} = 68 \times 0.2774 = 18.86 \text{(万元)}$$

若按年初支付方式：

$$R_a = 68 \times \frac{12\% \times (1+12\%)^{5-1}}{(1+12\%)^5 - 1} = 68 \times 0.2477 = 16.84 \text{(万元)}$$

2) 购买设备方案的净现金流量

在与租赁设备方案相同的条件下，任一期净现金流量可表示为：

净现金流量=营业收入-设备购置费-经营成本-贷款利息-与营业相关的税金
-所得税　　　　　　　　　　　　　　　　　　　　　　　　　　　　(9-11)

或　净现金流量=营业收入-设备购置费-经营成本-贷款利息-与营业相关的税金-所得税率
×(营业收入-经营成本-折旧-贷款利息-与营业相关的税金)　　　(9-12)

3) 设备租赁与购置方案的经济比选

对于承租人来说，关键的问题是决定租赁设备还是购买设备。而设备租赁与购置的经济比选也是互斥方案选优问题，一般寿命相同时可以采用净现值(或费用现值)法，设备寿命不同时可以采用净年值(或年成本)法。无论用净现值法还是净年值法，均以收益效果较大(或成本较少)的方案为宜。

在工程经济互斥方案分析中，为了简化计算，常常只需比较它们之间的差异部分。而设备租赁与购置方案经济比选，最简单的方法是在假设所得到设备的营业收入相同的条件下，将租赁方案与购买方案的费用进行比较。根据互斥方案比选的增量原则，只需比较它们之间的差异部分。

设备租赁：　　　　　　　所得税率×租赁费-租赁费　　　　　　　(9-13)
设备购置：　　　所得税率×(折旧+贷款利息)-设备购置费-贷款利息　　(9-14)

由于每个企业都要根据利润大小缴纳所得税，按财务制度规定，租赁设备的租金允许计入成本；购买设备每期计提的折旧费也允许计入成本；若用借款购买设备，其每期支付的利息也可以计入成本。在其他费用保持不变的情况下，计入成本越多，则利润总额越少，企业交纳的所得税也越少。因此在充分考虑各种方式的税收优惠影响下，应该选择税后收益更大或税后成本更小的方案。

本 章 小 结

通过本章的学习，我们主要掌握设备的磨损、补偿与更新；了解设备的寿命形态、设备寿命的周期费用及设备大修理；了解设备更新概述及更新的特点与原则；掌握出现新设备条件下的更新分析；掌握设备原型更新的分析方法及更新方案的比选；了解设备租赁概述及租赁的形式与特点；掌握设备租赁与购买方案比选。通过本章的学习，学生们应达到举一反三、学以致用的目的，为以后的工作和学习打下坚实的基础。

第9章 设备磨损的补偿及其经济分析

实训练习

一、单选题

1. 某设备一年前购入后闲置至今,产生锈蚀。此间由于制造工艺改进,使该种设备制造成本降低,其市场价格也随之下降。那么,该设备遭受了( )。
   A. 第一种有形磨损和第二种无形磨损
   B. 第二种有形磨损和第一种无形磨损
   C. 第一种有形磨损和第一种无形磨损
   D. 第二种有形磨损和第二种无形磨损

2. 下列导致现有设备贬值的情形中,属于设备无形磨损的是( )。
   A. 设备连续使用导致零部件磨损
   B. 设备长期闲置导致金属件锈蚀
   C. 同类设备的再生产价值降低
   D. 设备使用期限过长引起橡胶件老化

3. 下列关于设备更新作用的描述中,错误的是( )。
   A. 设备更新是对设备无形磨损的局部补偿
   B. 设备更新可以对设备无形磨损进行补偿
   C. 设备更新可以对设备有形磨损进行补偿
   D. 设备更新是对设备在运行中消耗掉的价值的重新补偿

4. 由于工作需要和软件配置的需求,某人对其已有的台式电脑安装了宽带装置,并扩展了内存容量,这一措施是( )。
   A. 第一种有形磨损的局部补偿
   B. 第一种无形磨损的局部补偿
   C. 第二种有形磨损的局部补偿
   D. 第二种无形磨损的局部补偿

5. 家庭的半自动洗衣机,经过多次维修也无法使用,准备购买全自动新洗衣机,这一措施属于对( )。
   A. 有形磨损的局部补偿
   B. 有形磨损的完全补偿
   C. 无形磨损的局部补偿
   D. 无形磨损的完全补偿

6. 设备租赁与设备购买相比,引起企业现金流量发生的变化是( )。
   A. 经营成本 B. 销售收入 C. 土所得税 D. 与销售相关的税金

7. 在进行设备购买与设备租赁方案经济比选时,应将购买方案与租赁方案视为( )。
   A. 独立方案 B. 相关方案 C. 互斥方案 D. 组合方案

8. 在进行设备租赁与设备购置的选择时,设备租赁与购置的经济比选是互斥方案的选优问题,寿命期相同时,可以采用的比选尺度是( )。
   A. 净现值指数 B. 内部收益率 C. 投资回收期 D. 净现值

9. 某租赁公司出租设备的年租金为23.12万元,租期为5年,每年年末支付租金,折现率为10%,附加率为4%,这台设备的价格为( )万元。
   A. 65 B. 68 C. 71 D. 74

10. 某租赁公司出租给某企业一台设备,设备价格为68万元,租赁保证金在租赁期届满退还,租期为5年,每年年末支付租金,租赁保证金为5万元,担保费为4万元,折现率为10%,附加率为4%,租赁保证金与担保费的资金时间价值忽略不计,每年租赁费用为( )万元。
    A. 23.12 B. 24.12 C. 23.92 D. 24.92

11. 某租赁公司出租给某企业一台设备，年租金按年金法计算，折现率为12%，租期为5年，设备价格为68万元，承租企业年末支付租金与年初支出租金的租金差值为(　　)万元。

　　A. 2.00　　　　B. 2.02　　　　C. 2.03　　　　D. 2.04

12. 对于企业采用融资方式租赁设备来说，下列说法中错误的是(　　)。

　　A. 融资租赁适用于长期使用的贵重设备　　B. 企业可以降低技术过时的风险
　　C. 企业可以随时通知对方取消租约　　　　D. 企业不可以处置租赁设备

13. 以经营租赁方式承租设备时，下列说法中错误的是(　　)。

　　A. 该租赁方式适合于临时使用的设备
　　B. 该租赁方式适合于生产任务波动较大的时期
　　C. 租赁设备不能用于担保
　　D. 租赁双方承担确定时期的租让与付费义务

14. 某设备年租赁费为30万元，若购买该设备，其购买费用年值为20万元，贷款利息每年支付5万元，设备年折旧费用为15万元，所得税率为33%，设备租赁与设备购买费用净年值差为(　　)万元。

　　A. -1.7　　　　B. 1.7　　　　C. 38.2　　　　D. 0

二、多选题

1. 对设备第二种无形磨损进行补偿的方式有(　　)。

　　A. 日常保养　　　　B. 大修理　　　　C. 更新
　　D. 经常性修理　　　E. 现代化改装

2. 造成设备无形磨损的原因有(　　)。

　　A. 通货膨胀导致货币贬值
　　B. 自然力的作用使设备产生磨损
　　C. 技术进步创造出效率更高、能耗更低的设备
　　D. 设备使用过程中的磨损、变形
　　E. 社会劳动生产率水平提高使同类设备的再生产价值降低

3. 对设备可消除性的有形磨损进行补偿的方式有(　　)。

　　A. 更新　　　　　　B. 现代化改装　　　C. 大修理
　　D. 日常保养　　　　E. 淘汰

三、简答题

1. 设备的有形磨损有哪些表现形式？
2. 简述设备更新的特点与原则。
3. 设备租赁的形式与特点有哪些？

第9章 习题答案.pdf

第9章　设备磨损的补偿及其经济分析

实训工作单

班级		姓名		日期	
教学项目	设备的经济寿命				
任务	设备经济寿命的计算	适用公式	$N_0 = \sqrt{\dfrac{2(P-L_N)}{\lambda}}$		
题目	设有一台设备,目前实际价值 P=10000 元,预计残值 L_N=900 元,第一年的设备运行成本 Q=800 元,每年设备的劣化增量是相等的,年劣化值 λ=450 元,求该设备的经济寿命。				
过程记录					
评语				指导老师	

第 10 章　价值工程

第 10 章
价值工程.pdf

 【学习目标】

- 了解价值工程的概念、特点及提高的途径
- 掌握价值工程的工作程序及工作内容
- 掌握价值工程方案的评价与改进方法
- 了解价值工程在企业技术创新中的应用

第 10 章
价值工程.avi

 【教学要求】

本章要点	掌握层次	相关知识点
价值工程的概念、特点及提高的途径	1. 了解价值工程的概念、特点 2. 掌握价值工程的提高途径	价值工程
价值工程的工作程序及工作内容	1. 掌握价值工程的工作程序 2. 了解价值工程的工作内容	价值工程的工作程序、内容
价值工程方案的评价与改进	掌握价值工程方案的评价与改进	价值工程方案的评价与改进
价值工程在企业技术创新中的应用	了解价值工程在企业技术创新中的应用	价值工程的应用

 【项目案例导入】

某市高新技术开发区有两幢科研楼和一幢综合楼，其项目设计方案对比如下：

A 方案：结构方案为大柱网框架轻墙体系，采用预应力大跨度叠合楼板，墙体材料采用多孔砖及移动式可拆装式分室隔墙，窗户采用单框双玻璃钢塑窗，面积利用系数为 93%，造价为 1438 元/m²；

B 方案：结构方案同 A，墙体采用内浇外砌，窗户采用单框双玻璃空腹钢塑窗，面积利用系数为87%，单位造价为1108元/m²；

C方案：结构方案采用砖混结构体系，采用多孔预应力板，墙体材料采用标准黏土砖，窗户采用单玻璃空腹钢塑窗，面积利用系数为79%，单位造价为1082元/m²。

方案各功能权重及各方案的功能得分如表10-1所示。

表10-1 方案各功能权重及各方案的功能

方案功能	功能权重	方案功能得分		
		A	B	C
结构体系	0.25	10	10	8
模板类型	0.05	10	10	9
墙体材料	0.25	8	9	7
面积系数	0.35	9	8	7
窗户类型	0.10	9	7	7

【项目问题导入】

对不同方案价值工程的判断，对整个建设项目的实施起着重要作用。请结合本章内容对案例的方案功能和功能权重的进行分析，判断哪个方案更适用于实际施工。

10.1 价值工程概述

10.1.1 价值工程的概念

1. 价值工程的含义

价值工程是以提高产品(或作业)价值和有效利用资源为目的，通过有组织的创造性工作，寻求用最低的寿命周期成本，可靠地实现使用者所需功能，以获得最佳的综合效益的一种管理技术。价值工程中"工程"的含义是指为实现提高价值的目标所进行的一系列分析研究的活动。价值工程中所述的"价值"也是一个相对的概念，是指作为某种产品(或作业)所具有的功能与获得该功能的全部费用的比值。它不是对象的使用价值，也不是对象的交换价值，而是对象的比较价值，是作为评价事物有效程度的一种尺度。这种尺度可以表示为一个数学公式：

$$V = \frac{F}{C} \tag{10-1}$$

式中：V——价值；

F——研究对象的功能，广义上讲是指产品或作业的功用和用途；

C——成本，即寿命周期成本。

为实现物品功能耗费的成本，包括劳动占用和劳动消耗，是指产品的寿命周期的全部费用，是产品的科研、设计、试验、试制、生产、销售、使用、维修直到报废所花费用的总和。

定义中的"产品"泛指以实物形态存在的各种产品，如材料、制成品、设备、建设工程等；"作业"是指提供一定功能的工艺、工序、作业、活动等。

2. 价值工程与其他管理技术的区别

价值工程是一门管理技术，又不同于一般的工业工程和全面质量管理技术。诞生于20世纪初的工业工程，着重于研究作业、工序、时间等从材料到工艺流程等问题，这种管理技术主要是降低加工费用。20世纪20年代创始的全面质量管理是按照设计图纸把产品可靠地制造出来，是从结果分析问题原因帮助消除不良产品的一种管理技术。但它们都是以产品设计图纸给定的技术条件为前提，因此，降低产品成本都有局限性。而价值工程改变过去以物品或结构为中心的思考方法，从产品的功能出发，在设计过程中，重新审核设计图纸，对产品作设计改进，把与用户需求功能无关的构配件消除掉，更改具有过剩功能的材质和构配件，设计出价值更高的产品。由于它冲破了原来设计图纸的界限，故能大幅度地降低成本。

价值工程与一般的投资决策理论不同。一般的投资决策理论研究的是项目的投资效果，强调的是项目的可行性，而价值工程是研究如何以最少的人力、物力、财力和时间获得必要功能的技术经济分析方法，强调的是产品的功能分析和功能改进。

价值工程废弃了会计制度上沿用的事后成本和与产品费用无关的计算成本办法，采用以产品功能为中心分析成本的事前成本计算方法，保证了成本的正确可靠性。

总之，价值工程是采用系统的工作方法，通过各相关领域的协作，对所研究对象功能与成本、效益与费用之间进行系统分析，不断创新，旨在提高所研究对象价值的思想方法和管理技术。

10.1.2 价值工程的特点

由价值工程的概念可知，价值工程涉及价值、功能和寿命周期成本等三个基本要素，它具有以下特点。

价值工程的特点.mp4

1. 价值工程的目标

价值工程的目标，是以最低的寿命周期成本，使产品具备它所必须具备的功能。产品的寿命周期成本由生产成本和使用及维护成本组成。

产品生产成本 C_1 是指发生在生产企业内部的成本，也是用户购买产品的费用，包括产品的科研、实验、设计、试制、生产、销售等费用及税金等；而产品使用及维护成本 C_2 是指用户在使用过程中支付的各种费用的总和，它包括使用过程中的能耗费用、维修费用、人工费用、管理费用等，有时还包括报废拆除所需费用(扣除残值)。

在一定范围内，产品的生产成本与使用及维护成本存在着此消彼长的关系。随着产品功能水平提高，产品的生产成本 C_1 增加，使用及维护成本 C_2 降低；反之，产品功能水平降低，其生产成本 C_1 降低但是使用及维护成本 C_2 增加。因此，当功能水平逐步提高时，寿命周期成本 $C=C_1+C_2$，呈马鞍形变化，如图10-1所示。在 F' 点，产品功能较少，此时虽然生产成本较低，但由于不能满足使用者的基本需，使用及维护成本较高，因而使用寿命周期成本较高；在 F'' 点，虽然使用及维护成本较低，但由于存在着多余的功能，因而使生产成本过高，同样寿命周期成本也较高。只有在 F_0 点，产品功能既能满足用户的需求，产品成本 C_1 和使用及维护成本 C_2 两条曲线叠加所对应的寿命周期成本为最小值 C_{min}，体现了比较理想的功能与成本的关系。由此可见，工程产品的寿命周期成本与其功能是辩证统一的关系。寿命周期成本的降低，不仅关系到生产企业的利益，同时也是满足用户的要求并与社会节约程度密切相关。因此，价值工程的活动应贯穿于生产和使用的全过程，要兼顾生产者和用户的利益，以获得最佳的社会综合效益。

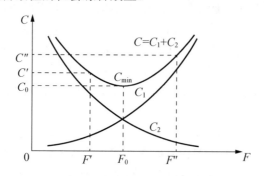

图 10-1　产品功能与成本关系

2. 价值工程的核心，是对产品进行功能分析

价值工程中的功能是指对象能够满足某种要求的一种属性，具体来说功能就是某种特定效能、功用或效用。对于一个具体的产品来说，"它是干什么用的？"这一问题答案就是产品的功能。任何产品都具备相应的功能，假如产品不具备功能则产品将失去存在的价值。例如手表有计时、显时的功能；电冰箱具有冷藏、冷冻的功能；住宅的功能是提供居住空间等。用户向生产企业购买产品，是要求生产企业提供这种产品的功能，而不是产品的具体结构。企业生产的目的，也是通过生产获得用户所期望的功能，而结构、材质等是实现这些功能的手段，所以说目的是主要的，手段可以广泛选择。因此，价值工程分析产品，首先不是分析它的结构，而是分析它的功能，是在分析功能的基础之上，再去研究结构、材质等问题，以达到保证用户所需功能的同时降低成本，实现价值提高的目的。

3. 价值工程将产品价值、功能和成本作为一个整体同时来考虑

在现实中，人们一般对产品(或作业)有"性价比"的要求，"性"就是反映产品(或作业)的性能和质量水平，即功能水平；"价"就是反映产品(或作业)的成本水平。价值工程并不是单纯追求低成本水平，也不片面追求高功能、多功能水平，而是力求正确地处理好功能与成本的对立统一关系，提高它们之间的比值水平，研究产品功能和成本的最佳配置。因此，价值工程对价值、功能、成本的考虑，不是片面和孤立的，而是在确保产品功能的基础上综合考虑生产成本和使用及维护成本，兼顾生产者和用户的利益，创造出总体价值最高的产品。

4. 价值工程强调不断改革和创新

价值工程强调不断改革和创新，开拓新构思和新途径，获得新方案，创造新功能载体，从而简化产品结构，节约原材料，提高产品的技术经济效益。

5. 价值工程要求将功能定量化

价值工程要求将功能定量化，即将功能转化为能够与成本直接相比的量化值。

6. 价值工程是以集体智慧开展的有计划、有组织、有领导的管理活动

价值工程研究的问题涉及产品的整个寿命周期，涉及面广，研究过程复杂，如提高产品价值涉及产品的设计、生产、采购和销售等过程。这不能靠个别人员和个别部门，而要经过许多部门和环节的配合，才能收到良好的效果。因此，企业在开展价值工程活动时，必须集中人才，要组织科研、设计、生产、管理、采购、供销、财务，甚至用户等各方面有经验的人员参加，以适当的组织形式组成一个智力结构合理的集体，共同研究，发挥集体智慧、经验和积极性，排除片面性和盲目性，博采众长，有计划、有领导、有组织地开展活动，以达到提高方案价值的目的。

10.1.3 价值工程提高途径

价值工程以提高产品价值为目的，这既是用户的需要，又是生产经营者追求的目标，两者的根本利益是一致的。因此，企业应当研究产品功能与成本的最佳匹配。价值工程的基本原理公式 $V=F/C$，不仅深刻地反映出产品价值与产品功能和实现此功能所耗成本之间的关系，而且也为如何提高价值提供了以下五种途径。

价值工程提高途径.mp4

1. 双向型

在提高产品功能的同时，又降低产品成本，这是提高价值最为理想的途径，也是对资源最有效的利用。但对生产者要求较高，往往要借助技术的突破和管理的改善才能实现。例如：重庆轻轨较新线一期工程，根据自身的城市特点，引进跨座式单轨技术。其梁轨一体化的构造，决定了施工要求的高精度，易造成工程返工甚至 PC 轨道梁报废的难题。在国外长期以来均采用"先墩后梁"的模式组织建设，缺点是建设周期太长。为实现建设目标，重庆轻轨在项目上打破常规，成功运用了"墩梁并举"的技术与管理模式。大幅缩短了工期(仅为 4 年工期，远少于常规 7～10 年的工期)；各项精度水平均有大幅提高，确保了建设质量；减少了资金积压时间，降低了工程融资成本，降低了工程总造价；同时，减少了占用城市道路施工的时间，方便了市民出行，减少了堵车，既节省宝贵的资源，又降低了环境污染。

2. 改进型

在产品成本不变的条件下，通过改进设计，提高产品的功能，提高利用资源的成果或效用(如提高产品的性能、可靠性、寿命、维修性)，增加某些用户希望的功能等，达到提高

产品价值的目的。例如：人防工程，若仅仅考虑战时的隐蔽功能，平时闲置不用，将需要投入大量的人力、财力予以维护。若在设计时，考虑战时能发挥隐蔽功能，平时能发挥多种功能，则可将人防工程平时利用为地下商场、地下停车场等。这些都大大提高了人防工程的功能，并增加了经济效益。

3. 节约型

在保持产品功能不变的前提下，通过降低成本达到提高价值的目的。从发展趋势上说，科学技术水平以及劳动生产率是在不断提高的，因此消耗在某种功能水平上的产品或系统的费用应不断降低。新设计、新材料、新结构、新技术、新的施工方法和新型高效管理方法，无疑会提高劳动生产率，在功能不发生变化的条件下，降低产品或系统的费用。例如：某市一电影院，由于夏季气温高，需设计空调系统降温，以满足人们舒适度的要求。经过相关人员价值分析，决定采用人防地道风降温系统替代机械制冷系统。该系统实施后，在满足电影院空调要求的前提下，不仅降低了造价，而且节约了运行费和维修费。

4. 投资型

产品功能有较大幅度提高，产品成本有较少提高。即成本虽然增加了一些，但功能的提高超过了成本的提高，因此价值还是提高了。例如：电视塔，主要功能是发射电视和广播节目，若只考虑塔的单一功能，塔建成后只能作为发射电视和广播节目，每年国家还要拿出数百万元对塔及内部设备进行维护和更新，经济效益差。但从价值工程应用来看，若利用塔的高度，在塔上部增加综合利用机房，可为气象、环保、交通、消防、通信等部门服务；在塔的上部增加观景厅和旋转餐厅等。工程造价虽增加了一些，但功能大增，每年的综合服务和游览收入显著增加，这既可加快投资回收，又可实现"以塔养塔"。

5. 牺牲型

在产品功能略有下降、产品成本大幅度降低的情况下，也可达到提高产品价值的目的。这是一种灵活的企业经营策略，去除一些用户不需要的功能，从而较大幅度地降低费用，能更好地满足用户的需求。例如：老年人手机，在保证接听拨打电话这一基本功能的基础上，根据老年人的实际需求，采用保留或增加有别于普通手机的大字体、大按键、大音量、一键亲情拨号、收音机、一键求救、手电筒、监护定位、助听等功能，减少普通手机的办公、游戏、拍照、多媒体娱乐、数据应用等功能。从总体来看老年手机功能比普通手机降低了些，但仍能满足老年顾客对手机特定功能的要求，而整体生产成本却大大降低了。在实际中，对这种牺牲型途径要持慎重态度。

总之，在产品形成的各个阶段都可以应用价值工程提高产品的价值。但在不同的阶段进行价值工程活动，其经济效果的提高幅度却是大不相同的。对于建设工程，应用价值工程的重点是在规划和设计阶段，因为这两个阶段是提高技术方案经济效果的关键环节。一旦设计完成并施工，建设工程的价值就基本决定了，这时再进行价值工程分析就变得更加复杂，不仅原来的许多工作成果要付诸东流，而且更改可能会造成很大的浪费，使价值工程活动的技术经济效果大大下降。当然，在施工阶段建造师也可开展大量价值工程活动，以寻求技术、经济、管理的突破，获得最佳的综合效果。如对施工项目展开价值工程活动，可以更加明确业主的要求，更加熟悉设计要求、结构特点和项目所在地的自然地理条件，从而更利于施工方案的制定,更能有效地组织和控制项目施工;通过价值工程活动,可以在保证质量的前提下,为用户节约投资,提高功能,降低寿命周期成本,从而赢得业主的信任,有利于甲乙双方关系的和谐与协作,同时提高自身的社会知名度,增强市场竞争能力;通过对施工项目进行价值工程活动,对提高项目组织的素质,改善内部组织管理,降低不合理消耗等,也有积极的直接影响。

目前,价值工程在我国建筑业中的应用还处于比较初级的阶段。但从世界范围来看,建筑业一直是价值工程实践的热点领域,究其原因是它能适应建筑业发展的自身需求,在降低工程成本、保证业主投资效益方面具有显著的功效。根据美国建筑业应用价值工程的统计结果表明:一般情况下应用价值工程可以降低整个建设项目初始投资的5%~10%左右,同时可以降低项目建成后运行费用的5%~10%。而在某些情况下这一节约的比例更是可以高达35%以上。而整个价值工程研究的投入经费仅为项目建设成本的0.1%~0.3%。因此,推动价值工程在我国建筑业中的发展和应用,不仅可以获得良好的经济效益,也可以提高我国建筑业的整体经营管理水平。

10.2 价值工程工作程序与方法

10.2.1 价值工程的工作程序

价值工程也像其他技术一样具有自己独特的一套工作程序。在工程建设中,价值工程的工作程序,实质就是针对工程产品(或作业)的功能和成本提出问题、分析问题、解决问题的过程。其工作程序如表10-2所示。

表10-2 价值工程的工作程序

工作阶段	设计程序	工作步骤 基本步骤	工作步骤 详细步骤	对应问题
准备阶段	制定工作计划	确定目标	1. 工作对象选择 2. 信息资料搜集	1. 价值工程的研究对象是什么
分析阶段	功能评价	功能分析	3. 功能定义 4. 功能整理	2. 这是干什么用的
分析阶段	功能评价	功能评析	5. 功能成本分析 6. 功能评价 7. 确定改进范围	3. 成本是多少 4. 价值是多少
创新阶段	初步设计	制定创新方案	8. 方案创造	5. 有无其他方法实现同样功能
创新阶段	评价各设计方案,改进、优化方案	制定创新方案	9. 概略评价 10. 调整完善 11. 详细评价	6. 新方案的成本是多少
创新阶段	方案书面化	制定创新方案	12. 提出方案	7. 新方案能满足功能的要求吗
实施阶段	检查实施情况并评价活动成果	方案实施与成果评价	13. 方案审批 14. 方案实施与检查 15. 成果评价	8. 偏离目标了吗

价值工程的实施就是围绕上述工作程序进行的。

10.2.2 价值工程的工作内容

1. 价值工程准备阶段

价值工程准备阶段主要是工作对象选择与信息资料搜集，目的是明确价值工程的研究对象是什么。

1) 对象选择

在工程建设中，并不是对所有的工程产品(或作业)都进行价值分析，而是主要根据企业的发展方向、市场预测、用户反映、存在问题、薄弱环节以及提高劳动生产率、提高质量、降低成本等方面来选择分析对象。因此，价值工程的对象选择过程其实就是收缩研究范围的过程，最后明确分析研究的目标即主攻方向。一般来说，从以下几方面考虑价值工程对象的选择。

(1) 从设计方面看，对结构复杂、性能和技术指标差、体积和重量大的工程产品进行价值工程活动，可使工程产品结构、性能、技术水平得到优化，从而提高工程产品价值。

(2) 从施工生产方面看，对量大面广、工序烦琐、工艺复杂、原材料和能源消耗高、质量难于保证的工程产品，进行价值工程活动可以最低的寿命周期成本可靠地实现必要功能。

(3) 从市场方面看，应该选择用户意见多和竞争力差的工程产品进行价值工程活动，以赢得消费者的认同，占领更大的市场份额。

(4) 从成本方面看，选择成本高或成本比重大的工程产品，进行价值工程活动可降低工程产品成本。

价值工程对象选择的方法有很多种，不同方法适宜于不同的价值工程对象，根据企业条件选用适宜的方法，就可以取得较好效果。常用的方法有因素分析法、ABC 分析法、强制确定法、百分比分析法、产品寿命周期法、价值指数法等。下面着重介绍其中的 ABC 分析法、百分比分析法及产品寿命周期法。

① ABC 分析法。

ABC 分析法亦称成本比重分析法或巴雷特(Pareto)分析法，它是价值工程对象选择的常用方法之一，此种方法亦可用于对库存零件的分类控制。

ABC 分析法.mp4

意大利经济学家巴雷特在研究资本主义国民财富的分配状况时发现这样一个规律：占人口比例不大的少数人，占据社会的大部分财富，而占人口比例很大的多数人却只占有社会财富的小部分。后来，人们把这种不均匀分布规律，用于成本分析、库存管理分析等许多经济管理问题。例如通过成本分析可以发现，占零件数 10%左右的零件，其成本往往占整个产品的 60%~70%，把这类零件划为 A 类；占零件数 20%左右的零件，其成本占总成本的 20%左右，把这类零件划为 B 类；占零件数 70%左右的零件，其成本占总成本的 10%~20%，把这类零件划为 C 类。人们利用这种分类方法，可以实现对零件的分类控制。

ABC 分类法的优点是能抓住重点，把数量少而成本大的零部件选为价值分析对象，利于集中精力，突破重点，取得较大成果。在利用 ABC 分析法进行对象选择时，首先将零件按其成本大小进行排队，优先选择成本大的少数零件作为价值分析的对象，如图 10-2 所示。

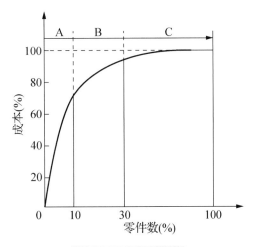

图 10-2　ABC 分类法

② 百分比法。

这是一种按某项费用或某种资源在不同产品和作业中，或某一产品或作业的不同组成部分中所占的比重大小来选择对象的方法。例如，某厂生产用的动力消耗大大超过同类企业的一般水平，为了进行价值工程活动，首先分析各产品动力消耗的比重。如表 10-3 所示。

表 10-3　各产品动力消耗之比重

产品	A	B	C	D	E	F	G	合计
动力消耗比重	34	29	17	10	5	3	2	100

其次，对各产品的产值比重进行比较，发现 A、B 两产品动力消耗比重超过产值比重，所以确定 A、B 两产品为价值工程活动对象，应设法降低其动力消耗和成本。

③ 产品寿命周期法。

产品从试制到被淘汰的整个过程称为产品的寿命周期。一般经过四个阶段：投产期、发展期、成熟期和衰退期。

处在投产期的新产品是价值工程的对象。在设计新产品过程中，应大力进行价值工程活动，使产品有更大的价值，这样可以一上市场就能扩大市场，取得较多的利润。处于成熟期的产品，如企业决定再增加较少投资，提高它的功能或降低成本和售价，也应选为价值工程对象；或者产品销售额已下降，但还有可能对购买力低的用户打开销路，这样的产品也应选为价值工程的对象。

2) 信息资料收集

价值工程所需的信息资料，应视具体情况而定。对于一般工程产品(或作业)分析来说，应收集以下几方面的信息资料：

(1) 用户方面的信息资料。

如用户性质、经济能力；使用产品的目的、使用环境、使用条件；所要求的功能和性能；对产品外观要求，如造型、体积、色彩等；对产品价格、交货期、构配件供应、技术服务等方面的要求等。

(2) 市场方面的信息资料。

如产品产销量的演变及目前产销情况、市场需求量及市场占有率的预测；产品竞争的情况，目前有哪些竞争企业和产品，其产量、质量、价格、销售服务、成本、利润、经营特点、管理水平等情况；同类企业与同类产品的发展计划、拟增投资额、规模大小、重新布点、扩建改建或合并调整情况等。

(3) 技术方面的信息资料。

如与产品有关的学术研究或科研成果、新结构、新工艺、新材料、新技术以及标准化方面的资料；该产品研制设计的历史及演变、本企业产品及国内外同类产品有关的技术资料等。

(4) 经济方面的信息资料。

包括产品及构配件的工时定额、材料消耗定额、机械设备定额、各种费用定额、企业历年来各种有关成本费用数据、国内外其他厂家与价值工程对象有关的成本费用资料等。

(5) 本企业的基本资料。

包括企业的内部供应、生产、组织以及产品成本等方面的资料，如生产批量、生产能力、施工方法、工艺装备、生产节拍、检验方法、废次品率、运输方式等。

(6) 环境保护方面的信息资料。

包括环境保护的现状、"三废"状况、处理方法和国家法规标准；改善环境和劳动条件，减少粉尘、有害液体和气体外泄、减少噪声污染、减轻劳动强度、保障人身安全等相关信息等。

(7) 外协方面的信息资料。

如原材料及外协或外购件种类、质量、数量、交货期、价格、材料利用率等情报；供应与协作部门的布局、生产经营情况、技术水平、价格、成本、利润等；运输方式及运输经营情况等。

(8) 政府和社会有关部门的法规、条例等方面信息资料。

信息资料的收集不是一项简单的工作，应收集何种信息资料很难完全列举出来。但收集的信息资料要求准确可靠，并且要求经过归纳、鉴别、分析、整理，剔除无效资料，使用有效资料，以利于价值工程活动的分析研究。

2. 价值工程分析阶段

价值工程分析阶段主要工作是功能定义、功能整理与功能评价。

1) 功能定义

任何产品都具有使用价值，即任何产品的存在都是由于它们具有能满足用户所需求的特有功能，这是存在于产品中的一种本质。人们购买产品的实质是为了获得产品的功能。

(1) 功能分类。

为了弄清功能的定义，根据功能的不同特性，可以将功能分为以下几类。

① 按功能的重要程度分类，产品的功能一般可分为基本功能和辅助功能。

基本功能就是要达到产品的这种目的所必不可少的功能，是产品的主要功能，如果不具备这种功能，这种产品就失去其存在的价值。例如承重外墙的基本功能是承受荷载，室内间壁墙的基本功能是分隔空间。基本功能一般可以阐述基本功能的作用为什么是必不可少的，其重要性如何表达，其作用是不是产品的主要目的，如果作用变化了则相应的工艺和构配件是否要改变等方面来确定。

辅助功能是为了更有效地实现基本功能而添加的功能，是次要功能，是为了实现基本功能而附加的功能。如墙体的隔声、隔热就是墙体的辅助功能。辅助功能可以从它是不是对基本功能起辅助作用，它的重要性和基本功能的重要性相比，是不是起次要作用等方面来确定。

② 按功能的性质分类，功能可划分为使用功能和美学功能。

使用功能从功能的内涵上反映其使用属性(包括可用性、可靠性、安全性、易维修性等)，如住宅的使用功能是提供人们"居住的空间功能"，桥梁的使用功能是交通，使用功能最容易为用户所了解。而美学功能是从产品外观(造型、形状、色彩、图案等)反映功能的艺术属性。无论是使用功能还是美学功能，他们都是通过基本功能和辅助功能来实现的。产品的使用功能和美学功能要根据产品的特点而有所侧重。有的产品应突出其使用功能，例如地下电缆、地下管道等；有的应突出其美学功能，例如墙纸、陶瓷壁画等。当然，有的产品如房屋建筑、桥梁等二者功能兼而有之。

③ 按用户的需求分类，功能可分为必要功能和不必要功能。

在价值工程分析中，功能水平是功能的实现程度。但并不是功能水平越高就越符合用户的要求，价值工程强调产品的功能水平必须符合用户的要求。必要功能就是指用户所要求的功能以及与实现用户所需求功能有关的功能，使用功能、美学功能、基本功能、辅助功能等均为必要功能；不必要功能是指不符合用户要求的功能。不必要的功能包括三类：一是多余功能，二是重复功能，三是过剩功能。不必要的功能必然产生不必要的费用，这不仅增加了用户的经济负担，而且还浪费资源。因此，价值工程的功能，一般是指必要功能，即充分满足用户必不可少的功能要求。

④ 按功能的量化标准分类，产品的功能可分为过剩功能与不足功能。

过剩功能是指某些功能虽属必要，但满足需要有余，在数量上超过了用户要求或标准功能水平，这将导致成本增加，给用户造成不合理的负担。不足功能是相对于过剩功能而言的，表现为产品整体功能或构配件功能水平在数量上低于标准功能水平，不能完全满足用户需要，将影响产品正常安全使用，最终也将给用户造成不合理的负担。因此，不足功能和过剩功能要作为价值工程的对象，通过设计进行改进和完善。

⑤ 按总体与局部分类，产品的功能可划分为总体功能和局部功能。

总体功能和局部功能是目的与手段的关系，产品各局部功能是实现产品总体功能的基础，而产品的总体功能又是产品各局部功能要达到的目的。

⑥ 按功能整理的逻辑关系分类，产品功能可以分为并列功能和上下位功能。

并列功能是指产品功能之间属于并列关系，如住宅必须具有遮风、避雨、保温、隔热、采光、通风、隔声、防潮、防火、防震等功能，这些功能之间是属于并列关系的。上下位功能也是目的与手段的关系，上位功能是目的性功能，下位功能是实现上位功能的手段性功能。如住宅的最基本功能是居住，是上位功能；而上述所列的并列功能则是实现居住目的所必需的下位功能。但上下位关系是相对的，如为达到居住的目的必须通风，则居住是目的，是上位功能；通风是手段，是下位功能。而为了通风必须组织自然通风，则通风又是目的，是上位功能；组织自然通风是手段，是下位功能。

上述功能的分类不是功能分析的必要步骤，而是用以分辨确定各种功能的性质、关系和其重要的程度。价值工程正是抓住产品功能这一本质，通过对产品功能的分析研究，正确、合理地确定产品的必要功能、消除不必要功能、加强不足功能、削弱过剩功能，改进设计，降低产品成本。因此，可以说价值工程是以功能为中心，在可靠地实现必要的功能基础上来考虑降低产品成本的。

(2) 功能定义。

功能定义就是根据收集到的信息资料，透过对象产品或构配件的物理特征(或现象)，找出其效用或功用的本质东西，并逐项加以区分和规定，以简洁的语言描述出来。通常用一个动词加一个名词表述，如传递荷载、分隔空间、保温、采光等等。这里要求描述的是产品的"功能"，而不是对象的结构、外形或材质。因此，产品功能进行定义，必须对产品的作用有深刻的认识和理解，功能定义的过程就是解剖分析的过程，如图 10-3 所示。

图 10-3　功能定义过程

2) 功能整理

产品中各功能之间都是相互配合、相互联系的，都在为实现产品的整体功能而发挥各自的作用。因此，功能整理是用系统的观点将已经定义了的功能加以系统化，找出各局部功能相互之间的逻辑关系是并列关系还是上下位置关系，并用图表形式表达(如图 10-4 所示)，以明确产品的功能系统，从而为功能评价和方案构思提供依据。

3. 创新阶段

(1) 方案创造。

方案创造是从提高对象的功能价值出发，在正确的功能分析和评价的基础上，针对应改进的具体目标，通过创造性的思维活动，提出能够可靠地实现必要功能的新方案。

方案创造的理论依据是功能载体具有替代性。方案创造的方法很多，如头脑风暴法、歌顿法(模糊目标法)、专家意见法(德尔菲法)、专家检查法等。总的精神是要充分发挥各有关人员的智慧，集思广益，多提方案，从而为评价方案创造条件。

(2) 方案评价。

方案评价是在方案创造的基础上对若干新构思的方案进行技术、经济、社会和环境效果等方面的评价，以便于选择最佳方案。方案评价分为概略评价和详细评价两个阶段，其过程如图 10-5 所示。

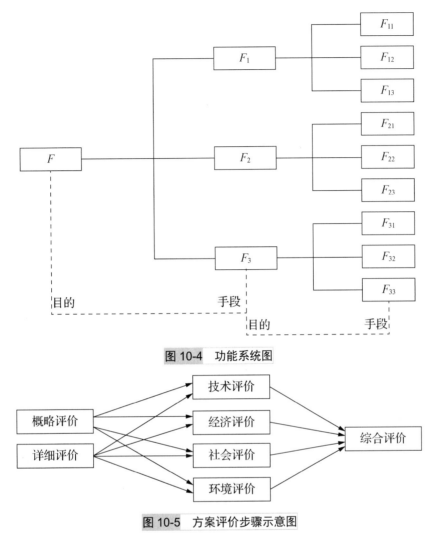

图 10-4　功能系统图

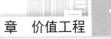

图 10-5　方案评价步骤示意图

概略评价是对新构思方案进行初步研究，其目的是从众多的方案中进行粗略的筛选，以减少详细评价的工作量，使精力集中于优秀方案的评价。

详细评价是对经过筛选后的少数方案再具体化，通过进一步的调查、研究和评价，最后选出最令人满意的方案。其评价结论是方案审批的依据。

方案评价不论概略评价还是详细评价都包括技术评价、经济评价、社会评价和环境评价四方面。其中，技术评价围绕功能进行，内容是方案能否实现所需功能以及实现程度，包括：功能实现程度(性能、质量、寿命等)、可靠性、可维修性、可操作性、安全性、系统协调性、环境协调性等。经济评价围绕经济效果进行，内容是以成本为代表的经济可行性，包括费用的节省、对企业或公众产生的效益，同时还应考虑产品的市场情况，同类竞争企业、竞争产品，产品盈利的多少和能保持盈利的年限。社会评价围绕社会效果进行，内容是方案对社会有利或有害的影响。环境评价围绕环境效果进行，内容是方案对环境的影响，如污染、噪声、能源消耗等。最后进行综合评价，选出最佳方案。

4. 价值工程实施阶段

通过综合评价选出的方案，送决策部门审批后便可实施。为了保证方案顺利实施，应做到四个落实：

(1) 组织落实，即要把具体的实施方案落实到职能部门和有关人员；
(2) 经费落实，即要把实施方案所需经费的来源和使用安排落实好；
(3) 物质落实，即要把实施方案所需的物资、装备等落实好；
(4) 时间落实，即要把实施方案的起止时间及各阶段的时间妥善安排好。

在方案实施过程中，应该对方案的实施情况进行检查，发现问题及时解决。方案实施完成后，要进行总结评价和验收。

10.3 价值工程方案改进与评价

10.3.1 价值工程方案的评价与改进

功能评价.mp4

功能评价是在功能定义和功能整理完成之后，在已定性确定问题的基础上进一步作定量的确定，即评定功能的价值。功能价值 V 的计算方法可分为两大类，即功能成本法与功能指数法。下面仅介绍功能成本法。

1. 功能评价的程序

价值工程的成本有两种，一种是现实成本，是指目前的实际成本；另一种是目标成本。功能评价就是找出实现功能的最低费用作为功能的目标成本，以功能目标成本为基准，通过与功能现实成本的比较，求出两者的比值(功能价值)和两者的差异值(改善期望值)，然后选择功能价值低、改善期望值大的功能作为价值工程活动的重点对象。功能评价的程序如图 10-6 所示。

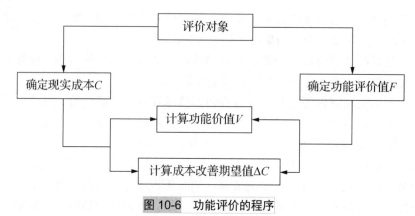

图 10-6 功能评价的程序

2. 功能现实成本的计算

功能现实成本的计算与一般传统的成本核算既有相同点也有不同之处。两者的相同点是指它们在成本费用的构成项目上是完全相同的；而两者的不同之处在于功能现实成本的计算是以对象的功能为单位，而传统的成本核算是以产品或构配件为单位。因此，在计算功能现实成本时，就需要根据传统的成本核算资料，将产品或构配件的现实成本换算成功能的现实成本。具体地讲，当一个构配件只具有一个功能时，该构配件的成本就是它本身的功能成本；当一项功能要由多个构配件共同实现时，该功能的成本就等于这些构配件的成本之和。当一个构配件具有多项功能或同时与多项功能有关时，就需要将构配件成本分摊给各项有关功能，至于分摊的方法和分摊的比例，可根据具体情况决定。

3. 功能评价值 F 的计算

对象的功能评价值 F(目标成本)，是指可靠地实现用户要求功能的最低成本，可以根据图纸和定额，也可根据国内外先进水平或根据市场竞争的价格等来确定。它可以理解为是企业有把握，或者说应该达到的实现用户要求功能的最低成本。从企业目标的角度来看，功能评价值可以看成是企业预期的、理想的成本目标值，常用功能重要性系数评价法计算。

4. 计算功能价值 V，分析成本功能的合理匹配程度

应用功能成本法计算功能价值 V，是通过一定的测算方法，测定实现应有功能所必须消耗的最低成本，同时计算为实现应有功能所耗费的现实成本，经过分析、对比，求得对象的价值系数和成本降低期望值，确定价值工程的改进对象。其表达式如下：

功能评价值的计算.mp4

$$V_i = \frac{F_i}{C_i} \tag{10-2}$$

式中：V_i——第 i 个评价对象的价值系数；

F_i——第 i 个评价对象的功能评价值(目标成本)；

C_i——第 i 个评价对象的现实成本。

【案例】 某项目施工方案 A 的生产成本为 500 万元，在相同条件下，其他项目生产成本为 450 万元。这可以表示为：

施工方案 A 功能评价值：　　　　　450 万元
施工方案 A 功能的实际投入：　　　500 万元
施工方案 A 的价值：　　　　　　　450/500=0.9
如果施工方案 B 花费 450 万元就能完成该项目施工，则：
施工方案 B 功能评价值：　　　　　450 万元
施工方案 B 功能的实际投入：　　　450 万元
施工方案 B 的价值：　　　　　　　450/450=1

从案例 10-1 可以看出，最恰当的价值应为 1，因为满足用户要求的功能最理想最值得的投入与实际投入一致。但在一般情况下价值往往小于 1，因为技术不断进步，"低成本"战略将日趋被重视，竞争也将更激烈。随之，同一产品的功能评价值也将降低。

根据功能价值计算式可知，功能的价值系数不外以下几种结果：

$V_i=1$，表示功能评价值等于功能现实成本。这表明评价对象的功能现实成本与实现功能所必需的最低成本大致相当，说明评价对象的价值为最佳，一般无须改进。

$V_i<1$，此时功能现实成本大于功能评价值。表明评价对象的现实成本偏高，而功能要

求不高,一种可能是存在着过剩的功能;另一种可能是功能虽无过剩,但实现功能的条件或方法不佳,以致使实现功能的成本大于功能的实际需要。

$V_i>1$,说明该评价对象的功能比较重要,但分配的成本较少,即功能现实成本低于功能评价值。应具体分析,可能功能与成本分配已较理想,或者有不必要的功能,或者应该提高成本。

$V=0$ 时,因为只有分子为 0,或分母为 ∞ 时,才能使 $V=0$。根据上述对功能评价值 F 的定义,分子不应为 0,而分母也不会为 ∞,要进一步分析。如果是不必要的功能,则取消该评价对象;但如果是最不重要的必要功能,要根据实际情况处理。

5. 确定价值工程对象的改进范围

从以上分析可以看出,对产品进行价值分析,就是使产品每个构配件的价值系数尽可能趋近于 1。为此,确定的改进对象是:

(1) F_i/C_i 值低的功能。

计算出来的 $V_i<1$ 的功能区域,基本上都应进行改进,特别是 V_i 值比 1 小得较多的功能区域,力求使 $V_i=1$。

(2) $\Delta C_i=(C_i-F_i)$ 值大的功能。

ΔC_i 是成本降低期望值,也是成本应降低的绝对值。当 n 个功能区域的价值系数同样低时,就要优先选择 ΔC_i 数值大的功能区域作为重点对象。

(3) 复杂的功能。

复杂的功能区域,说明其功能是通过很多构配件(或作业)来实现的,通常复杂的功能区域其价值系数也较低。

(4) 问题多的功能。

尽管在功能系统图上的任何一级改进都可以达到提高价值的目的,但是改进的多少、取得效果的大小却是不同的。越接近功能系统图的末端,改进的余地越小,越只能作结构上的小改小革;相反,越接近功能系统图的前端,功能改进就可以越大,就越有可能作原理上的改变,从而带来显著效益。

10.3.2 价值工程在企业技术创新中的应用

首先,技术创新的前期准备中应引入价值工程。这对技术创新的准备工作是很有益处的。企业进行技术创新必然要选择进入的领域,在什么方面进行,也就是所说的选择对象。选择对象后,一定要收集资料和分析资料,也就是我们所说的情报资料收集。企业情报资料收集全面与否是决定企业技术创新成败的重要工作。情报资料从范围上来说,有企业内外和国内外资料;从内容上说,有技术情报和经济情报。进行技术创新主要是技术情报和经济情报资料的收集。因此企业必须了解国内外同行业在材料、产品工艺、设备等方面的现有技术,以及技术的未来发展趋势,必须了解市场情况,用户的需求和意见等。

价值工程选择对象的原则是:优先选择改进潜力大、效益高、容易实施的对象。因此,引入价值工程的方法,根据企业的总体战略要求,运用经验分析法、ABC 分类法、功能成本比较法等分析方法选择对象。三种方法各自从不同的角度选择对象,企业可以根据自身状况选择适合的方法。通过对资料的详细分析，可以确定在企业进行什么样的技术创新，开发何种技术来形成竞争优势。形成竞争优势的产品或技术才是企业的生存之道。在技术创新的前期准备中引入价值工程，运用选择分析对象和收集资料的方法，可以使企业正确的了解和认识市场，加速技术创新价值的实现。

其次，在技术创新的研发和测试阶段引入价值工程。产品成本的高低70%～80%取决于开发设计阶段。其过程控制在技术创新中占有重要地位。传统的技术创新过程控制，只是针对某一特定方面进行(例如：质量控制、成本控制等)，没有将各个方面结合起来加以考虑。由此，引入一种较为合理的控制方法——价值工程。运用价值工程的功能系统分析对其进行监控，减少不必要的功能和资源的浪费。

功能系统分析包括功能定义、功能整理和功能评价。通过功能定义，明确所开发的产品和零部件的功能，以便于进行功能分析和开阔思路。功能定义不仅要求对产品的整体，更重要的是对产品的各组成部分下定义。在功能整理中，将所开发的产品各部分的功能用功能系统图表示出来，可以更加明确必要功能，消除不必要功能。功能评价主要是确定功能值和目标成本，运用直接评价法、公式法和间接评价法进行评价，然后进行价值计算。通过功能评价可以计算出实现产品功能的成本是多少，与现实成本相比较，减少因为不必要功能而浪费的时间和资源，降低开发成本，从而为技术创新节约资金和资源。在技术创新的过程中应用价值工程是相当重要的，价值工程是从产品所具有的功能入手，在新产品开发设计和老产品改进时，消除无效设计和过剩设计，通过克服质量过剩，寻找替代品来进一步降低成本，有效利用资源，提高技术创新成功的概率。

功能系统分析.mp4

最后，在技术创新的应用和管理工作中应用价值工程。技术创新是指从新产品的设计、制造到投入市场的全过程。尤其是产品投入市场后也有费用的发生，即价值工程中所说的使用成本(运营费用、维护修理费用和更新改造费用)。价值工程追求的是寿命周期成本最低，即生产成本和使用成本最低。价值工程的工作过程就是"推倒→创新→再实现"的过程。在产品的使用过程中，从功能分析入手，评价其价值和功能，找到产品的缺陷，寻找解决缺陷实现功能的手段，进行功能的改进和创新，提高和完善产品的功能，使技术创新进行到底。

应用价值工程，不仅可以降低企业的销售及售后服务的费用，而且可以降低消费者的使用成本，达到双赢的目的。在技术创新过程中，应该重视管理工作，特别是对人的管理。在创新链的各个环节上的管理即研发管理、生产管理(包括质量管理)、营销管理、财务管理等，都是必需的基础管理，很多企业忽略了这一点。在管理工作中应用价值工程，可以使企业知晓在技术创新的过程中投入多少管理人员是合理的，避免人员过多或过少。人员过多会造成人员冗余，提高技术创新的成本；人员过少，不能有效地协调各个部门，减慢技术创新的进程。另外，管理者应该掌握价值工程知识，在管理过程中可以及时发现问题、解决问题。尤其在产品投入市场以后，要从全局的角度应用价值工程的方法考虑问题，协调各个部门发现产品的缺陷和不足，加以改进和提高，使新产品能够长期、稳定地占有市场，被消费者喜欢和接受。

从价值工程在技术创新中的应用可以知道，价值工程和技术创新是选择在产品的寿命周期的全过程中的某一阶段结合应用的。我们也可以在产品寿命周期的全过程中应用技创新和价值工程。目前,将价值工程应用到产品寿命周期成本控制中去,称为寿命周期价值工程(LCVE),它追求的是市场价值、整体价值和社会价值。我们可以在技术创新的过程中引入寿命周期价值工程,这样既可以降低企业资源的耗费,又可以得到全社会的认同。在企业技术创新过程中应用价值工程,对于那些财力有限、装备较差的企业是非常有效的,他们不像跨国公司那样投入大量资金,只能量力而行,走节约投入、节俭运营的道路。在我国很多企业应用价值工程获得了成功,比如:新科龙推行价值工程降低产品使用成本获得巨大成功。企业在技术创新中应用价值工程,可以有效降低技术创新的费用,在较低投入的情况下获得较高收益,形成自身的竞争优势,在激烈的市场竞争中占有一席之地。因此,在企业技术创新中推行价值工程势在必行。

本 章 小 结

通过本章学习,我们主要了解了价值工程的概念、特点及提高的途径;掌握了价值工程的工作程序及工作内容;掌握了价值工程方案的评价与改进;了解价值工程在企业技术创新中的应用。希望学生们能达到举一反三、学以致用的目的,为以后的工作和学习打下坚实的基础。

实 训 练 习

一、单选题

1. 价值工程的目标是(　　)。
   A. 以最低的生产成本实现最好的经济效益
   B. 以最低的生产成本实现使用者所需的功能
   C. 以最低的寿命周期成本实现使用者所需最高功能
   D. 以最低的寿命周期成本可靠地实现使用者所需的必要功能
2. 价值工程的核心(　　)。
   A. 功能分析　　B. 成本分析　　C. 价值分析　　D. 寿命周期成本分析
3. 价值工程中,确定产品价值高的标准是(　　)。
   A. 成本低,功能大　　　　　　B. 成本低,功能小
   C. 成本高,功能大　　　　　　D. 成本高,功能小
4. 价值工程中,价值 V、研究对象的功能 F、寿命周期成本 C,下列等式正确的是(　　)。
   A. $V=C/F$　　B. $V=F/C$　　C. $V=F+C$　　D. $V=F-C$
5. 在一定范围内,产品生产成本与使用及维护成本的关系是(　　)。
   A. 随着产品功能水平的提高,产品的生产成本增加,使用及维护成本降低
   B. 随着产品功能水平的提高,产品的生产成本减少,使用及维护成本降低
   C. 随着产品功能水平的降低,产品的生产成本增加,使用及维护成本提高
   D. 随着产品功能水平的降低,产品的生产成本减少,使用及维护成本提高

第10章 价值工程

6. 价值工程中的功能一般是指产品的( )。
   A. 基本功能　　B. 使用功能　　C. 主要功能　　D. 必要功能

7. 在建筑产品生产中应用价值工程原理时,应( )。
   A. 在分析结构、材质等问题的同时,对产品的必要功能进行定义
   B. 首先确定建筑产品的设计方案,然后再进行功能分析和评价
   C. 在分析功能的基础上,再去研究结构、材质等问题
   D. 在分析结构、施工工艺的基础上,确定建筑产品的功能

8. 价值工程中总成本是指( )。
   A. 生产成本　　　　　　　　B. 产品寿命周期成本
   C. 使用成本　　　　　　　　D. 使用和维修费用成本

9. 价值工程中寿命周期成本是指( )。
   A. 生产及销售成本+使用及维修成本
   B. 试验、试制成本+生产及销售成本+使用及维修成本
   C. 科研、设计成本+生产及销售成本+使用及维修成本
   D. 科研、设计成本+试验、试制成本+生产及销售成本+使用及维修成本

10. 下列关于价值工程的表述中,错误的是( )。
    A. 价值工程的核心是功能分析　　B. 价值工程的目标表现为产品价值的提高
    C. 价值工程是有组织的管理活动　　D. 价值工程的重点是产品价值分析

11. 在建设项目的决策、规划和设计、施工、竣工验收各阶段中,采用价值工程提高建设项目经济效果的关键环节为( )。
    A. 决策阶段和规划、设计阶段　　B. 规划、设计阶段和施工阶段
    C. 规划阶段与设计阶段　　　　　D. 决策阶段与施工阶段

12. 价值工程是就某个具体对象开展的有针对性地分析评价和改进,可作为价值工程对象的是( )。
    A. 为获取销售利润而增加成本的　　B. 为改善性能而进行各种研究的
    C. 为获得功能而发生的各种费用　　D. 为扩大市场销售份额而进行的各种投入

13. 在价值工程活动中,首先将产品各种部件成本由高到低排列,然后绘制成本累积分配图,最后将成本累积占总成本70%左右的部件作为价值工程主要研究对象的方法称为( )。
    A. 因素分析法　　B. 强制确定法　　C. ABC分析法　　D. 百分比分析法

14. 在价值工程的方案创造阶段,为了激发出有价值的创新方案,会议主持人在开始时并不摊开所要解决的问题,只是对与会者进行抽象的笼统的介绍,要求大家提出各种设想,这种方案创造方法称为( )。
    A. 德尔菲法　　B. 哥顿法　　C. 头脑风暴法　　D. 强制确定法

二、多选题

1. 下列属于价值工程特点的是( )。
   A. 价值工程将产品价值、功能和成本作为一个整体同时来考虑
   B. 价值工程是一个有计划、有组织的管理活动
   C. 价值工程强调不断改革与创新

D. 价值工程的目标是以最低的寿命期成本，使产品具备它必须具备的功能

E. 价值工程强调的是产品的功能分析和质量改进

2. 在价值工程中，提高产品价值的途径有( )。

A. 产品成本不变，提高功能水平　　B. 产品功能不变，降低成本

C. 降低产品成本，提高功能水平　　D. 产品功能下降，成本提高

E. 功能小提高，成本大提高

3. 计算功能价值，对成本功能的合理匹配程度进行分析，若零部件的价值系数小于1，表明该零部件有可能( )。

A. 成本支出偏高　　　B. 成本支出偏低　　　C. 功能过剩

D. 功能不足　　　　　E. 成本支出与功能相当

4. 价值工程是就某个具体对象开展的有针对性的分析评价和改进，企业就研究对象的选择应该考虑( )。

A. 在生产经营上有迫切需要的产品或项目

B. 改善价值上有巨大潜力的产品或项目

C. 投放市场后经济效益最好的产品

D. 一些尚未兴起，但市场前景看好的项目

E. 对国计民生有重大影响的项目

5. 下列关于价值工程的说法中，正确的有( )。

A. 价值工程是将产品的价值、功能和成本作为一个整体同时考虑

B. 价值工程的核心是对产品进行功能分析

C. 价值工程的目标是以最低生产成本实现产品的基本功能

D. 提高价值最为理想的途径是降低产品成本

E. 价值工程中的功能是指对象能够满足某种要求的一种属性

6. 在价值工程活动中，可用来确定功能重要性系数的强制评分法包括( )。

A. 环比评分法　　　B. 0~1 评分法　　　C. 0~4 评分法

D. 逻辑评分法　　　E. 多比例评分法

7. 价值工程活动中不必要功能包括( )。

A. 辅助功能　　　　B. 多余功能　　　　C. 重复功能

D. 过剩功能　　　　E. 不足功能

三、简答题

1. 价值工程的特点有哪些？

2. 简述价值工程提高的途径。

3. 价值工程的工作程序是什么？

第 10 章　习题答案.pdf

第 10 章 价值工程

实训工作单

班级		姓名		日期	
教学项目	价值功能的评价与改进					
任务	价值功能的计算	适用公式	$V_i = \dfrac{F_i}{C_i}$			
题目	某项目施工方案 A 的生产成本为 800 万元，在相同条件下，其他项目生产成本为 650 万元。请用价值工程的相关知识来分析比较两个方案的优劣				
过程记录					
评语				指导老师	

第 11 章 项目后评价.pdf

第 11 章　项目后评价

第 11 章 项目后评价.avi

【学习目标】

- 了解项目后评价的发展、分类、作用及原则
- 掌握项目后评价的程序和方法
- 掌握项目各阶段的后评价

【教学要求】

本章要点	掌握层次	相关知识点
项目后评价的发展、分类、作用及原则	1. 了解项目后评价的发展、分类 2. 掌握项目后评价的作用及原则	项目后评价
项目后评价的程序和方法	掌握项目后评价的程序和方法	项目后评价方法
项目各阶段的后评价	掌握项目前期阶段、实施阶段、运营阶段的后评价	项目各阶段后评价

【项目案例导入】

2014 年 5 月,某工程施工企业与甲咨询公司就项目实施过程中的项目管理后评价工作达成意向。甲咨询组对该工程的项目管理过程的基本情况进行了初步了解,制定了后评价的实施方案。

基于从施工方角度进行项目管理后评价的目的,甲咨询研究中心对施工企业的工程项目管理后评价主要从项目前期策划和项目过程管理两个层面进行。项目前期策划从组织结构、施工技术方案、进度计划、资源计划、质量策划、采购计划、分包策划、风险预测 8 个方面进行评价;项目过程管理从资金筹措、进度控制、成本管理、质量管理、技术方案优化、合同管理、沟通及协调管理、团队建设、HSE 管理、信息管理、分包商管理 11 个方面进行评价。

【项目问题导入】

项目后评价是对已完成项目的目的、执行过程、效益、作用和影响所进行的系统的、客观的分析。通过对项目活动的过程、结果进行专业、有效的分析、总结，确定项目预期目标是否达到，项目是否合理有效，项目的主要效益指标是否实现；通过分析评价找出成败的原因，总结经验教训；并通过及时有效的信息反馈，为提高未来新项目的管理水平提供基础；同时后评价也为项目实施运营中出现的问题提出改进建议，从而达到提高投资效益的目的。通过总结项目经验教训，提高投资主体决策水平和实施主体管理水平。试结合本章内容分析应如何对上述案例进行项目后评价？

11.1 项目后评价概述

项目后评价是指对已经完成的项目或规划的目的、执行过程、效益、作用和影响所进行的系统的客观的分析。通过对投资活动实践的检查总结，确定投资预期的目标是否达到，项目或规划是否合理有效，项目的主要效益指标是否实现；通过分析评价找出成败的原因，总结经验教训，并通过及时有效的信息反馈，为未来项目的决策和提高完善投资决策管理水平提出建议，同时也为被评项目实施运营中出现的问题提出改进建议，从而达到提高投资效益的目的。

项目后评价概述.mp4

11.1.1 项目后评价的发展

真正开始系统全面地进行后评价工作，应属世界银行。世界银行从20世纪初，就大规模开展投资项目的后评价工作，并形成了一整套完整的制度和方法。其目的是系统地、全面地总结其开发援助经验，弄清项目成功或失败的原因，以改进世行对未来项目援助的决策和执行。我国项目后评价工作起步较晚，目前仍处在探索之中，尚未形成一个完整的体系。

20世纪60年代以前，国际通行的项目评估和评价的重点是财务分析，以财务分析的好坏作为评价项目成败的主要指标。

20世纪60年代，西方国家能源、交通、通讯等基础设施以及社会福利事业将经济评价(国内称国民经济评价)的概念引入了项目效益评价的范围。

20世纪70年代前后，世界经济发展带来的严重污染问题引起了人们广泛的重视，项目评价因此增加了"环境评价"的内容。此后，随着经济的发展，项目的社会作用和影响日益受到投资者的关注。

20世纪80年代，世行等组织十分关心其援助项目对受援地区的贫困、妇女、社会文化和持续发展等方面所产生的影响。因此，社会影响评价成为投资活动评估和评价的重要内容之一。

国外援助组织多年实践的经验证明了机构设置和管理机制对项目成败的重要作用，于是又将其纳入了项目评价的范围。

11.1.2 项目后评价分类

1. 根据评价时间不同分类

根据时间不同，后评价又可以分为跟踪评价、实施效果评价和影响评价。

(1) 项目跟踪评价是指项目开工以后到项目竣工验收之前任何一个时点所进行的评价，它又称为项目中间评价；

(2) 项目实施效果评价是指项目竣工一段时间之后所进行的评价，就是通常所称的项目后评价；

(3) 项目影响评价是指项目后评价报告完成一定时间之后所进行的评价，又称为项目效益评价。

2. 从决策的需求方面分类

从决策的需求方面分类，后评价也可分为宏观决策型后评价和微观决策型后评价。
(1) 宏观决策型后评价指涉及国家、地区、行业发展战略的评价；
(2) 微观决策型后评价指仅为某个项目组织、管理机构积累经验而进行的评价。

11.1.3 项目后评价作用

项目后评价的结果和信息可以应用于指导规划编制和拟建项目策划，调整投资计划和在建项目，完善已建成项目。项目后评价还可用于对工程咨询、施工建设、项目管理等工作的质量与绩效进行检验、监督和评价。

1. 对提高项目前期工作质量起促进作用

开展项目后评价，回顾项目前期决策成功的经验及失误的原因，评价前期工作的质量及决策的正确合理性，能够促使和激励参与项目可行性研究、评估和决策的人员增强责任感，提高项目前期工作质量和水平；通过项目后评价反馈的信息，及时发现和暴露决策过程中存在的问题，吸取经验教训，提高项目决策水平。

2. 对政府制定和调整有关经济政策起参谋作用

集合多个项目后评价总结的经验教训和对策建议，可以作为政府进行宏观经济管理的参考。有关部门可参考这些建议，合理调整和确定投资规模与投资流向，修正某些不适合经济发展要求的宏观经济政策、产业政策，以及过时的指标参数和技术标准等。

3. 对银行防范风险起提示作用

银行系统的项目贷款后评价(信贷后评价)，通过对贷款条件评审、贷款决策、贷款合同的签订、贷款发放与本息回收等运作程序的回顾，分析风险防范措施及效果，可以发现项目信贷资金使用与回收过程中存在的问题，明确主要责任环节；还可了解资本金和其他配套资金到位及项目总投资控制情况，及时掌握项目产品市场需求变化与企业经营管理状况，完善银行信贷管理制度和风险控制措施。

4. 对项目业主提高管理水平起借鉴作用

项目后评价对项目业主在项目实施过程中的管理工作、管理效果进行分析，剖析项目业主履行职责的情况，总结管理经验教训。这些经验教训是对被评价项目业主管理工作的检验总结，也可通过行业系统组织后评价经验交流，为其他项目业主提供借鉴，为提高工程项目建设管理水平发挥作用。

5. 对企业优化生产管理起推动作用

项目后评价涉及评价时点以前的生产运营管理情况，从生产组织、企业管理、财务效益等方面分析产生偏差的原因，提出可持续发展的建议与措施，对企业优化生产运营管理、提高经济效益和社会效益起推动作用。

6. 对出资人加强投资监管起支持作用

项目后评价涉及分析评价资金使用情况、企业生产经营状态，分析成功或失败的原因和主要责任环节，可以为出资人监管投资活动和测评投资效果提供支撑，为建立和完善政府投资监管体系和责任追究制度服务。

11.1.4 项目后评价原则

项目后评价原则.mp4

1. 独立性

独立性是指建设项目后评价通常由独立的第三方完成，评价过程和结论不受项目决策者、管理者、执行者和前评估人员的干扰，这是评价的公正性和客观性的重要保障。没有独立性或独立性不完全，评价工作就难以做到客观和公正。为保证后评价独立性，必须从评价机构的设置、人员组成、经费来源等方面综合考虑。

2. 客观性

客观性是指评价人员在调研过程中，要广泛听取各方面的反映和不同意见，认真察看现场，尽量全面了解项目的历史和现状，广泛收集和深入研究项目建设的相关数据和资料，去伪存真，客观分析。评价报告要以事实为依据，以总结经验教训为出发点，做到以理服人。

3. 科学性

科学性是指评价的方法和手段要科学，前后对比的口径要一致，采用的数据要有可比性，设置的评价指标体系要合理。只有坚持评价的科学性，才能得出客观求实的评价结论，反馈的评价成果、经验和建议才有真正的实用价值。坚持科学性，还取决于建设项目的各种数据资料等信息的真实性和项目经营管理人员、项目最终受益者共同参与后评价活动的主动性。

4. 公正性

公正性是指评价结论要公正，既要指明现实存在的问题，也要客观分析问题产生的历史原因和时代的局限性；既要实事求是地总结成功的经验，也要认真负责地总结失败的原因。

11.2　项目后评价的方法

11.2.1　项目后评价

1. 建设单位的自我评价

凡重点建设项目建成投产一段时间后(一般竣工验收两年后)，均需由项目使用单位负责组织自我评价，写出评价报告报项目行业或地方主管部门，同时上报国家计委备案。

自我评价的步骤如下：
(1) 提出问题，明确后评价的任务；
(2) 建立后评价小组，筹划准备；
(3) 深入调查、收集资料；
(4) 计算项目后评价结果；
(5) 编制项目后评价报告。

2. 行业后评价

有主管部门对项目后评价和项目建设实际情况进行深入考察，结合行业和地方建设项目反映出来的共性问题、特点及经验，站在国家的立场，从行业或地方的角度出发，提出对项目后评价报告的初步审查意见，写出后评价报告报国家计委，并抄送有关部门和单位。

3. 国家后评价

由国家计委选定后评价项目并下达年度计划，凡列入国家后评价计划的项目，均需在前两步的基础上，由国家计委组织有关方面人员或单位聘请专家对主管部门的项目后评价审查报告和项目建设单位自我评价的项目后评价报告进行复核审查，站在国家的整体利益上，从微观与宏观相结合的角度提出项目后评价复审报告，报国家计委，并抄送有关部门和单位。

11.2.2　项目后评价的方法

项目后评价与前期评价在方法上都采用定量分析与定性分析相结合的方法，但评价选用的参数及对象不同。

1. 对比分析法

(1) 前后对比法。

项目可行性研究和评价阶段所计算的项目的投入、产出、效益、费用和相应的评价指标与项目实施后的评价指标进行对比分析,以此来发现前后变化的数量、变化的原因,以揭示计划、决策和实施的质量。

(2) 有无对比法。

在项目评价的同一时点上,将有此项目时实际发生的情况与无此项目时可能发生的情况进行对比,用以度量项目的真实效益、影响和作用。

关键是要求投入费用与产出效果的口径一致,即所度量的效果真正是由该项目所产生的。

前后对比法.mp4

(3) 横向对比法。

将项目实施后所达到的技术经济指标与国内同类项目的平均水平、先进水平、国际先进水平进行比较。

注意可比性问题:在比较时要把后评价的数据资料折算到前评价的同一时期,使项目前评价和后评价的价格基础保持同期性,同时也要保持费用、效益等计算口径相同。

有无对比法.mp4

2. 逻辑框架法

核心:分析项目运营、实施的因果关系,解释结果与内外原因之间的关系。如图 11-1 所示,该方法将目标及因果关系分为:

(1) 目标。

通常指高层次的目标,即宏观计划、规划、政策和方针等;一般超过项目范畴,是指国家、地区、部门或多边金融机构的整体目标。

目的:指建设项目的直接效果和作用,一般应考虑项目为受益群体带来的效果。

产出物:指项目建成后提供的可直接计量的产品或服务。

(2) 投入物和活动。

指该项目实施过程中资源的投入量、项目建设的起止时间及工期。

表 11-1 逻辑框架法表

项目结构	验证指标	验证方法	假设条件
目标	达到目标的测定	资料来源,采用方法	目标与目的间的条件
目的	项目的最终状况	资料来源,采用方法	产出与目的间的条件
产出	计划产出,完工期的具体范围	资料来源,采用方法	投入与目的间的条件
投入	投资,成本指标,投入时间,工期	资料来源,采用方法	项目的原始条件

3. 成功度评价法

成功度评价法是一种综合评价方法,是根据逻辑框架法分析的项目目标的实现程度、经济效益分析的结论,以项目目标和项目核心综合评价的方法,得出项目成功度的结论。

项目成功度分为以下五个层次:

(1) 完全成功;

(2) 成功的;

(3) 部分成功的;

(4) 不成功的；
(5) 失败的。

11.3 项目各阶段的后评价

11.3.1 项目前期阶段后评价

1. 项目建议书

1) 评价的主要任务
(1) 立项理由与依据是否充分；
(2) 建设目标与目的是否明确。
2) 评价时需掌握的信息资源
(1) 建议书；
(2) 建议书评估；
(3) 建议书批复。

2. 项目可行性研究

1) 评价的主要任务
(1) 项目建设的必要性、目标和目的；
(2) 可研报告内容是否符合规定要求；
(3) 可研报告深度是否符合规定要求；
(4) 项目的效果和效益是否能实现；
(5) 可研报告结论是否正确。
2) 评价时需掌握的信息资源
(1) 可研报告；
(2) 可研报告主要内容；
(3) 可研报告上报文件。

项目可行性研究中
评价的主要
任务.mp4

3. 项目可研报告评估

1) 评价的主要任务
(1) "评估报告"的深度与质量；
(2) 对项目决策的建议等。
2) 评价时需掌握的信息资源
(1) 可研"评估报告"；
(2) "评估报告"主要内容。

4. 项目可研报告批复(核准、备案)

1) 评价的主要任务
(1) 对项目决策理由和决策目标进行再确认；

(2) 对立项决策程序的完备性和手续的齐全程度进行再检验。
2) 评价时需掌握的信息资源
(1) 可研报告批复文件；
(2) 批复主要内容。

5. 工程设计管理评价

1) 评价的主要任务
(1) 勘察深度与质量；
(2) 设计深度与质量；
(3) 设计技术水平；
(4) 设计优化情况；
(5) 设计现场服务；
(6) 业主设计管理。
2) 评价时需掌握的信息资源
(1) 勘察设计单位的选择；
(2) 勘察资料、初步设计；
(3) 初设审批文件；
(4) 工艺设备运转操作状况；
(5) 了解设计现场服务情况；
(6) 项目业主设计管理。

6. 项目筹集与融资管理评价

1) 评价的主要任务
(1) 资金(含资本金、融资)来源的可靠性；
(2) 资金结构、融资方案、融资成本的合理性；
(3) 融资担保手续，风险分析是否到位；
(4) 实际融资方案与决策方案的差别及影响。
2) 评价时需掌握的信息资源
(1) 可研报告及其批复；
(2) 资金筹集方案；
(3) 项目竣工验收报告及竣工决算。

7. 采购招标管理评价

1) 评价的主要任务
(1) 招标活动的合法、合规性；
(2) 招标、评标与定标工作的合规性；
(3) 采购招标竞争力度；
(4) 采购招标效果(目的)的实现程度。
2) 评价时需掌握的信息资源
(1) 采用的招标方式；
(2) 招标组织形式；

(3) 招标范围；
(4) 招标方案的报备手续和监督机制；
(5) 招投标工作程序；
(6) 招标效果；
(7) 抽查部分招标文件。

8. 合同谈判和签订管理评价

1) 评价的主要任务
(1) 合同签订的依据和签订程序的合法、合规性；
(2) 合同文本是否完善，合同条款是否合理；
(3) 合同谈判、签订过程中的监督机制。
2) 评价时需掌握的信息资源
(1) 了解合同的法律依据；
(2) 了解合同谈判、审批、签订程序；
(3) 抽查合同文本。

9. 开工准备评价

1) 评价的主要任务
(1) 开工各项准备工作是否充分；
(2) 各项报批手续是否齐全，程序是否符合规定；
(3) 征地拆迁、移民安置工作是否妥善。
2) 评价时需掌握的信息资源
(1) 项目法人组建情况；
(2) 各种批复文件；
(3) 征地拆迁与移民安置结果；
(4) "四通一平"情况；
(5) 施工组织设计；
(6) 工程进度计划；
(7) 资金使用计划。

11.3.2 项目实施阶段后评价

1. 合同管理与执行评价

1) 评价的主要任务
(1) 合同执行的严谨性；
(2) 业主执行与管理合同的能力、经验和教训。
2) 评价时需掌握的信息资源
(1) 了解合同种类与总体执行情况；
(2) 项目业主合同管理措施与效果；
(3) 业主各部门在合同管理与执行中的流程；
(4) 重大合同违约事件原因、责任及处理情况。

合同管理与执行评价需要的信息资源.mp4

2. 重大设计变更管理评价

1) 评价的主要任务
(1) 重大设计变更的合理性；
(2) 重大设计变更的合法性；
(3) 重大设计变更对项目效果与效益的影响。
2) 评价时需掌握的信息资源
(1) 重大设计变更的原因、数量及投资数额；
(2) 重大设计变更的提出、审查与批准手续；
(3) 查阅重大设计变更资料。

重大设计变更管理评价.mp4

3. 工程实施期间的四大控制(指进度控制、投资控制、安全控制和质量控制)与管理评价

1) 评价的主要任务
(1) 四大控制目标实现值与原定值的差异及原因；
(2) 总结业主四大控制的经验与教训；
(3) 评价业主的组织能力与管理水平。
2) 评价时需掌握的信息资源
(1) 查阅有关报告资料；
(2) 四大控制的措施、效果，问题及原因。

4. 资金支付和使用管理评价

1) 评价的主要任务
(1) 资金实际来源与成本的差异及原因；
(2) 资金管理合规性，支付程序与制度严谨性；
(3) 资金到位情况与供应的适时、适度性。
2) 评价时需掌握的信息资源
(1) 财务管理机构与支付制度；
(2) 资金支付管理程序；
(3) 资金实际来源结构与决策时资金来源方案；
(4) 各渠道资金供应到位的时间。

5. 项目监督评价

1) 评价的主要任务
(1) 项目实施过程中接受内外部监督的情况；
(2) 监督机制在项目建设实施过程中的作用。
2) 评价时需掌握的信息资源
(1) 内部与外部监督机构与机制；
(2) 查阅监理报告(记录)；
(3) 利益相关群体监督机制；
(4) 法律允许的其他监督。

项目监督评价.mp4

第 11 章 项目后评价

6. 建设实施期间的组织管理评价

1) 评价的主要任务
(1) 管理模式的适应性；
(2) 管理体制与机制的先进性；
(3) 管理机构的健全性和有效性；
(4) 规章制度的完善性和科学合理性；
(5) 管理工作运作程序的规范性。
2) 评价时需掌握的信息资源
(1) 管理体制；
(2) 管理模式；
(3) 管理机制；
(4) 管理机构；
(5) 管理规章制度；
(6) 管理工作程序。

7. 竣工验收管理评价

1) 评价的主要任务
(1) 竣工验收程序合规性和验收条件充分性；
(2) 竣工验收内容的完整性及遗留尾工情况。
2) 评价时需掌握的信息资源
(1) 项目完工情况；
(2) 竣工验收情况；
(3) 竣工验收总结报告。

8. 工程资料档案管理评价

1) 评价的主要任务
(1) 资料档案的完整性、准确性和系统性；
(2) 档案分类的合理性、有序性；
(3) 提档使用的便捷性。
2) 评价时需掌握的信息资源
(1) 档案专项验收结论；
(2) 查阅资料档案现实情况；
(3) 资料档案管理制度和借阅办法。

9. 项目结算管理评价

1) 评价的主要任务
(1) 过程审核和竣工结算审核资料的完整性、准确性；
(2) 项目结算方式和时间要求；
(3) 工程结算单位内部程序要求。
2) 评价时需掌握的信息资源

项目结算管理评价.mp4

(1) 项目招、投标文件，招标答疑，中标通知书；
(2) 施工图纸、设计变更图纸、设计变更通知单、竣工图；
(3) 施工合同、补充协议；
(4) 隐蔽工程签证单、甲供材料签证单、调价部分材料消耗计算明细表；
(5) 预算书、结算书。

10. 建设期的组织与管理

以项目建设管理的实际效率和效果为着眼点，分析评价管理体制的先进性、管理模式的适应性、管理机构的健全性和有效性、管理机制的灵活性、管理规章制度的完善状况和管理工作运作程序的规范性等情况。

11.3.3 项目运营阶段后评价

评价的重点是项目由建设实施到交付生产运营转换的稳定、顺畅性。这一阶段项目效益和可持续性是评价衡量的重要标尺。

项目运营阶段后评价.mp4

1. 生产准备

评价各项生产准备内容、试车调试、生产试运行与试生产考核等情况，评价生产准备工作的充分性。

2. 项目竣工验收

评价工程项目全面竣工验收工作的合规性与程序的完善性，遗留处理的合理性。

3. 资料档案管理

评价工程资料档案的完整性、准确性和系统性，管理制度的完善性等。

4. 生产运营

分析评价工艺线路畅通状态、设备能力匹配度、生产线运行稳定性，评价设计生产能力实现程度，评价原材料、能源动力消耗指标与设计要求的差异等。

5. 产品营销与开发

评价产品质量、营销策略及效果、产品市场竞争力和占有率，分析市场开发与新产品研发能力。

6. 生产运营的组织与管理

分析评价管理体制、管理机制、管理机构、管理规定。

7. 后续预测

对评价时点以后的产品市场需求和竞争力进行预测，对项目全生命周期财务效益和经济效益进行预测，对项目运营外部条件预测、分析。

第11章 项目后评价

本章小结

通过本章学习，我们主要了解项目后评价的发展、分类、作用及原则；掌握项目后评价的程序和方法；掌握项目各阶段的后评价等基本知识。希望学生们可以达到举一反三、学以致用的目的，为以后的工作和学习打下坚实的基础。

实训练习

一、单选题

1. 投资项目后评价的特点是评价的(　　)和反馈功能。
   A. 独立性　　　B. 针对性　　　C. 相互性　　　D. 依存性
2. 项目后评价的基本方法是(　　)。
   A. 对比法　　　B. 有无对比法　　　C. 动态法　　　D. 分析法
3. 在项目后评价的实际工作中，往往从(　　)方面对建设工程项目进行后评价。
   A. 合同后评价　　B. 过程后评价　　C. 结果后评价　　D. 财务后评价
4. 关于项目后评价的说法，错误的是(　　)。
   A. 过程后评价是为提高项目的投资管理水平和投资决策服务
   B. 效益后评价包括经济效益、环境效益和社会效益后评价
   C. 项目后评价的基本方法是对比法
   D. 过程后评价是指对工程项目进行系统分析，找出项目后评价与原预期效益之间的差异及其产生的原因，提出解决办法
5. 关于工程项目后评价的说法，正确的有(　　)。
   A. 项目后评价应在竣工验收阶段进行
   B. 项目后评价全部采用实际运营数据
   C. 过程后评价是项目后评价的重要内容
   D. 项目效益后评价主要是经济效益后评价

二、多选题

1. 项目后评价主要内容包括(　　)。
   A. 影响评价　　　B. 经济效益评价　　　C. 项目投资评价
   D. 过程评价　　　E. 项目法人评价
2. 建设项目后评价的含义包括(　　)。
   A. 对评价时点以前的建设过程进行回顾总结
   B. 将已完建设成果与行业最高目标进行对比
   C. 通过对比找出建设成果与目标之间的差异，分析原因
   D. 总结经验教训
   E. 提出审计意见

3. 关于工程项目后评价的说法，正确的有（　　）。
   A. 项目后评价应在竣工验收阶段进行
   B. 项目后评价的基本方法是对比法
   C. 项目效益后评价就是经济效益后评价
   D. 过程后评价是项目后评价的重要内容
   E. 项目后评价全部采用实际运营数据
4. 关于工程项目后评价中的可持续性评价的说法，正确的有（　　）。
   A. 确定项目可持续发展的生命周期
   B. 建设项目竣工投产后即可进行可持续性评价
   C. 项目可持续性评价的要素包括财务、技术、环保、政策等方面
   D. 项目可持续性评价应对项目工艺技术创新性进行评价
   E. 项目可持续性评价包括项目运营情况分析
5. 项目后评价的评价指标主要包括（　　）。
   A. 工程技术评价指标　　　　　　B. 财务和经济评价指标
   C. 项目生态与环境评价主要指标　　D. 管理效能评价指标
   E. 项目绩效与影响评价指标
6. 项目后评价具有的特点是评价的（　　）。
   A. 独立性　　　　B. 持续性　　　　C. 适应性
   D. 反馈功能　　　E. 应用功能
7. 投资项目决策后评价的内容包括（　　）。
   A. 决策程序评价　　B. 效益指标评价　　C. 决策内容评价
   D. 项目风险评价　　E. 决策方法评价
8. 投资项目后评价，是固定资产投资管理的重要环节。投资项目后评价的内容一般包括（　　）。
   A. 项目简介及意义
   B. 项目绩效和影响评价
   C. 项目目标实现程度和持续能力评价
   D. 项目经验教训和对策建议
   E. 项目立项决策阶段、项目准备阶段、项目实施阶段和项目竣工及运营阶段的回顾

三、简答题

1. 简述项目后评价的分类。
2. 项目后评价的原则有哪些？
3. 简述项目后评价的方法。

第 11 章　习题答案.pdf

第 11 章　项目后评价

实训工作单

班级		姓名		日期	
教学项目	项目后评价				
任务	尝试对具体项目进行项目后评价		方法	通过实际案例分析项目后评价	
题目	由教师选取合适的项目案例，以小组为单位，分组对所选项目进行项目后评价，依次上台阐述，对学生讲述内容进行评选				
过程记录					
评语				指导老师	

附 录

附录1 现值、终值、年金汇总表

公式名称	计算公式	系数	系数表达 (待求项/已知值)
一次支付终值	$F = P(1+i)^n$	$(1+i)^n$	$F = P(F/P,i,n)$
一次支付现值	$P = \dfrac{F}{(1+i)^n} = F(1+i)^n$	$(1+i)^{-n}$	$P = F(P/F,i,n)$
等额支付终值 (年金终值)	$F = A\dfrac{(1+i)^n - 1}{i}$	$\dfrac{(1+i)^n - 1}{i}$	$F = A(F/A,i,n)$
等额支付现值 (年金现值)	$P = F(1+i)^n = A\dfrac{(1+i)^n - 1}{i(1+i)^n}$	$\dfrac{(1+i)^n - 1}{i(1+i)^n}$	$P = A(P/A,i,n)$

上式中：

P——现值

F——终值

A——年金(等额，连续)

n——计息期数

i——利率

附录2 复利现值(P)系数表

期数\利率	1%	2%	3%	4%	5%	6%	7%	8%	9%	10%	11%	12%	13%	14%	15%
1	0.9901	0.9804	0.9709	0.9615	0.9524	0.9434	0.9346	0.9259	0.9174	0.9091	0.9009	0.8929	0.8850	0.8772	0.8696
2	0.9803	0.9612	0.9426	0.9246	0.9070	0.8900	0.8734	0.8573	0.8417	0.8264	0.8116	0.7972	0.7831	0.7695	0.7561
3	0.9706	0.9423	0.9151	0.8890	0.8638	0.8396	0.8163	0.7938	0.7722	0.7513	0.7312	0.7118	0.6931	0.6750	0.6575
4	0.9610	0.9238	0.8885	0.8548	0.8227	0.7921	0.7629	0.7350	0.7084	0.6830	0.6587	0.6355	0.6133	0.5921	0.5718
5	0.9515	0.9057	0.8626	0.8219	0.7835	0.7473	0.7130	0.6806	0.6499	0.6209	0.5935	0.5674	0.5428	0.5194	0.4972
6	0.9420	0.8880	0.8375	0.7903	0.7462	0.7050	0.6663	0.6302	0.5963	0.5645	0.5346	0.5066	0.4803	0.4556	0.4323
7	0.9327	0.8706	0.8131	0.7599	0.7107	0.6651	0.6227	0.5835	0.5470	0.5132	0.4817	0.4523	0.4251	0.3996	0.3759
8	0.9235	0.8535	0.7894	0.7307	0.6768	0.6274	0.5820	0.5403	0.5019	0.4665	0.4339	0.4039	0.3762	0.3506	0.3269
9	0.9143	0.8368	0.7664	0.7026	0.6446	0.5919	0.5439	0.5002	0.4604	0.4241	0.3909	0.3606	0.3329	0.3075	0.2843
10	0.9053	0.8203	0.7441	0.6756	0.6139	0.5584	0.5083	0.4632	0.4224	0.3855	0.3522	0.3220	0.2946	0.2697	0.2472
11	0.8963	0.8043	0.7224	0.6496	0.5847	0.5268	0.4751	0.4289	0.3875	0.3505	0.3173	0.2875	0.2607	0.2366	0.2149
12	0.8874	0.7885	0.7014	0.6246	0.5568	0.4970	0.4440	0.3971	0.3555	0.3186	0.2858	0.2567	0.2307	0.2076	0.1869
13	0.8787	0.7730	0.6810	0.6006	0.5303	0.4688	0.4150	0.3677	0.3262	0.2897	0.2575	0.2292	0.2042	0.1821	0.1625
14	0.8700	0.7579	0.6611	0.5775	0.5051	0.4423	0.3878	0.3405	0.2992	0.2633	0.2320	0.2046	0.1807	0.1597	0.1413
15	0.8613	0.7430	0.6419	0.5553	0.4810	0.4173	0.3624	0.3152	0.2745	0.2394	0.2090	0.1827	0.1599	0.1401	0.1229

续表

期数\利率	1%	2%	3%	4%	5%	6%	7%	8%	9%	10%	11%	12%	13%	14%	15%
16	0.8528	0.7284	0.6232	0.5339	0.4581	0.3936	0.3387	0.2919	0.2519	0.2176	0.1883	0.1631	0.1415	0.1229	0.1069
17	0.8444	0.7142	0.6050	0.5134	0.4363	0.3714	0.3166	0.2703	0.2311	0.1978	0.1696	0.1456	0.1252	0.1078	0.0929
18	0.8360	0.7002	0.5874	0.4936	0.4155	0.3503	0.2959	0.2502	0.2120	0.1799	0.1528	0.1300	0.1108	0.0946	0.0808
19	0.8277	0.6864	0.5703	0.4746	0.3957	0.3305	0.2765	0.2317	0.1945	0.1635	0.1377	0.1161	0.0981	0.0829	0.0703
20	0.8195	0.6730	0.5537	0.4564	0.3769	0.3118	0.2584	0.2145	0.1784	0.1486	0.1240	0.1037	0.0868	0.0728	0.0611
21	0.8114	0.6598	0.5375	0.4388	0.3589	0.2942	0.2415	0.1987	0.1637	0.1351	0.1117	0.0926	0.0768	0.0638	0.0531
22	0.8034	0.6468	0.5219	0.4220	0.3418	0.2775	0.2257	0.1839	0.1502	0.1228	0.1007	0.0826	0.0680	0.0560	0.0462
23	0.7954	0.6342	0.5067	0.4057	0.3256	0.2618	0.2109	0.1703	0.1378	0.1117	0.0907	0.0738	0.0601	0.0491	0.0402
24	0.7876	0.6217	0.4919	0.3901	0.3101	0.2470	0.1971	0.1577	0.1264	0.1015	0.0817	0.0659	0.0532	0.0431	0.0349
25	0.7798	0.6095	0.4776	0.3751	0.2953	0.2330	0.1842	0.1460	0.1160	0.0923	0.0736	0.0588	0.0471	0.0378	0.0304
26	0.7720	0.5976	0.4637	0.3607	0.2812	0.2198	0.1722	0.1352	0.1064	0.0839	0.0663	0.0525	0.0417	0.0331	0.0264
27	0.7644	0.5859	0.4502	0.3468	0.2678	0.2074	0.1609	0.1252	0.0976	0.0763	0.0597	0.0469	0.0369	0.0291	0.0230
28	0.7568	0.5744	0.4371	0.3335	0.2551	0.1956	0.1504	0.1159	0.0895	0.0693	0.0538	0.0419	0.0326	0.0255	0.0200
29	0.7493	0.5631	0.4243	0.3207	0.2429	0.1846	0.1406	0.1073	0.0822	0.0630	0.0485	0.0374	0.0289	0.0224	0.0174
30	0.7419	0.5521	0.4120	0.3083	0.2314	0.1741	0.1314	0.0994	0.0754	0.0573	0.0437	0.0334	0.0256	0.0196	0.0151

附录3 复利终值(F)系数表

期数 利率	1%	2%	3%	4%	5%	6%	7%	8%	9%	10%	11%	12%	13%	14%	15%
1	1.0100	1.0200	1.0300	1.0400	1.0500	1.0600	1.0700	1.0800	1.0900	1.1000	1.1100	1.1200	1.1300	1.1400	1.1500
2	1.0201	1.0404	1.0609	1.0816	1.1025	1.1236	1.1449	1.1664	1.1881	1.2100	1.2321	1.2544	1.2769	1.2996	1.3225
3	1.0303	1.0612	1.0927	1.1249	1.1576	1.1910	1.2250	1.2597	1.2950	1.3310	1.3676	1.4049	1.4429	1.4815	1.5209
4	1.0406	1.0824	1.1255	1.1699	1.2155	1.2625	1.3108	1.3605	1.4116	1.4641	1.5181	1.5735	1.6305	1.6890	1.7490
5	1.0510	1.1041	1.1593	1.2167	1.2763	1.3382	1.4026	1.4693	1.5386	1.6105	1.6851	1.7623	1.8424	1.9254	2.0114
6	1.0615	1.1262	1.1941	1.2653	1.3401	1.4185	1.5007	1.5869	1.6771	1.7716	1.8704	1.9738	2.0820	2.1950	2.3131
7	1.0721	1.1487	1.2299	1.3159	1.4071	1.5036	1.6058	1.7138	1.8280	1.9487	2.0762	2.2107	2.3526	2.5023	2.6600
8	1.0829	1.1717	1.2668	1.3686	1.4775	1.5938	1.7182	1.8509	1.9926	2.1436	2.3045	2.4760	2.6584	2.8526	3.0590
9	1.0937	1.1951	1.3048	1.4233	1.5513	1.6895	1.8385	1.9990	2.1719	2.3579	2.5580	2.7731	3.0040	3.2519	3.5179
10	1.1046	1.2190	1.3439	1.4802	1.6289	1.7908	1.9672	2.1589	2.3674	2.5937	2.8394	3.1058	3.3946	3.7072	4.0456
11	1.1157	1.2434	1.3842	1.5395	1.7103	1.8983	2.1049	2.3316	2.5804	2.8531	3.1518	3.4786	3.8359	4.2262	4.6524
12	1.1268	1.2682	1.4258	1.6010	1.7959	2.0122	2.2522	2.5182	2.8127	3.1384	3.4985	3.8960	4.3345	4.8179	5.3503
13	1.1381	1.2936	1.4685	1.6651	1.8856	2.1329	2.4098	2.7196	3.0658	3.4523	3.8833	4.3635	4.8980	5.4924	6.1528
14	1.1495	1.3195	1.5126	1.7317	1.9799	2.2609	2.5785	2.9372	3.3417	3.7975	4.3104	4.8871	5.5348	6.2613	7.0757
15	1.1610	1.3459	1.5580	1.8009	2.0789	2.3966	2.7590	3.1722	3.6425	4.1772	4.7846	5.4736	6.2543	7.1379	8.1371
16	1.1726	1.3728	1.6047	1.8730	2.1829	2.5404	2.9522	3.4259	3.9703	4.5950	5.3109	6.1304	7.0673	8.1372	9.3576

续表

期数\利率	1%	2%	3%	4%	5%	6%	7%	8%	9%	10%	11%	12%	13%	14%	15%
17	1.1843	1.4002	1.6528	1.9479	2.2920	2.6928	3.1588	3.7000	4.3276	5.0545	5.8951	6.8660	7.9861	9.2765	10.7613
18	1.1961	1.4282	1.7024	2.0258	2.4066	2.8543	3.3799	3.9960	4.7171	5.5599	6.5436	7.6900	9.0243	10.5752	12.3755
19	1.2081	1.4568	1.7535	2.1068	2.5270	3.0256	3.6165	4.3157	5.1417	6.1159	7.2633	8.6128	10.1974	12.0557	14.2318
20	1.2202	1.4859	1.8061	2.1911	2.6533	3.2071	3.8697	4.6610	5.6044	6.7275	8.0623	9.6463	11.5231	13.7435	16.3665
21	1.2324	1.5157	1.8603	2.2788	2.7860	3.3996	4.1406	5.0338	6.1088	7.4002	8.9492	10.8038	13.0211	15.6676	18.8215
22	1.2447	1.5460	1.9161	2.3699	2.9253	3.6035	4.4304	5.4365	6.6586	8.1403	9.9336	12.1003	14.7138	17.8610	21.6447
23	1.2572	1.5769	1.9736	2.4647	3.0715	3.8197	4.7405	5.8715	7.2579	8.9543	11.0263	13.5523	16.6266	20.3616	24.8915
24	1.2697	1.6084	2.0328	2.5633	3.2251	4.0489	5.0724	6.3412	7.9111	9.8497	12.2392	15.1786	18.7881	23.2122	28.6252
25	1.2824	1.6406	2.0938	2.6658	3.3864	4.2919	5.4274	6.8485	8.6231	10.8347	13.5855	17.0001	21.2305	26.4619	32.9190
26	1.2953	1.6734	2.1566	2.7725	3.5557	4.5494	5.8074	7.3964	9.3992	11.9182	15.0799	19.0401	23.9905	30.1666	37.8568
27	1.3082	1.7069	2.2213	2.8834	3.7335	4.8223	6.2139	7.9881	10.2451	13.1100	16.7387	21.3249	27.1093	34.3899	43.5353
28	1.3213	1.7410	2.2879	2.9987	3.9201	5.1117	6.6488	8.6271	11.1671	14.4210	18.5799	23.8839	30.6335	39.2045	50.0656
29	1.3345	1.7758	2.3566	3.1187	4.1161	5.4184	7.1143	9.3173	12.1722	15.8631	20.6237	26.7499	34.6158	44.6931	57.5755
30	1.3478	1.8114	2.4273	3.2434	4.3219	5.7435	7.6123	10.0627	13.2677	17.4494	22.8923	29.9599	39.1159	50.9502	66.2118

附录 4　年金现值(A)系数表

期数\利率	1%	2%	3%	4%	5%	6%	7%	8%	9%	10%	11%	12%	13%	14%	15%
1	0.9901	0.9804	0.9709	0.9615	0.9524	0.9434	0.9346	0.9259	0.9174	0.9091	0.9009	0.8929	0.8850	0.8772	0.8696
2	1.9704	1.9416	1.9135	1.8861	1.8594	1.8334	1.8080	1.7833	1.7591	1.7355	1.7125	1.6901	1.6681	1.6467	1.6257
3	2.9410	2.8839	2.8286	2.7751	2.7232	2.6730	2.6243	2.5771	2.5313	2.4869	2.4437	2.4018	2.3612	2.3216	2.2832
4	3.9020	3.8077	3.7171	3.6299	3.5460	3.4651	3.3872	3.3121	3.2397	3.1699	3.1024	3.0373	2.9745	2.9137	2.8550
5	4.8534	4.7135	4.5797	4.4518	4.3295	4.2124	4.1002	3.9927	3.8897	3.7908	3.6959	3.6048	3.5172	3.4331	3.3522
6	5.7955	5.6014	5.4172	5.2421	5.0757	4.9173	4.7665	4.6229	4.4859	4.3553	4.2305	4.1114	3.9975	3.8887	3.7845
7	6.7282	6.4720	6.2303	6.0021	5.7864	5.5824	5.3893	5.2064	5.0330	4.8684	4.7122	4.5638	4.4226	4.2883	4.1604
8	7.6517	7.3255	7.0197	6.7327	6.4632	6.2098	5.9713	5.7466	5.5348	5.3349	5.1461	4.9676	4.7988	4.6389	4.4873
9	8.5660	8.1622	7.7861	7.4353	7.1078	6.8017	6.5152	6.2469	5.9952	5.7590	5.5370	5.3282	5.1317	4.9464	4.7716
10	9.4713	8.9826	8.5302	8.1109	7.7217	7.3601	7.0236	6.7101	6.4177	6.1446	5.8892	5.6502	5.4262	5.2161	5.0188
11	10.3676	9.7868	9.2526	8.7605	8.3064	7.8869	7.4987	7.1390	6.8052	6.4951	6.2065	5.9377	5.6869	5.4527	5.2337
12	11.2551	10.5753	9.9540	9.3851	8.8633	8.3838	7.9427	7.5361	7.1607	6.8137	6.4924	6.1944	5.9176	5.6603	5.4206
13	12.1337	11.3484	10.6350	9.9856	9.3936	8.8527	8.3577	7.9038	7.4869	7.1034	6.7499	6.4235	6.1218	5.8424	5.5831
14	13.0037	12.1062	11.2961	10.5631	9.8986	9.2950	8.7455	8.2442	7.7862	7.3667	6.9819	6.6282	6.3025	6.0021	5.7245
15	13.8651	12.8493	11.9379	11.1184	10.3797	9.7122	9.1079	8.5595	8.0607	7.6061	7.1909	6.8109	6.4624	6.1422	5.8474
16	14.7179	13.5777	12.5611	11.6523	10.8378	10.1059	9.4466	8.8514	8.3126	7.8237	7.3792	6.9740	6.6039	6.2651	5.9542

续表

期数利率	1%	2%	3%	4%	5%	6%	7%	8%	9%	10%	11%	12%	13%	14%	15%
17	15.5623	14.2919	13.1661	12.1657	11.2741	10.4773	9.7632	9.1216	8.5436	8.0216	7.5488	7.1196	6.7291	6.3729	6.0472
18	16.3983	14.9920	13.7535	12.6593	11.6896	10.8276	10.0591	9.3719	8.7556	8.2014	7.7016	7.2497	6.8399	6.4674	6.1280
19	17.2260	15.6785	14.3238	13.1339	12.0853	11.1581	10.3356	9.6036	8.9501	8.3649	7.8393	7.3658	6.9380	6.5504	6.1982
20	18.0456	16.3514	14.8775	13.5903	12.4622	11.4699	10.594	9.8181	9.1285	8.5136	7.1909	6.8109	6.4624	6.1422	5.8474
21	18.8570	17.0112	15.415	14.0292	12.8212	11.7641	10.8355	10.0168	9.2922	8.6487	8.0751	7.562	7.1016	6.687	6.3125
22	19.6604	17.658	15.9369	14.4511	13.163	12.0416	11.0612	10.2007	9.4424	8.7715	8.1757	7.6446	7.1695	6.7429	6.3587
23	20.4558	18.2922	16.4436	14.8568	13.4886	12.3034	11.2722	10.3711	9.5802	8.8832	8.2664	7.7184	7.2297	6.7921	6.3988
24	21.2434	18.9139	16.9355	15.247	13.7986	12.5504	11.4693	10.5288	9.7066	8.9847	8.3481	7.7843	7.2829	6.8351	6.4338
25	22.0232	19.5235	17.4131	15.6221	14.0939	12.7834	11.6536	10.6748	9.8226	9.077	8.4217	7.8431	7.33	6.8729	6.4641
26	22.7952	20.121	17.8768	15.9828	14.3752	13.0032	11.8258	10.81	9.929	9.1609	8.4881	7.8957	7.3717	6.9061	6.4906
27	23.5596	20.7069	18.327	16.3296	14.643	13.2105	11.9867	10.9352	10.0266	9.2372	8.5478	7.9426	7.4086	6.9352	6.5135
28	24.3164	21.2813	18.7641	16.6631	14.8981	13.4062	12.1371	11.0511	10.1161	9.3066	8.6016	7.9844	7.4412	6.9607	6.5335
29	25.0658	21.8444	19.1885	16.9837	15.1411	13.5907	12.2777	11.1584	10.1983	9.3696	8.6501	8.0218	7.4701	6.983	6.5509
30	25.8077	22.3965	19.6004	17.292	15.3725	13.7648	12.409.	11.2578	10.2737	9.4269	8.6938	8.0552	7.4957	7.0027	6.566

附录 5 年金终值(A)系数表

期数\利率	1%	2%	3%	4%	5%	6%	7%	8%	9%	10%	11%	12%	13%	14%	15%
1	1.0000	1.0000	1.0000	1.0000	1.0000	1.0000	1.0000	1.0000	1.0000	1.0000	1.0000	1.0000	1.0000	1.0000	1.0000
2	2.0100	2.0200	2.03	2.04	2.05	2.06	2.07	2.08	2.09	2.1	2.11	2.12	2.13	2.14	2.15
3	3.0301	3.0604	3.0909	3.1216	3.1525	3.1836	3.2149	3.2464	3.2781	3.31	3.3421	3.3744	3.4069	3.4396	3.4725
4	4.0604	4.1216	4.1836	4.2465	4.3101	4.3746	4.4399	4.5061	4.5731	4.641	4.7097	4.7793	4.8498	4.9211	4.9934
5	5.101	5.204	5.3091	5.4163	5.5256	5.6371	5.7507	5.8666	5.9847	6.1051	6.2278	6.3528	6.4803	6.6101	6.7424
6	6.152	6.3081	6.4684	6.633	6.8019	6.9753	7.1533	7.3359	7.5233	7.7156	7.9129	8.1152	8.3227	8.5355	8.7537
7	7.2135	7.4343	7.6625	7.8983	8.142	8.3938	8.654	8.9228	9.2004	9.4872	9.7833	10.089	10.4047	10.7305	11.0668
8	8.2857	8.583	8.8923	9.2142	9.5491	9.8975	10.2598	10.6366	11.0285	11.4359	11.8594	12.2997	12.7573	13.2328	13.7268
9	9.3685	9.7546	10.1591	10.5828	11.0266	11.4913	11.978	12.4876	13.021	13.5795	14.164	14.7757	15.4157	16.0853	16.7858
10	10.4622	10.9497	11.4639	12.0061	12.5779	13.1808	13.8164	14.4866	15.1929	15.9374	16.722	17.5487	18.4197	19.3373	20.3037
11	11.5668	12.1687	12.8078	13.4864	14.2068	14.9716	15.7836	16.6455	17.5603	18.5312	19.5614	20.6546	21.8143	23.0445	24.3493
12	12.6825	13.4121	14.192	15.0258	15.9171	16.8699	17.8885	18.9771	20.1407	21.3843	22.7132	24.1331	25.6502	27.2707	29.0017
13	13.8093	14.6803	15.6178	16.6268	17.713	18.8821	20.1406	21.4953	22.9534	24.5227	26.2116	28.0291	29.9847	32.0887	34.3519
14	14.9474	15.9739	17.0863	18.2919	19.5986	21.0151	22.5505	24.2149	26.0192	27.975	30.0949	32.3926	34.8827	37.5811	40.5047
15	16.0969	17.2934	18.5989	20.0236	21.5786	23.276	25.129	27.1521	29.3609	31.7725	34.4054	37.2797	40.4175	43.8424	47.5804

续表

期数\利率	1%	2%	3%	4%	5%	6%	7%	8%	9%	10%	11%	12%	13%	14%	15%
16	17.2579	18.6393	20.1569	21.8245	23.6575	25.6725	27.8881	30.3243	33.0034	35.9497	39.1899	42.7533	46.6717	50.9804	55.7175
17	18.4304	20.0121	21.7616	23.6975	25.8404	28.2129	30.8402	33.7502	36.9737	40.5447	44.5008	48.8837	53.7391	59.1176	65.0751
18	19.6147	21.4123	23.4144	25.6454	28.1324	30.9057	33.999	37.4502	41.3013	45.5992	50.3959	55.7497	61.7251	68.3941	75.8364
19	20.8109	22.8406	25.1169	27.6712	30.539	33.76	37.379	41.4463	46.0185	51.1591	56.9395	63.4397	70.7494	78.9692	88.2118
20	22.019	24.2974	26.8704	29.7781	33.066	36.7856	40.9955	45.762	51.1601	57.275	64.2028	72.0524	80.9468	91.0249	102.4436
21	23.2392	25.7833	28.6765	31.9692	35.7193	39.9927	44.8652	50.4229	56.7645	64.0025	72.2651	81.6987	92.4699	104.7684	118.8101
22	24.4716	27.299	30.5368	34.248	38.5052	43.3923	49.0057	55.4568	62.8733	71.4027	81.2143	92.5026	105.491	120.436	137.6316
23	25.7163	28.845	32.4529	36.6179	41.4305	46.9958	53.4361	60.8933	69.5319	79.543	91.1479	104.6029	120.2048	138.297	159.2764
24	26.9735	30.4219	34.4265	39.0826	44.502	50.8156	58.1767	66.7648	76.7898	88.4973	102.1742	118.1552	136.8315	158.6586	184.1678
25	28.2432	32.0303	36.4593	41.6459	47.7271	54.8645	63.249	73.1059	84.7009	98.3471	114.4133	133.3339	155.6196	181.8708	212.793
26	29.5256	33.6709	38.553	44.3117	51.1135	59.1564	68.6765	79.9544	93.324	109.1818	127.9988	150.3339	176.8501	208.3327	245.712
27	30.8209	35.3443	40.7096	47.0842	54.6691	63.7058	74.4838	87.3508	102.7231	121.0999	143.0786	169.374	200.8406	238.4993	283.5688
28	32.1291	37.0512	42.9309	49.9676	58.4026	68.5281	80.6977	95.3388	112.9682	134.2099	159.8173	190.6989	227.9499	272.8892	327.1041
29	33.4504	38.7922	45.2189	52.9663	62.3227	73.6398	87.3465	103.9659	124.1354	148.6309	178.3972	214.5828	258.5834	312.0937	377.1697
30	34.7849	40.5681	47.5754	56.0849	66.4388	79.0582	94.4608	113.2832	136.3075	164.494	199.0209	241.3327	293.1992	356.7868	434.7451

参 考 文 献

1. 刘亚臣. 建设工程经济[M]. 北京：中国建筑工业出版社，2016
2. 虞和锡. 工程经济学[M]. 北京：中国计划出版社，2002
3. 吕萍，等. 房地产开发与经营[M]. 北京：中国人民大学，2002
4. 陶燕瑜，张宜松. 工程技术经济[M]. 重庆：重庆大学出版社，2002
5. 刘晓君. 工程经济学[M]. 北京：中国建筑工业出版社，2003
6. 黄有亮，等. 工程经济学[M]. 南京：东南大学出版社，2003
7. 赵国杰. 工程经济学[M]. 天津：天津大学出版社，2003
8. 左建，等. 建筑工程经济学[M]. 北京：中国水利水电出版社，2003
9. 王又庄. 现代企业经济分析[M]. 上海：立信会计出版社，2000
10. 邢颖红，黄渝祥. 工程经济学概论[M]. 北京：电子工业出版社，2003